W0109569

Über den Autor:

Stephan Lucas, geboren 1972 in Frankfurt am Main, ist Rechtsanwalt und verteidigt seit über 20 Jahren bundesweit mutmaßliche Straftäter. 2006 gründete er in München seine eigene Kanzlei. Seither wirkte der Fachanwalt für Strafrecht in zahlreichen medienpräsenten Strafprozessen mit. Das Fernsehpublikum kennt ihn als strengen »Staatsanwalt« aus der TV-Show »Richter Alexander Hold«. Darüber hinaus meldet sich Stephan Lucas regelmäßig als Rechtsexperte zu Wort (»Maischberger«, »Volle Kanne«). Mittlerweile ist er auch als Kabarettist auf Tournee. 2017 erschien bei Knaur sein Spiegel-Bestseller zur Kabarett-Tournee »Garantiert nicht strafbar«. Auch mit seinem aktuellen Titel »Auf der Seite des Bösen« tourt der Autor wieder durch Deutschland.

Stephan Lucas

AUF DER SEITE DES BÖSEN

Meine spektakulärsten Fälle als Strafverteidiger

Die in diesem Buch geschilderten Fälle spiegeln die Erfahrungen und Erlebnisse des Autors wider. Jedoch wurden Namen und Ortsangaben geändert und Sachverhalte und Dialoge verfremdet, insbesondere um der anwaltlichen Schweigepflicht Rechnung zu tragen. Mag sich also die eine oder andere Begebenheit tatsächlich anders zugetragen haben, so sind doch alle Schilderungen, Vorkommnisse und Dialoge im Buch an die Wirklichkeit angelehnt oder hätten sich so zutragen können.

Besuchen Sie uns im Internet:
www.droemer.de

Aus Verantwortung für die Umwelt hat sich die Verlagsgruppe Droemer Knaur zu einer nachhaltigen Buchproduktion verpflichtet. Der bewusste Umgang mit unseren Ressourcen, der Schutz unseres Klimas und der Natur gehören zu unseren obersten Unternehmenszielen. Gemeinsam mit unseren Partnern und Lieferanten setzen wir uns für eine klimaneutrale Buchproduktion ein, die den Erwerb von Klimazertifikaten zur Kompensation des CO_2-Ausstoßes einschließt.
Weitere Informationen finden Sie unter: www.klimaneutralerverlag.de

Erweiterte und überarbeitete Taschenbuchausgabe März 2020
© 2020 Droemer Taschenbuch
Ein Imprint der Verlagsgruppe
Droemer Knaur GmbH & Co. KG, München
Alle Rechte vorbehalten. Das Werk darf – auch teilweise – nur mit
Genehmigung des Verlags wiedergegeben werden.
Redaktion: Dr. Thomas Tilcher
Covergestaltung: ZERO Werbeagentur, München
Coverabbildung: Pixxwerk.de / Helmut Henkensiefken
Satz: Adobe InDesign im Verlag
Druck und Bindung: GGP Media GmbH, Pößneck
ISBN 978-3-426-30242-2

5 4 3 2 1

Meiner Mutter
Renate Rummel-Lucas
(1950–1986)

Inhalt

Davongerast

Der kleine Weg an den Gärten vorbei war für Christina Kluge und ihre fünfjährige Tochter Lisa eine schöne Abkürzung. Nach dem Kindergarten waren die beiden hier immer mit ihren Fahrrädern unterwegs. So brauchten sie zu ihrer Wohnung im Münchner Stadtteil Haidhausen nicht einmal zehn Minuten. Schon seit ihrem dritten Lebensjahr konnte Lisa Fahrrad fahren. Natürlich ohne Stützräder. Heutzutage starten die Kleinen schon im zweiten Lebensjahr mit dem Laufrad. So lernen sie von Anfang an, ihr Gleichgewicht zu halten. Später kommen eben noch zwei Pedale hinzu. Stattdessen Schritt für Schritt erst das eine und dann das andere Stützrad weglassen mag meiner Generation noch bekannt vorkommen, ist aber Schnee von gestern.

An jenem Nachmittag schien die Sonne. Lisa trug ein Sommerkleid mit vielen rosa Stickereien darauf und dazu Ballerinas. Mit ihren langen braunen Haaren sah sie aus wie eine kleine Prinzessin. Das mit der geschlechtsneutralen Erziehung hatten Christina Kluge und ihr Lebensgefährte Marcel Wendenburg schon früh aufgegeben. Kinder haben ihren eigenen Kopf. Und Lisa hatte von klein auf nichts von Blau-, Rot- und Gelbtönen wissen wollen. Auch Autos interessierten sie nicht. Sie spielte lieber mit Puppen, mochte es, sie an- und auszuziehen oder einfach selbst in wunderschöne, meist pinkfarbene Kleider zu schlüpfen. Am liebsten zog sie dann »Hochschuhe« an. So nannte Lisa Mamis High Heels. Ihr »Walk« war definitiv knick- und stolperfrei. Früh übt sich.

Lisa fuhr mit ihrem kleinen Bike neben Mama her. Dabei regte sie sich fürchterlich über ihren Kindergartenfreund Justus auf. Die ganze Zeit hatte er zuvor beim Vater-Mutter-Kind-Spiel herumgealbert. So hatte es ihr keinen Spaß gemacht. »Jetzt sei doch nicht so wütend, Tiger«, rief Christina Kluge ihrer Tochter zu. »Sag mir lieber mal, ob du nachher ein Vanille- oder ein Schokoeis haben magst.« Lisa wollte natürlich Schoko. Voller Vorfreude trat sie kräftig in die Pedale und raste mit Affenzahn voraus. Weiter vorne kam eine Straße, nicht viel befahren, aber ohne Ampel oder Zebrastreifen. Dort wartete Lisa immer brav auf ihre Mutter. Das war der Deal: bloß keine Straße alleine überqueren. Während die Mutter Lisa schmunzelnd nachschaute, überlegte sie, ob sie ihrer Tochter vor dem versprochenen Eis einfach eine Brotzeit auftischen oder vielleicht doch etwas aufwendiger eine Lasagne vorbereiten sollte.

»Lisa?« Warum hielt Lisa nicht an? Da war doch schon die Straße. »Liiii-saaaa!« Die 34-Jährige blieb mit ihrem Rad unwillkürlich stehen und fuhr einen Moment später wie von der Tarantel gestochen wieder los. Dabei brüllte sie unaufhörlich den Namen ihrer Tochter. Aber die reagierte nicht. Im Geschwindigkeitsrausch raste sie geradewegs auf die Straße zu, während Christina Kluge aus voller Kehle nach ihrer Tochter schrie.

Jörg Heinrich kam mit seinem roten Kleinwagen viel zu spät zum Stehen. Es gab einen lauten Schlag. Regungslos blieb er am Steuer sitzen und starrte stumm geradeaus. Er hatte Lisa zunächst nicht kommen sehen. Die Spurenauswertung ergab im Nachhinein, dass er mit einer Geschwindigkeit von 54 km/h unterwegs gewesen war, 4 km/h schneller als auf dieser Straße erlaubt. Mehrere Büsche hatten ihm den Blick auf den Weg zwischen den Gärten versperrt. Als das kleine Mädchen plötzlich wie aus dem Nichts vor seinem Fahrzeug auftauchte, legte er noch eine Vollbremsung hin. Vergebens.

Als Christina Kluge den Zusammenstoß sah, stieg sie eilig ab, warf ihr Fahrrad beiseite und rannte zu ihrer Tochter, die reglos auf der Straße lag. Sie beugte sich über sie, presste den kleinen Körper an sich und rief immer wieder verzweifelt ihren Namen. Jörg Heinrich blieb unterdessen mit unverändert starrem Blick in seinem Auto sitzen. Der Mittvierziger stand offenkundig unter massivem Schock. Mit zittrigen Händen wählte Christina Kluge auf ihrem Smartphone die 112. Sieben Minuten später war der Notarzt vor Ort, kurz danach auch die Polizei. An eine Vernehmung am Unfallort war nicht zu denken – weder die Mutter noch der Fahrer waren ansprechbar. Christina Kluge stieg zu ihrer kleinen Tochter in den Krankenwagen. Die beiden Polizisten fuhren später ebenfalls ins Krankenhaus. Zwei weitere Polizeibeamte, die mittlerweile am Unfallort eingetroffen waren, nahmen kurz die Personalien von Herrn Heinrich auf und fuhren ihn anschließend in ihrem Dienstfahrzeug nach Hause. Um seinen Kleinwagen kümmerte sich ein Abschleppunternehmen. Das Fahrzeug wurde zu Beweiszwecken sichergestellt.

Noch auf dem Weg ins Krankenhaus erlag Lisa ihren schweren inneren Verletzungen.

Zwei Wochen später saß Christina Kluge bei mir in der Kanzlei. Vier Tage zuvor war ihre Tochter Lisa beerdigt worden. Die Staatsanwaltschaft hatte nach erfolgter Obduktion den Leichnam des Mädchens freigegeben. Ihr Lebenspartner war zu dem Besprechungstermin nicht mitgekommen. Er hatte nach dem Unfall noch am selben Tag die gemeinsame Altbauwohnung verlassen und war in ein Hotel gezogen. Seither hatte der 42-Jährige seine Frau nicht öfter als unbedingt nötig getroffen, nur zur Vorbereitung der Trauerfeier und schließlich bei der Beerdigung selbst. Die Beisetzung der gemeinsamen Tochter hatte im engsten Familienkreis stattgefunden. Die Eltern von Marcel Wendenburg und sein zwei Jahre älterer Bruder Michael, der nahe Nürnberg lebte, waren aus Hannover angereist. Der Vater von Christina Kluge war seit drei Jahren Witwer. Geschwister gab es auf ihrer Seite keine.

Am Tag des schrecklichen Vorfalls hatte die Polizei Marcel Wendenburg persönlich zu Hause aufgesucht und ihn vom Tod seiner Tochter unterrichtet. Kurz darauf im Krankenhaus war er dann laut brüllend auf seine Freundin losgegangen. Die anwesenden Polizeibeamten hatten sofort eingegriffen und so eine mögliche körperliche Attacke auf die zierliche Frau verhindert. Schließlich hatte er sich wegziehen lassen, aber keine Ruhe gegeben. Lautstark hatte er Christina Kluge vorgeworfen, für den Tod der von beiden so geliebten Tochter verantwortlich zu sein. In seiner Wut hatte er ungeheure körperliche Kräfte freigesetzt. Als die Beamten ihn endlich fest im Griff hatten, war er weinend zusammengebrochen: »Ich will dich nicht mehr sehen. Ich geh. Ich tu's für Lisa.«

All das erzählte Christina Kluge mir bei unserem Gespräch so genau wie möglich. Nach den ersten Sätzen, die sie mit zittriger Stimme herausgebracht hatte, weinte sie unaufhörlich. Es war unübersehbar, dass die Frau am Ende ihrer Kräfte war. Ich entschuldigte mich für einen Moment und verließ kurz das Besprechungszimmer. Irgendwo mussten in der Kanzlei doch Papiertaschentücher liegen. Leider fand ich keine, und meine Sekretärin war an diesem Nachmittag bereits nach Hause gegangen. So kam ich schließlich mit einer Küchenrolle und einem Glas Wasser zurück. Die Küchentücher waren mir etwas peinlich, aber was spielte das in dieser Situation für eine Rolle. »Dieser Mann, er war zu schnell gefahren.« Christina Kluge klang unfassbar traurig, war aber für einen Moment sehr gefasst. »Herr Lucas, ich möchte wissen, was ich jetzt noch für meine Tochter tun kann. Dazu brauche ich Ihre Hilfe.«

Was sie tun konnte, hatte ich ihr schnell erklärt. Gegen den Fahrer des roten Kleinwagens lief sicher ein Ermittlungsverfahren wegen fahrlässiger Tötung ihrer Tochter, und diesem Verfahren konnte sie sich als Nebenklägerin anschließen. So wäre sie in einem Prozess gegen Herrn Heinrich nicht einfach nur Zeugin, die vor Gericht den schrecklichen Unfall würde schildern müssen, sondern sie hätte auch eigene Rechte. Als Nebenklägerin würde sie im Prozess selbst Anträge stellen, Fragen an den Angeklagten und die weiteren Zeugen richten, Erklärungen abgeben und am Ende ein eigenes Plädoyer halten können. Dass sie dies alles nicht alleine schultern, sondern sich dabei anwaltlich vertreten lassen wollte, war vernünftig. Und für mich war es keine Frage, dass ich sie unterstützen würde.

Auch wenn ich in den meisten Fällen als Verteidiger auf der Seite des Bösen stehe, ist es für mich als Anwalt eine Selbstverständlichkeit, mich immer wieder auch für die andere Seite, die Seite der Opfer starkzumachen. Es hilft mir, nicht lediglich den juristischen Sachverhalt, sondern das wahre Leben dahinter zu erfassen und mir im Besonderen bewusst zu machen, dass jedem juristischen Streit tatsächliche, bisweilen tragische menschliche Schicksale zugrunde liegen. Diesen sollte ein Verteidiger mit dem notwendigen Respekt und Anstand begegnen, was nicht bedeutet, hierdurch den Kampf für die Rechte des Angeklagten zu vernachlässigen – im Gegenteil. Mancher Richter wird eher zum Zuhören und Verstehen geneigt sein, wenn im Prozess die Achtung vor den Geschädigten für alle spürbar ist.

An dem Tag unserer ersten Besprechung war es noch viel zu früh, um eine Prozessstrategie für meine neue Mandantin festzulegen. Was Frau Kluge sich als Nebenklägerin am Ende wirklich vom Strafverfahren erhoffen würde, war erfahrungsgemäß noch gar nicht einschätzbar. Auffallend selten wollen Opfer oder deren Hinterbliebene am Ende tatsächlich Vergeltung;

jedenfalls steht ein solches Ansinnen fast nie an erster Stelle. Die Höhe der Strafe, die gegen den Täter verhängt wird, ist meist nicht entscheidend. Vielen Opfern und Hinterbliebenen geht es um Schadenersatz oder Schmerzensgeld. Und noch öfter steht die eigentliche Aufklärung der Straftat im Vordergrund. Bei einem Verkehrsunfall mag das noch relativ leicht sein; bei vorsätzlichen Taten wie Totschlag, Mord, Raubüberfällen oder Vergewaltigungen hingegen stehen Opfer oder Hinterbliebene vor vielen Fragezeichen.

Gerade Angehörige möchten in den meisten Fällen verstehen können, wie es zu der Tat gekommen ist, was im Kopf des Täters vorgegangen ist und im Nachhinein noch immer vorgehen mag. Manche hoffen sehnlichst, so künftig besser mit dem Geschehenen umgehen und irgendwann vielleicht sogar damit abschließen zu können. Tatsächlich mache ich oft die Erfahrung, dass eine engagierte und auf die Opferinteressen genau abgestimmte Nebenklage dabei hilfreich sein kann – mehr aber auch nicht. Die wenigsten Eltern können den gewaltsamen Tod ihres Kindes je begreifen und etwa zu einem Schlussstrich finden. Der Schmerz wird für immer bleiben. Allenfalls können sie lernen, ihn auszuhalten und mit ihm zu leben. Und jeder geht anders damit um. Gerade deshalb war es auch im Fall von Christina Kluge so wichtig, ihr Zeit zu geben. Nicht nur an diesem Tag, sondern auch im nächsten Gespräch und in weiteren noch folgenden Unterredungen. Ich würde mich langsam mit ihr an ihre Sorgen und Bedürfnisse herantasten und diese gemeinsam mit ihr ausloten, um auf diese Weise eine exakt auf sie abgestimmte Prozesslinie ausarbeiten zu können.

»Ganz gleich, was man diesem Mann am Ende vorwerfen und welche Strafe er mal bekommen wird: Es wird mich niemals beruhigen können«, sagte meine Mandantin, und mit Tränen in den Augen fuhr sie fort: »Jede Sekunde werfe ich mir vor, dass ich das alles hätte verhindern können – nein: müssen. Ich. Lisas Mama.« Christina Kluge wirkte unglaublich geschwächt. Die schulterlangen dunkelbraunen Haare ließen sie dabei noch blasser wirken, als sie es ohnehin schon war. Nächtelang wird sie wohl kein Auge zugetan haben.

Ich hörte ihr einfach nur zu. Auch das gehört zu meinem Beruf. Zuhören können, Menschen beruhigen, sie auch mal in den Arm nehmen. Ich bin kein Psychologe. Ich bin Jurist. Vor allem aber bin ich ein Mensch. Natürlich dürfen die Mandanten von mir erwarten, dass ich als Profi mit genügend Abstand die Sachverhalte, um die es geht, ganz nüchtern für sie juristisch aufarbeite und einschätze. Nur so kann ich als Verteidiger wie auch Nebenklägervertreter zu einer idealen Verfahrensstrategie gelangen. Doch sind all die Sachverhalte, mit denen mich meine Mandanten konfrontieren, zunächst einmal vor allem solche aus dem tatsächlichen Leben. Und niemand mag mir verdenken, dass ich sie zunächst einmal ganz genau so auffasse, nämlich als reale persönliche Erlebnisse und Schicksale. Und ich reagiere darauf, wie ich als Mensch reagieren möchte: mit viel Empathie.

»Ich weiß nicht, wie oft ich mir in den letzten Tagen Fotos von meiner Kleinen angeschaut habe«, fuhr Christina Kluge fort. »Manchmal kann ich nicht einmal weinen. Ich bin wie taub, denke, vielleicht ist meine Lisa ja noch am Leben. Und dann bettele ich darum, Lisa nur noch ein einziges Mal streicheln, sie sehen und sie riechen zu dürfen.«

Solche Sätze lassen mich auch nach meiner mehr als zwanzigjährigen Berufserfahrung nicht kalt. Es ist nicht aushaltbar traurig, was diese Frau Schreckliches erleben musste und welch einen harten Weg sie künftig noch vor sich haben wird. Unendliche Trauer gilt es zu bewältigen und die eigenen, völlig unjuristischen Vorwürfe gegen sich selbst zu ertragen und auszuhalten.

Man mag in der Situation meiner Mandantin das Wort »hätte« geradezu verfluchen. Ein »hätte« bringt einen nicht nach vorne, ein »hätte« lässt sich aber auch nicht so einfach abstreifen.

Christina Kluge fühlte sich für den Tod ihrer Tochter persönlich verantwortlich. Sie wusste für sich, dass sie ihn objektiv »hätte« vermeiden können. Und sie hatte auch eine Vorstellung davon, wie das möglich gewesen wäre. Es geht dabei nicht in erster Linie um den Vorwurf, womöglich etwas falsch gemacht zu haben, sondern darum, es nicht einfach anders gemacht zu haben. Es geht um das, was man »hätte« anders tun können. Und diese Vorstellung schleicht sich immer wieder hinterhältig an, nachts in den Träumen, tagsüber in Gesprächen mit anderen. Und selbst wenn es Christina Kluge irgendwann gelingen sollte, sich nicht jedes Mal von Neuem mit theoretischen Alternativsachverhalten auseinanderzusetzen und sich mit schwersten Selbstvorwürfen zu quälen, so blieb da immer noch der Vater von Lisa. Und der würde mit seinem vernichtenden Urteil über sie wohl auch in Zukunft gnadenlos bleiben. Voller Wut und Verzweiflung, weil er zum Zeitpunkt des Unfalls nicht da gewesen war und nicht hatte einschreiten können, warf er seiner ehemaligen Freundin nun fast ohnmächtig all das vor, womit sie sich ohnehin schon selbst seelisch kaputtmachte, nämlich, dass sie sich anders »hätte« verhalten können und müssen. Wie sollte dieser ebenfalls von Herzen trauernde Mann jemals in der Lage sein, sich solche Vorwürfe gegen die Mutter aus tiefster Überzeugung für immer zu verbieten, wenn doch nicht einmal sie selbst es konnte?

Die Beziehung der beiden war bis zum Tod der gemeinsamen Tochter intakt gewesen. Sie hatten sich neun Jahre zuvor in München im Café Reitschule kennengelernt. Zwei, wie man es neudeutsch nennen mag, stylische Typen – als Paar hübsch anzusehen. Die Hochzeit hatten sie immer wieder hinausgezögert.

Auch ein zweites Kind hatten sie eigentlich immer haben wollen, waren das Thema bislang aber wenig ambitioniert angegangen. Alles war bereits mit dem einen Kind so viel schwerer geworden. Waren sie früher an den meisten Tagen in der Woche mal gemeinsam, mal getrennt ausgegangen, wurde mit der Geburt der Tochter ihr, wie sie es immer genannt hatten, »gemeinsam egoistisches Leben« total auf den Kopf gestellt. Vor allem waren sie nun ständig zu Hause – und gingen sich bisweilen gehörig auf den Geist. Es ist das Schicksal vieler zugereister Eltern in München, dass die eigenen Eltern irgendwo weit weg wohnen. Geeignete Babysitter sind schwer zu finden und teuer; und wohl niemand möchte sein geliebtes Kind einfach dem Nächstbesten anvertrauen.

Christina Kluge und Marcel Wendenburg waren sich aber immer einig gewesen, dass das nur eine Phase sein würde, die sie im Nachhinein aber möglicherweise viel zu lange sehenden Auges hatten laufen lassen. Den Tod der gemeinsamen Tochter würde diese Beziehung jedenfalls kaum aushalten können. Das, was eine gute Partnerschaft im Falle schlimmer Schicksalsschläge normalerweise leisten sollte, nämlich für den anderen da zu sein, ist beim Verlust eines Kindes meist für die beiden Lebenspartner nicht umsetzbar. Wie auch? Sorgen zu teilen, das ist für die meisten spätestens dann schier unmöglich, wenn die Trauer des Partners auch die eigene ist. Beide leiden dann gleichermaßen und doch verschieden. Sie erleben das gemeinsame Schicksal aus unterschiedlicher Warte. Der Tod des eigenen Kindes ist unüberwindbar – und trotzdem muss das Leben irgendwann irgendwie weitergehen. Gemeinsam wird es aber so nicht klappen können. Ausgerechnet der letzte Halt, mit dem in solch tragischen Momenten der eine Partner dem anderen einen Funken Hoffnung spenden könnte, bricht plötzlich einfach so weg. Die Kluft, die Marcel Wendenburg mit seiner heftigen und anhaltenden Reaktion gegenüber seiner Frau aufgemacht hatte, würde nicht mehr zu überbrücken sein, mochte die Entfremdung und bereits vollzogene Trennung auch ganz sicher das Letzte sein, was im Sinne des verstorbenen Töchterchens gewesen wäre. »Und was mir die Kehle für immer zuschnürt, Herr Lucas: Ich konnte mich von meinem kleinen Engel nicht mal verabschieden.«

Nachdem Christina Kluge gegangen war, setzte ich mich sofort an den Schreibtisch und bereitete den Antrag vor, meine Mandantin in dem Verfahren gegen Jörg Heinrich als Nebenklägerin zuzulassen. Am nächsten Tag würde ich zunächst telefonisch abklären, ob die Sache überhaupt noch der Polizei oder bereits der Staatsanwaltschaft vorlag. Auch benötigte ich noch das Aktenzeichen. Zu dem geplanten Telefonat kam es jedoch nicht. Mein Schreiben sollte die Kanzlei nie verlassen.

Ein morgendlicher Anruf meiner Mandantin kam dem zuvor. Völlig aufgelöst meldete sich Christina Kluge auf meinem Handy: »Herr Lucas, ich war eben am Briefkasten. Die Polizei hat mich zur Vernehmung geladen. Nicht als Zeugin – als Beschuldigte!«

Meiner Mandantin wurde tatsächlich vorgeworfen, ihre Tochter Lisa fahrlässig getötet zu haben. Hatte ich mich eben noch für sie als Nebenklägervertreter bestellen wollen, so war ich in diesem Verfahren auf einmal nicht mehr Opferanwalt, sondern befand mich als Verteidiger auf der Seite des Bösen. Mit dieser Wendung um 180 Grad hatte ich im Traum nicht gerechnet. Erst recht musste das Christina Kluge völlig unvorbereitet getroffen haben. Jetzt galt es, sie dringend zu beruhigen. »Wenn Sie möchten, sehen wir uns gleich in meinem Büro.«

Laut polizeilicher Ladung sollte die Vernehmung drei Tage später stattfinden. »Herr Lucas, ich geh da nicht hin.« Nichts anderes hatte ich ihr raten wollen. Erst einmal musste ich

Akteneinsicht nehmen. Wie konnten die Ermittler zu dem Schluss kommen, dass nicht Jörg Heinrich, sondern Lisas Mama für den Tod des Kindes strafrechtlich verantwortlich sein sollte? Da war es nur ein schwacher Trost, dass sie als Beschuldigte der polizeilichen Ladung keine Folge leisten, geschweige denn eine Aussage machen musste.

Galt noch bis Ende 2017, dass nicht nur der Beschuldigte, sondern auch jeder Zeuge eine polizeiliche Ladung ignorieren durfte, so hat sich die Gesetzeslage mittlerweile entscheidend geändert. Zeugen müssen seither bei einer polizeilichen Ladung, die im Auftrag der Staatsanwaltschaft erfolgt, zur Vernehmung erscheinen und der Polizei Rede und Antwort stehen. Schweigen dürfen sie nur dann, wenn sie entweder mit dem Beschuldigten verwandt oder verschwägert sind, oder wenn sie sich im Falle einer Aussage selbst belasten müssten. Verwandt bzw. verschwägert sind die Eltern, die eigenen Kinder, die Geschwister, die Großeltern und außerdem alle Schwägerinnen und Schwager und Schwippschwägerinnen und Schwippschwager, außerdem Ehegatten und Lebenspartner und Verlobte. Ob die Zeugin, die behauptet, mit dem Beschuldigten verlobt zu sein, tatsächlich verlobt ist, darüber wird bei der Polizei dann oft trefflich gestritten. Denn ein solches Eheversprechen wird manchen Strafverfolgern bisweilen etwas zu plötzlich aus dem Hut gezaubert. An sich – so ist es nun mal – reicht für eine Verlobung nämlich das bloße ernst gemeinte gegenseitige Versprechen, einander heiraten zu wollen. Dazu braucht es keine traditionelle Verlobungsfeier, nicht einmal einen Verlobungsring. Das gegenseitige Heiratsversprechen können sich die Partner auch unter Ausschluss jeder Öffentlichkeit beim gemeinsamen Abendessen geben oder kurz vorm Einschlafen, bei einem romantischen Spaziergang oder während einer rauschenden Fahrt in der Achterbahn. Die Polizei mag dann bisweilen resigniert äußern: »Kann ja jeder behaupten …« Und da ist natürlich auch was dran, hilft aber nichts.

Mit Gegenwind muss auch der Zeuge rechnen, der bei der Polizei alleine deshalb nichts sagen will, weil er sich nach seiner eigenen Einschätzung anderenfalls selbst belasten würde. Mancher Ermittler versucht die Bedenken ganz salopp vom Tisch zu wischen: »Wenn du – Polizisten duzen gerne! – nichts Strafbares gemacht hast, dann kann dir auch nichts passieren, und du musst reden.« Doch ganz so einfach ist es zum Glück nicht. Würde nur derjenige schweigen dürfen, der tatsächlich was Unrechtes getan hat, dann wäre ja immer automatisch klar, dass der, der von seinem Schweigerecht Gebrauch macht, etwas zu verbergen hat. Das kann es natürlich nicht sein. Und das Gesetz liest sich bei genauerem Studium auch anders: Es genügt für das sogenannte Auskunftsverweigerungsrecht bereits, dass ein Zeuge sich bei einer Aussage der bloßen Gefahr aussetzen könnte, sich verdächtig zu machen, selbst wenn er tatsächlich gar nichts Strafbares getan hat. Und eine solche Gefahr besteht schneller, als mancher denken wird. Bei einem Drogendelikt beispielsweise könnte der Zeuge sich schon dann verdächtig machen, wenn er wahrheitsgemäß zugeben müsste, den mutmaßlichen Dealer überhaupt zu kennen – woher auch immer. Also muss er dazu gar nichts sagen.

Die Beschuldigtenvernehmung von Christina Kluge sagte ich mit einem Einzeiler an die Polizei ab. Damit war der Termin zwar hinfällig, nur konnte das meine Mandantin nicht sonderlich beruhigen: »Herr Lucas, was wollen die bloß von mir?«

Die Antwort darauf gab es zwei Monate später in Form einer Anklageschrift. Darin warf die Staatsanwaltschaft Christina Kluge vor, zum Zeitpunkt des tragischen Unfalls ihre Sorgfaltspflicht verletzt und dadurch das für sie Vorhersehbare und Vermeidbare verursacht zu haben. Demzufolge hätte sie ihre fünfjährige Tochter nicht alleine mit dem Fahrrad vorausfahren lassen dürfen, weil das fahrlässig war. So sah es jedenfalls die Staatsanwältin.

Der Vorwurf der Fahrlässigkeit hat etwas Perverses. Im Strafrecht ist meist nur vorsätzliches Handeln strafbar. Der Täter muss – salopp ausgedrückt – die von ihm begangene Straftat persönlich gewollt haben. Bei einigen Delikten wie Körperverletzung und Tötung kann man sich allerdings ausnahmsweise auch dann strafbar machen, wenn man die Tat zwar nicht gewollt hat, sie jedoch hat vorhersehen und vermeiden können. Der Jurist spricht dann von Fahrlässigkeit. Und vor ihr ist niemand gefeit, ganz gleich, wie erfolgreich er sich bislang um Rechtstreue bemüht haben mag. Denn bei Fahrlässigkeitstaten werden solche Verhaltensweisen unter Strafe gestellt, die für sich genommen oft total harmlos und vor allem noch dazu in vielen Fällen erlaubt sind. Sie werden erst dann strafbar, wenn durch sie etwas Schlimmes passiert – etwas, was der Täter aber niemals mit seinem Verhalten hatte bewirken wollen. Wie der Autofahrer, der unachtsam die Tür öffnet und den vorbeifahrenden Radfahrer dadurch zu Fall bringt. Oder die Frau, die es sich abends auf der Couch gemütlich macht, eine Kerze anzündet – und sich, als sie wach wird, gerade noch aus der brennenden Wohnung retten kann. Je nach Schwere der Folgen begleiten die Selbstvorwürfe solche Menschen oft ein Leben lang. Und – quasi on top – werden sie auch noch als Straftäter kriminalisiert. Auch wenn es sich bei den Strafen meist um Geld- oder Bewährungsstrafen handelt – es sind nun mal Strafen nach dem Strafgesetzbuch.

Aber wie konnte die Staatsanwältin hier bloß ein fahrlässiges Verhalten von Lisas Mutter annehmen? Was war mit dem Fahrer des roten Kleinwagens? War nicht er es, der hier fahrlässig gehandelt hatte, indem er zur Tatzeit ganz einfach zu schnell unterwegs gewesen war? Und ich meine nicht nur die 4 km/h, um die er die Höchstgeschwindigkeit überschritten hatte; das war genau genommen nicht der Rede wert. Wie das Wort »Höchstgeschwindigkeit« jedoch unmissverständlich ausdrückt, setzt sie eine Grenze nach oben, nicht nach unten. So zwingen spielende Kinder am Straßenrand zu einer drastischen Reduzierung der Geschwindigkeit: Ein Autofahrer muss eben jederzeit damit rechnen, dass eines dieser Kinder unvermittelt auf die Fahrbahn laufen könnte. Und auch wenn keine Kinder zu sehen sein mögen, können parkende Autos am Straßenrand die Sicht verdecken und die Gefahr in sich bergen, dass Autofahrer ein plötzlich auftauchendes Kind viel zu spät sehen. Also runter vom Gas!

Im Fall von Lisa waren es keine Autos, sondern Bäume und dichte Büsche, die die Sicht auf den Weg, den das Kind mit seiner Mutter genommen hatte, behinderten. Herr Heinrich hätte deshalb womöglich viel langsamer fahren müssen als die erlaubte Höchstgeschwindigkeit, um dieser Verkehrssituation gerecht zu werden. So hätte Lisas Tod verhindert werden können. Und selbst wenn man ihm sein Fahrverhalten nicht vorwerfen wollte – wie kam hier stattdessen bloß meine Mandantin als Täterin ins Spiel? Ich verstand die Welt nicht mehr.

Bisweilen kann ich mich des Eindrucks nicht erwehren, dass manche Posten in der Justiz von zwar sehr tüchtigen, allerdings lebensfremden Kolleginnen und Kollegen besetzt werden. Und das kann in Strafsachen schnell fatale Folgen haben. Der Staat nimmt für seine Posten in der Justiz nur die Besten, also die mit den besten Noten. Und vor lauter Fleiß werden so manche von ihnen während des Studiums womöglich herzlich wenig vom Leben um sie herum mitbekommen haben. Denn nur wenigen ist es vergönnt, in der Ausbildung vor allem das Leben und die Gesellschaft zu studieren und dennoch Topnoten zu erzielen.

Und schafft der eine oder andere diesen Spagat tatsächlich, dann wird er sich nicht immer für eine Laufbahn beim Staat entscheiden – leider.

Vielleicht hatte die sachbearbeitende Staatsanwältin den Fall aber auch einfach noch nicht in all seinen Facetten umrissen? In dieser Annahme hatte ich noch vor Erhebung der Anklage beantragt, das Verfahren gegen Christina Kluge einzustellen und stattdessen Ermittlungen gegen Herrn Heinrich aufzunehmen. Ausführlich hatte ich in meinem Schriftsatz dargestellt, weshalb meine Mandantin hier keine Sorgfaltspflichtverletzung begangen haben konnte. Dafür hatte ich mich in die schier uferlose Fachliteratur eingelesen und Erziehungsratgeber gewälzt. »Loslassen können« war der Tenor dieser Schriften. Ein Zögling im fortgeschrittenen Kindergartenalter müsse im Straßenverkehr nicht mehr prinzipiell an die Hand genommen werden, er dürfe sich von den Eltern hier und da entfernen, auch mal vorausgehen oder zurückbleiben. Wichtig sei es, zunächst für das Kind eine Routine entstehen zu lassen, indem die Erziehenden ihm das richtige Verhalten vorlebten und es mit ihm immer wieder besprächen und reflektierten. Das überzeugte mich. Doch welcher Autor wollte sich schon gerne in die Pflicht nehmen lassen? Gebetsmühlenartig wurde am Schluss sinngemäß dieser eine, alles relativierende Satz angefügt: »Natürlich lässt sich keine allgemeine Regel aufstellen. Eltern spüren am besten, wie weit ihr Kind schon ist und was ihm zugetraut werden kann.« Na, prima – danke für diese klare Position!

Hilfsweise beantragte ich daher, das Verfahren gegen Christina Kluge – wenn schon nicht wegen erwiesener Unschuld, dann doch wenigstens wegen geringer Schuld – einzustellen, meinetwegen auch gegen eine geeignete Auflage, beispielsweise die Zahlung eines kleinen Geldbetrags für einen guten Zweck. Dass meine Anträge leider nicht gefruchtet hatten, erfuhr ich nun mit dem Eingang der Anklage. Ob meine Mandantin für ihr Verhalten – oder besser gesagt: ihre Untätigkeit – zu bestrafen sein würde, sollte also erst im Rahmen einer Hauptverhandlung beim Amtsgericht geklärt werden. Ein Aktenvermerk in der Ermittlungsakte verriet außerdem, weshalb es nie zu einem Verfahren gegen Jörg Heinrich gekommen war: Die Staatsanwaltschaft hatte die Situation mit den Büschen nicht mit einer Sichtbehinderung durch parkende Autos gleichsetzen wollen. Der hinter dem Buschwerk versteckte Weg sei für den Fahrer des Kleinwagens im Zweifel nicht rechtzeitig erkennbar gewesen. Dass er sein Tempo der vorgesehenen Höchstgeschwindigkeit weitgehend angepasst hatte, sei daher Ausdruck korrekten Fahrverhaltens gewesen.

Und es kam für meine Mandantin noch dicker. Zwischenzeitlich hatte sich in dem nun gegen sie geführten Verfahren doch tatsächlich ihr Ex-Lebensgefährte Marcel Wendenburg seinerseits als Nebenkläger gemeldet. Als hinterbliebener Vater von Lisa hatte er dieses Recht. Er wollte in dieser Strafsache nun also genau diejenige Rolle einnehmen, die ursprünglich meine Mandantin von Herzen gerne hätte spielen wollen – in einem Verfahren gegen den Fahrer des Unglücksautos. Und nun war auf einmal alles anders. Nach dem Willen der Staatsanwaltschaft würde im anstehenden Prozess nicht der Fahrer des roten Kleinwagens, sondern meine Mandantin auf der Anklagebank sitzen, während ihr Ex als Nebenkläger aktiv gegen sie vorgehen würde.

Sieben Monate nach dem tragischen Tod der kleinen Lisa rief der Vorsitzende Richter um 9 Uhr in Saal 125 des Münchner Strafjustizzentrums die Strafsache Kluge auf. Der Zuschauerraum war bis auf den letzten Stuhl voll besetzt. In der ersten Reihe saßen Journalisten aus ganz Deutschland. Der Fall hatte bereits im Vorfeld viel Aufmerksamkeit auf sich gezogen: in den

Printmedien und in den sozialen Netzwerken. Was hatten die Mitmenschen meine Mandantin bereits öffentlich angeprangert, sich das Maul zerrissen, es besser gewusst! Auffallend oft redeten Menschen mit, die selbst gar keine Kinder hatten. Die mussten es ja – ironisch gesagt – am besten wissen, weil bei ihnen keine eigenen Erfahrungen unnötig den objektiven Blick auf das Thema verzerren konnten.

Befeuert wurden die seit Monaten anhaltenden Diskussionen in den sozialen Netzwerken zu allem Überfluss noch durch einen zuvor schon bundesweit veröffentlichten Printartikel mit der Überschrift: »Mutter lässt ihre fünfjährige Tochter in den Tod rasen.« Stimmungsmache vom Feinsten. Und die Reaktionen im Netz waren gnadenlos: »Hoffentlich kriegt diese Frau niemals mehr Kinder.« – »Zwangssterilisation!« – »Ab heute bin ich für die Todesstrafe« – »In der Hölle soll sie schmoren!« – »Hat diese Mutter denn kein Herz?«

Doch, sie hatte ein Herz. Und zwar ein ebenso großes wie gebrochenes. Aber wen von diesen schamlosen Besserwissern interessierte das schon? Als Jurist konnte ich mich damit arrangieren, dass die Sache mit Blick auf unser Strafgesetzbuch aufzuklären war. Mir war bewusst, dass moralische oder ethische Ansätze für sich alleine die ganze Angelegenheit nicht straflos machen konnten; sie würden aber sehr wohl bei der Frage der Strafzumessung eine wesentliche Rolle spielen. Doch das interessierte die Menschen im Netz nicht. In den neuen Medien lassen sie aus ihrer Anonymität heraus – mit Verlaub – gerne die Sau raus. Das kannten wir vor dem Aufkommen des Internets allenfalls aus dem Straßenverkehr. Umgeben von einem sicheren Blechkokon wüteten die Menschen da schon immer gerne aufs Extremste. Anders als im Straßenverkehr verwischen die Spuren im Internet nur leider nicht.

Daher musste Christina Kluge nun schon seit vielen Monaten

all diese Tiraden aushalten. Und die kamen von allen Seiten. Es nutzte auch nichts, den Computer einfach nicht mehr hochzufahren. Die Leute schienen alle Bescheid zu wissen – vor ihrer Haustür, am Arbeitsplatz. Was half es da, dass sie von Gesetzes wegen bis zu einer etwaigen rechtskräftigen Verurteilung als unschuldig galt?

Christina Kluge arbeitete als Assistentin der Geschäftsleitung bei einer der vier großen Wirtschaftsprüfungsgesellschaften. 2300 Mitarbeiter in einem einzigen Gebäude. Wohl nirgends sonst konnte sich ihre Geschichte schneller verbreiten und regelmäßig zum Pausenthema einer jeden Abteilung gemacht werden. Wem konnte meine Mandantin noch vertrauen? Wem sich anvertrauen? Zu ihrem Papa hatte sie ein unterkühltes Verhältnis. Über persönliche Probleme hatte sie mit ihm nie zuvor gesprochen. Als Kind hatte sie ihn kaum zu Gesicht bekommen. Er hatte immer viel gearbeitet, die Erziehung war Sache ihrer Mutter gewesen. Und die hatte sie geliebt. Vor drei Jahren war Gerda Kluge jedoch an einer Hirnblutung gestorben. Sie war gerade auf dem Weg von der Küche ins Esszimmer gewesen und hatte das Essen reinbringen wollen, als sie plötzlich zusammenbrach.

Seit Lisas Tod war Christina Kluge sehr einsam und alleine. Trotzdem musste sie dem gesellschaftlichen, dem strafrechtlichen und dem selbst auferlegten Druck irgendwie standhalten – so nun auch im Sitzungssaal. Ihr gegenüber saßen die Staatsanwältin, die sie angeklagt hatte, der Nebenkläger, der in exakt dasselbe Horn blies, und vorne der Richter, der sie aller Voraussicht nach verurteilen würde. Und hinten im Saal hatten sich die sogenannte Öffentlichkeit und die Presse versammelt – all diejenigen also, die ihr neben dem Strafverfahren ihr Leben seit Monaten so verdammt schwer und unerträglich gemacht hatten. Und dann war da eben noch meine Person, Christina

Kluges Verteidiger. Auf mich konnte sie sich verlassen. Bei mir konnte sie schon qua Gesetz sicher sein, dass ich mein ganzes Wissen über sie nicht gegen sie verwenden, dass ich nicht über sie herziehen würde, sondern – im Gegenteil – dass ich bedingungslos für ihre Rechte kämpfen würde.

Zu Beginn der Hauptverhandlung musste meine Mandantin ihre Personalien angeben, bevor danach die Staatsanwältin die Anklageschrift verlas. Es ist immer derselbe schematische Ablauf, wie ihn die Strafprozessordnung vorsieht. Der Vorsitzende Richter wies meine Mandantin schließlich darauf hin, dass sie das Recht habe, sich zur Sache zu äußern, und dass sie auch schweigen dürfe. Ich ergriff für sie das Wort.

Wie schon zuvor in meinem Schriftsatz an die Staatsanwaltschaft, mit welchem ich die Einstellung des Verfahrens beantragt hatte, machte ich wieder Ausführungen zur Sorgfaltspflicht, die meine Mandantin bei der Beaufsichtigung ihrer Tochter nicht oder allenfalls geringfügig verletzt habe. Dass der Richter aufmerksam zuzuhören schien, ermutigte mich: Auch in der Verhandlung könnte er mit Zustimmung der Staatsanwaltschaft das Verfahren noch einstellen. Es wäre ein toller Erfolg, wenn das Verfahren auf diese Weise abgekürzt werden könnte und meine Mandantin so doch noch straffrei aus der Sache herausgehen würde. Allerdings hatte ich die Prozessstimmung leider falsch eingeschätzt. Im Anschluss an meine Ausführungen fragte der Vorsitzende nur trocken: »Sind Sie fertig, Herr Verteidiger?« Ich nickte freundlich. »Dann hören wir jetzt zunächst Herrn Heinrich, den Fahrer des Unfallfahrzeugs.«

Moment mal, hatte ich da etwas verpasst? Er wollte den Zeugen vernehmen? Erst mal war doch noch meine Mandantin an der Reihe! Als Angeklagte hatte sie schließlich das Recht, sich zur Sache einzulassen. So wie es der Richter selbst ihr zuvor ja auch richtig erklärt hatte. Und genau das hatte sie vor: Sie wollte

Angaben zu dem Vorfall machen. Als ich das Wort ergriff, um den Vorsitzenden darauf hinzuweisen, fuhr der mir jedoch barsch über den Mund: »Sie sind jetzt nicht dran, Herr Verteidiger. Ich habe die Prozessleitung.«

»Das weiß ich doch«, erwiderte ich immer noch freundlich. »Und aus der Strafprozessordnung weiß ich auch, dass jetzt erst einmal meine Mandantin an der Reihe ist. Sie möchte sich zum Tatvorwurf äußern.«

Es interessierte den Richter offensichtlich nicht. »Das kann sie später tun. Und wenn Sie jetzt nicht Ihren Mund schließen, dann ergreife ich gegen Sie und Ihre Mandantin Ordnungsmaßnahmen.«

Wie bitte? Ich konnte nicht verstehen, was da gerade passierte. Das Gesetz sieht prozessual keine zulässigen Ordnungsmaßnahmen gegen Verteidiger vor. Allenfalls gegen die Angeklagte. Nur: Was sollte meine Mandantin bislang falsch gemacht haben? Sie hatte doch bisher nur still neben mir gesessen, bis auf ihre Personalien kein Wort von sich gegeben und ansonsten stumm darauf gewartet, endlich reden zu dürfen. Mein möglicherweise etwas unbequemes Verhalten konnte ihr nach keiner denkbaren Regel der Kunst angelastet werden. Dieser Richter hatte ganz eindeutig etwas gegen mich oder gegen die Mandantin oder gleich gegen uns beide. Hätte ich über seine forschen Sprüche vielleicht noch hinwegsehen können, so konnte ich jedenfalls nicht hinnehmen, dass meiner Mandantin einfach das Wort verwehrt wurde. Also beantragte ich, die Hauptverhandlung für ein »unverzügliches« Gesuch zu unterbrechen. Der Richter wusste, was damit gemeint war: Ich wollte mit der Mandantin die Möglichkeiten eines Ablehnungsgesuchs wegen Befangenheit des Richters besprechen. Wenn Anlass für die Vermutung besteht, dass der Richter voreingenommen ist, dann müssen Angeklagter und Verteidiger sofort reagieren, da duldet das Gesetz keinen Aufschub. Ein solches Gesuch muss sofort oder eben, juristisch ausgedrückt, »unverzüglich« vorgetragen werden.

»Jetzt nicht, Herr Verteidiger.« Bitte, wie? In solchen Momenten stoße selbst ich noch an Grenzen. Ich brauchte die beantragte Unterbrechung jetzt in diesem Moment, wenn ich nicht riskieren wollte, dass mir die Frist kaputtgeht. Und einfach den Prozess weiterlaufen lassen, das ging nun beim besten Willen nicht mehr. Welches Ergebnis hätte meine Mandantin bei diesem Richter zu erwarten? Er war offenkundig nicht bereit, unseren Argumenten für einen Freispruch Aufmerksamkeit zu schenken.

Also sagte ich noch einmal laut und deutlich: «Wir benötigen eine Unterbrechung – jetzt!« Als der Richter auch diesen Satz ignorierte und sich stattdessen an die Protokollführerin wandte und übertrieben freundlich sagte: »Bitte rufen Sie nun den Zeugen herein!«, musste ich handeln. Ich entschied – vielleicht etwas unkonventionell –, einfach unaufhörlich und lautstark weiter zu sprechen. Ich ratterte alle meine Überlegungen zum Befangenheitsgesuch mit laut erhobener Stimme runter, bis der Richter dem schließlich brüllend ein Ende setzte und eine 15-minütige Unterbrechung der Sitzung anordnete: »In dieser Zeit beruhigen sich jetzt gefälligst alle wieder!« Meinte er sich oder mich oder uns beide?

Eines war jedenfalls klar: Der Prozess hätte schlimmer nicht laufen können. Ich setzte mich an meinen Befangenheitsantrag und sortierte die einzelnen Argumente für eine Voreingenommenheit, die der Richter an diesem Morgen mit seinem Verhalten geliefert hatte.

Exakt nach 15 Minuten betrat er wieder den Saal: »Die Hauptverhandlung wird unterbrochen und ein Fortsetzungstermin von Amts wegen bestimmt.« Das hieß, für diesen Tag konnten wir nach Hause gehen, und das war erst einmal gut so. Denn heute wäre hier eindeutig nichts mehr zu retten gewesen. Jetzt konnte ich mein Befangenheitsgesuch in aller Ruhe in der Kanzlei fertigstellen und dann an das Gericht faxen.

Mit etwas mehr Abstand konnte ich das zuvor Geschehene noch weit weniger begreifen. Was hatte den Vorsitzenden bloß geritten? Er hatte mit seinem Verhalten eklatant gegen bestehende Verfahrensrechte verstoßen: Die Angeklagte nicht zu Wort kommen zu lassen und Ordnungsmaßnahmen gegen den Verteidiger anzukündigen, das war indiskutabel. Ich war gespannt auf die Stellungnahme, die der Richter selbst zu dem Antrag abgeben würde. Die ging noch am selben Tag per Fax bei mir ein: »Ich fühle mich in der Sache befangen.« Und zur Begründung: »Als der Verteidiger Stephan Lucas den Sitzungssaal betrat, erzeugte das bei mir eine Stimmung, die mich nicht mehr unvoreingenommen den Prozess führen ließ.«

Ich war baff. In meinem Verteidigerleben hatte ich bestimmt schon 200 Befangenheitsgesuche gestellt. Nur wenige waren erfolgreich gewesen, was aber nicht weiter schlimm war: Auch zurückgewiesene Befangenheitsgesuche erfüllen regelmäßig ihren Zweck. Sie sprechen einem Richter genau genommen seine Daseinsberechtigung ab, nämlich unabhängig und unvoreingenommen über einen Sachverhalt urteilen zu können. Dass ein Richter seine mangelnde Neutralität meist nicht zuzugeben bereit ist, liegt auf der Hand – es gehört zu seinem Selbstverständnis, dass er sich die Unparteilichkeit gewissermaßen mit der Robe überstreift. Treffen die im Antrag vorgetragenen Fakten allerdings zu, so wirken sie auf den abgelehnten Richter oftmals wie ein Blick in den Spiegel, wie ein letzter Aufruf zur Ordnung. Mit der Folge, dass er nun erfahrungsgemäß bemüht sein wird, mögliche erneute Entgleisungen zu vermeiden. Wer als Verteidiger stattdessen in einer solchen Situation die Stimmung lieber nicht mit einem Befangenheitsgesuch vergiften möchte, der übersieht, dass diese meistens bereits vergiftet ist. Jetzt einen deutlichen Pflock zu setzen, kann wie das berühmte reinigende Gewitter wirken. Aber dass unser Vorsitzender hier nun tatsächlich seine Befangenheit überhaupt nicht zu kaschieren versuchte und unumwunden einräumte, mit mir im Raum nicht frei und unabhängig agieren zu können, das war auch für mich eine neue Erfahrung – und zeugte im Übrigen von beachtlicher Größe. Dieser Richter war ohne jeden Zweifel befangen und hatte offenkundig kein Interesse daran, es noch einmal mit meiner Mandantin und mir zu versuchen. Dass er sich – anders als so mancher andere in dieser Situation – nicht trotzdem mit aller Gewalt bemühte, der Verhandlung erhalten zu bleiben, sondern das Feld für einen Kollegen räumte, war gut so. Weniger gut war, dass das Verfahren nun erst einmal für längere Zeit ausgesetzt wurde.

Als der Prozess von Neuem begann, lag Lisas Unfall mittlerweile mehr als 15 Monate zurück. Wir fanden uns nur zwei Säle weiter bei einem neuen Richter ein. Dieses Mal bekam Christina Kluge ausreichend Gelegenheit, genau zu schildern, wie alles abgelaufen war, auch wie sie ihre Tochter bewusst mit dem Rad hatte vorausfahren lassen. Der Richter hörte aufmerksam zu, stellte ergänzende Fragen. Er würde am Ende entscheiden müssen, ob Christina Kluge sich korrekt verhalten hatte oder ob ihr Verhalten als strafbare Verletzung ihrer Sorgfaltspflicht zu beurteilen war. Das war eine reine Bewertungsfrage. Meine Mandantin selbst konnte dafür nur die Fakten liefern. Und genau das wollte sie auch tun.

Die nächsten Stunden zogen sich für sie dann quälend hin. Der Fahrer des Kleinwagens schilderte als Zeuge, wie er den Aufprall erlebt hatte. Für Christina Kluge war es so, als erlebte sie all das Schreckliche ein zweites Mal. Schließlich kam auch Marcel Wendenburg zu Wort. Zum Unfall selbst konnte er natürlich nichts sagen, er war ja nicht dabei gewesen. Dafür wusste er zu berichten, wie er die Angeklagte sonst als Mutter erlebt hatte, er beschrieb sie, ohne mit der Wimper zu zucken, als gewissenlos und unachtsam. So oft habe er seine Tochter in Gefahrensituationen erlebt, während seine Ex am Handy »geklebt« oder sich lieber die Nägel lackiert habe. Es sei schon immer seine Sorge gewesen, dass dieses Desinteresse am eigenen Kind irgendwann in einer Katastrophe enden könnte.

»Gut gebrüllt, Löwe«, dachte ich und fragte ihn, warum eigentlich nie er, der Vater, die gemeinsame Tochter vom Kindergarten abgeholt hatte. Als Beamter bei der Agentur für Arbeit hatte er flexible Arbeitszeiten. Sein Arbeitstag begann oft schon morgens um 6 Uhr, sodass er bereits um 15 Uhr Feierabend hatte. Er war leidenschaftlicher Schwimmer, auf Leistungsniveau. Von meiner Mandantin wusste ich, dass der Sport für ihn an erster Stelle kam und ein Tag ohne Wasser ihn unausstehlich werden ließ. Seine Antwort fiel knapp aus: »Das hatten wir eben so aufgeteilt – tut hier auch nichts zur Sache.«

Er hatte da nicht ganz unrecht. Mit meiner Frage und vor allem mit seiner Antwort wollte ich dem Gericht allerdings die Komfortzone vor Augen führen, aus welcher heraus der Zeuge hier zu uns sprach. Während er an seiner Form gearbeitet hatte, hatte sich seine Frau um Lisa gekümmert. Und er war aus dem Schneider: Wer nichts machte, konnte auch nichts falsch machen. Ich wollte dem Gericht vor Augen führen, dass der Vater des Kindes hier wenig besonnen und vor allem gezielt alles herauskramte, was meiner Mandantin schaden konnte. Warum hatte dieser Mann nach dem Tod der Tochter nicht wenigstens versucht, mit seiner Lebensgefährtin über die gemeinsame Trauer zu sprechen, vielleicht eine Paartherapie zu beginnen?

Stattdessen dermaßen vom Leder zu ziehen, das fühlte sich gemein an und irgendwie auch feige. Marcel Wendenburg hatte für sich selbst klare Verhältnisse geschaffen: Für ihn gab es eine Schuldige. Es mochte ihm helfen, sich innerlich von dem Geschehenen zu distanzieren, und vermutlich hoffte er, mit dem so erreichten Abstand das Geschehene am besten verarbeiten zu können. Dass auch andere litten, interessierte ihn nicht.

Mein Antrag, ein Sachverständigengutachten einzuholen, lehnte das Gericht ab. Die entscheidende Frage blieb für mich, ob das Verhalten der kleinen Lisa am Unfalltag unter das allgemeine Lebensrisiko fiel. Wenn das Ganze ein tragischer Unfall war, der in der konkreten Situation auch einen erwachsenen Verkehrsteilnehmer hätte treffen können, dann hatte Christina Kluge auch nichts unternommen bzw. unterlassen, was man ihr als strafbare Sorgfaltspflichtverletzung ankreiden konnte. Das beantragte Gutachten würde womöglich zu genau diesem Schluss kommen.

Acht Monate Freiheitsstrafe wegen fahrlässiger Tötung, ausgesetzt zur Bewährung. Meine Mandantin brach bei der Urteilsverkündung weinend zusammen. Laut Richterspruch trug sie die Schuld am Tod ihrer geliebten Tochter. Und eben nicht nur auf menschlicher Ebene, weil sie anders »hätte« handeln können; auch juristisch sollte sie eine Straftäterin sein.

Aber so einfach durften wir es dem Gericht nicht machen. Wir legten gegen das Urteil Berufung ein, und weitere zehn Monate später verhandelten wir das Ganze erneut, diesmal beim Landgericht. Erneut wurde Christina Kluge der schreckliche Unfall ihrer Tochter nahegebracht, als der Zeuge Heinrich sich an alle Einzelheiten genau zu erinnern versuchte. Wieder war meine Mandantin den selbstgefälligen Äußerungen ihres ehemaligen Partners ausgesetzt. Und wieder hatte das Gericht kein Interesse an einem Gutachten. Am Ende verwarf es die Berufung und bestätigte die achtmonatige Bewährungsstrafe des erstinstanzlichen Urteils.

Erst die Revision zum Oberlandesgericht brachte uns endlich einen wesentlichen Schritt nach vorne. Wir hatten es versuchen müssen – auch wenn die Chance, eine Revision zu gewinnen, bei gerade einmal zehn Prozent liegen soll. Das Revisionsgericht prüft in einem meist nur schriftlichen Verfahren, ob das Gericht der vorherigen Instanz rechtliche Fehler gemacht hat. Und das hatte das Landgericht nach Auffassung des Münchner Oberlandesgerichts tatsächlich getan. Das Landgericht hatte in seinem Urteil geschrieben, Christina Kluge habe ihre Sorgfaltspflichten verletzt und fahrlässig gehandelt, weil eine Fünfjährige noch nicht reif genug sei, die später entstandene Gefahrenlage zu erkennen. Diese knappe Begründung reichte dem Oberlandesgericht nicht aus: Das Landgericht hätte sich mit der konkreten Situation und der Persönlichkeit des Kindes befassen müssen. Deshalb hob es das Urteil auf und ordnete eine neue Verhandlung vor dem Landgericht an.

Die gewonnene Revision war ein großer Erfolg. Wie wollte die nächste Instanz nun erneut zu dem Ergebnis kommen können, dass sich meine Mandantin strafbar gemacht hatte? Aber noch war nichts endgültig entschieden.

Das nächste, mittlerweile vierte Gericht ließ sich viel Zeit, bis wir endlich einen neuen Verhandlungstermin hatten. Dafür holte es nun aber tatsächlich einen Gutachter mit ins Boot. Dieser bestätigte, was wir schon damals in unserem Antrag an die Staatsanwaltschaft formuliert hatten: Meiner Mandantin war in der konkreten Situation kein Fehlverhalten vorzuwerfen.

Freispruch! Nach knapp viereinhalb Jahren Verfahrensdauer. Christina Kluge war in dieser Zeit um viele Jahre mehr gealtert. Äußerlich – und das drückte ihr Inneres aus. Auch nach dem Freispruch blieb sie eine Mutter, die ihr Kind verloren hatte.

Und für viele würde sie die gewissenlose Mutter bleiben, die ihr Kind getötet hatte. Sie selbst warf sich auch jetzt noch vor, damals nicht anders gehandelt zu haben. Von diesem Vorwurf konnte sie kein Gericht der Welt freisprechen. Aber, so sagte sie mir später, der Prozess habe sie und ihre Tochter zusammengeschweißt. Sie hatte nichts Strafbares getan. Das war die entscheidende Erkenntnis, zu der sie leider erst nach mehr als vier Jahren hatte kommen dürfen. So konnte sie nun endlich trauern, ihre Gefühle ehrlich zulassen, sich bewusst machen, dass sie ihre Tochter schon immer aus tiefstem Herzen geliebt hatte. Ihre Gedanken fühlten sich endlich nicht mehr falsch oder verlogen an.

Wenige Tage nach dem Urteil erhielt Christina Kluge einen Brief des Zeugen Heinrich. *»Die Juristen sagen, ich hätte nichts falsch gemacht. Doch das vermag nichts daran zu ändern, dass ich damals den Wagen gesteuert hatte. Der Tod Ihrer Tochter lässt mich nicht los. Er wird mich ein Leben lang begleiten.«* So viele Schicksale kamen hier zusammen. Das Strafrecht stieß ganz offenkundig an seine Grenzen. Fast schon ohnmächtig war es hier bemüht worden. Und nicht einmal Marcel Wendenburg konnte hiervon zehren. Seinen Hass auf das Leben und auf das Schicksal, das es für seine Tochter Lisa vorgesehen hatte, konnte er nun nicht mehr auf seine ehemalige Partnerin projizieren. Darauf hatte er sich die ganze Zeit über verlassen.

Christina Kluge hat seit zwei Jahren einen Freund. Sie lässt es langsam angehen. Ob sie je wieder Kinder haben möchte – sie weiß es nicht. Es ist kein Thema für sie. Kinder an sich sind es aber durchaus. Bereits während des laufenden Revisionsverfahrens hatte sie sich ehrenamtlich bei einem Kinderhospiz gemeldet. Dort spricht sie viel mit den Angehörigen, nimmt sich für sie Zeit. Viele Sorgen und Ängste hatte sie selbst am eigenen

Leib kennengelernt, wenn auch in einer völlig anderen Lebenssituation. Es konnte jeden in jeder Sekunde treffen. Wie alle diese Menschen, die sie nun kennenlernen durfte, musste auch Christina Kluge lernen, ihr Schicksal als Teil ihres eigenen Lebens zu akzeptieren. Und auf dieser Grundlage geht Christina Kluge seither ihren Weg – im Gedenken an ihre Tochter, die sie tief in ihrem Herzen bewahrt.

Zuhälter im Netz

Der Fall, der an diesem Tag verhandelt wurde, war kurios. Eine dunkelhäutige Frau mit rund 140 Kilo Lebendgewicht hatte sich einen jungen, maximal 60 Kilo leichten Tankwart angelacht und ihm einen Cocktail verabreicht. Die speziellen Inhaltsstoffe: Überdosis Schlafmittel und Überdosis Viagra. »Und als ich tief und fest schlief«, setzte der junge Mann von der Tanke im Zeugenstand schüchtern an, »verselbstständigte sich, mein, äh, mein äh …« – »… Ihre Zapfsäule!« Der unsachliche Einwurf des Verteidigers löste beim Vorsitzenden Richter einen Lachkrampf aus. Auch im Publikum gab es kein Halten mehr. »Aus, aus … – und noch ein mal!« Die Stimme, die aus dem Off ertönte, war die des Regisseurs. Der Richter hieß Alexander Hold, der Verteidiger Christian Vorländer, und den »Staatsanwalt« mimte ich. Es sollte noch lange dauern, bis an jenem Mittwoch der Fall abgedreht war.

An Drehtagen wie diesem ist es mir meist nicht vergönnt, mich einfach mal ganz und gar fallen zu lassen. Auf mein Handy ist leider Verlass. »Umbau!«, ertönte es wieder aus dem Off. »Ach ja, und Stephan, du hast zwei Anrufe in Abwesenheit.« Einmal »unbekannt« und eine Erdinger Nummer. Sie sagte mir auf Anhieb nichts – später dann aber doch: »Schönberger«, vernahm ich die freundliche Stimme am anderen Ende der Leitung. Natürlich, das war der nette Richter vom Amtsgericht Erding. Wir kannten uns aus einem gemeinsamen Drogenprozess aus dem Vorjahr. Aus den zunächst angesetzten zwei Prozesstagen waren damals aufgrund meiner vielen Beweisanträge am

Ende elf geworden. Aber statt sich darüber verärgert zu zeigen, hatte mich der Amtsrichter während des Prozesses zwischendurch beinahe väterlich zur Seite genommen. Ihm gefalle, wie sehr ich mich für meinen Mandanten einsetze. Das hatte ich so zuvor noch von keinem Richter gesagt bekommen, schon gar nicht, wenn sich ein Prozess durch mein Zutun deutlich verlängerte.

»Ich würde Sie gerne in einem etwas unschönen Strafverfahren als Pflichtverteidiger bestellen.« So war ich bisher noch nie an ein neues Mandat gekommen, auch wenn dieser Weg an sich nicht unüblich ist.

Dazu muss man wissen, dass einem Angeklagten laut Gesetz in schwierigen Fällen zwingend ein Verteidiger zusteht. Kann oder will der Angeklagte selbst keinen beauftragen, bekommt er auf Staatskosten vom Gericht einen Pflichtverteidiger »beigeordnet«. Das Gericht kündigt ihm das vorher an und setzt ihm eine kurze Frist, um einen Wunschanwalt zu benennen. Macht er von diesem Wahlrecht jedoch keinen Gebrauch, weil er zum Beispiel keinen Anwalt kennt, dann sucht das Gericht ihm einen Verteidiger aus. Auffallend oft sind das immer wieder dieselben Kolleginnen und Kollegen. Zufall? Oder vielleicht doch eher »gute Erfahrungen«, die die Richter in früheren Fällen mit ihnen gemacht haben, weil sie die Angeklagten geschmeidig durch den Prozess geführt haben, für das Gericht bequem und ohne unnötig viel Arbeit zu machen? Ob bei diesen »Verurteilungsbegleitern« allerdings die Mandanteninteressen immer im Vordergrund stehen, stelle ich zur Diskussion. Schließlich könnten sie dazu neigen, in der Hoffnung auf Folgeaufträge vor allem dem Gericht gefallen zu wollen – die Hand, die einen füttert, beißt man nicht. Ein bisschen stolz macht es mich daher schon, dass dieser Anruf aus Erding bis heute der einzige war, bei dem ein Richter mich von sich aus als Verteidiger wünschte.

Normalerweise sind es die künftigen Mandanten selbst, die mich kontaktieren. Aber in diesem Ausnahmefall sagte ich gerne zu, ohne zunächst zu ahnen, was der Richter mit »unschönem Verfahren« gemeint hatte.

Das sollte ich im weiteren Verlauf des Telefonats erfahren. Es ging um mehrere Fälle sexuellen Missbrauchs von Schutzbefohlenen. Angeklagt war der damals 52-jährige Elmar Schenk. Ihm wurde unter anderem vorgeworfen, über mehrere Monate hinweg einen Jungen im Alter von 13 Jahren systematisch dazu gezwungen zu haben, zunächst mit ihm und später auch mit diversen Freiern, alle jenseits der fünfzig, Sex zu haben. »Sagt Ihnen vielleicht ›Love-Scamming‹ etwas?«

Davon hatte ich schon gehört. Bei dieser kriminellen Spielart treten die Täter über gefälschte Profile in den sozialen Netzwerken mit ihren Opfern in Kontakt, bauen eine »Beziehung« zu ihnen auf und gaukeln ihnen gezielt Interesse und größte Verliebtheit vor. Ziel des Scammers ist es, sich auf diese Weise Schritt für Schritt intimste Nähe zu seinem Chatpartner zu erschleichen. Das so gewonnene Vertrauen nutzt er dann allmählich immer mehr dazu aus, sich vom emotional völlig eingewickelten Opfer großzügig finanziell unterstützen zu lassen. »Ganz ähnlich soll es hier gewesen sein, Herr Lucas. Nur ging es dem Schenk nicht um Kohle, sondern um pornografische Nacktfotos seiner Opfer, die sie ihm im Lauf der Zeit mailen sollten. Das taten die Jungs aufgrund des nach und nach immer stärkeren Vertrauensverhältnisses dann auch tatsächlich. Und mit diesem Bildmaterial hat er sie dann anschließend zur Vermarktung ihrer jungen Körper gezwungen.« Als ich das Vorgehen meines neuen Mandanten genauer erklärt bekommen wollte, holte der Richter weiter aus: »Dieser Schenk hat sich laut Anklage ganz perfide in das Leben von zwei Jungen eingeschlichen, und das nicht etwa als diejenige Person, die er ist. Er gab sich als vermeintlich gleichaltrige Internetfreundin aus. Die Jungs verliebten sich in das fiktive Mädel und fraßen ihm praktisch aus der Hand. Als das Verhältnis dann irgendwann eng und vertraut genug war, ließ sich Schenk von den Ahnungslosen peu à peu jede Menge Erpressungsmaterial in Form von eindeutigen Nacktfotos schicken. Später setzte er seine Opfer damit gezielt unter Druck und schickte den einen zum Sexualverkehr durch die Stadt. So jedenfalls liest sich das in der Anklageschrift.«

Der Fall fing an, mich zu interessieren. Love-Scamming schien ein ganz neuer, widerlicher Trend zu sein. Blindes Vertrauen via Internet. Man sollte meinen, das schließe sich von vornherein aus. Aber offenkundig funktionierte es. Ein weiteres kriminelles Feld, das es ohne Internet so nicht geben würde. Diese schier unendlichen Möglichkeiten, nicht zuletzt Kinder über das Netz zu Opfern teils perverser Straftaten werden zu lassen, bereiten Eltern die allergrößten Sorgen. Zehnjährige surfen mit ihren Freunden auf Pornoseiten. Gewalt, Horror, Brutalität – alles für die Kleinen jederzeit abrufbar. Cybermobbing – es gibt nichts, was es im Netz nicht gibt. Und die Eltern bekommen das Treiben ihrer Sprösslinge oft gar nicht mit oder erst dann, wenn es längst schon zu spät ist.

So musste es laut Anzeige wohl auch im Fall des 13-jährigen Leo gewesen sein, den mein neuer Mandant zum Sex mit ihm und anderen alten Männern gezwungen hatte.

Leo war mitten in der Pubertät. Dem Chatverlauf zufolge hatte er sich tatsächlich in seine fiktive Internetbekanntschaft verliebt. Aber statt sich weiter an die für ihn so aufregenden Themen um Liebe und Sexualität langsam heranwagen zu dürfen, war er von meinem Mandanten plötzlich auf einen Schlag in dessen perverses Spiel gezwungen worden. Mich berührte dieses hinterhältige, für den Jungen so nachhaltig demütigende Vorgehen sehr. Nur durfte das für mich bei der Frage der Mandatsübernahme keine Rolle spielen. Mögen manche Kollegen sich gerne auf die Fahne schreiben, keine Sexualverbrecher zu verteidigen, so muss ich mich über diese Haltung doch immer sehr wundern. Nach meiner Überzeugung ist es ganz sicher nicht meine Aufgabe, als Verteidiger Straftaten zu bewerten und sie gut oder schlecht zu heißen. Das wäre ein völlig falsches Verständnis von meiner Aufgabe als Verteidiger. Denn diese ist es in erster Linie, mich unter Ausschöpfung aller rechtlichen Möglichkeiten bedingungslos für meine Mandanten einzusetzen, ganz gleich, welcher Straftaten sie beschuldigt werden. Jeder Beschuldigte oder Angeklagte hat das Recht auf ein faires Strafverfahren. Und das habe ich als Verteidiger für jeden mutmaßlichen Straftäter sicherzustellen – ganz gleich, ob er einen kleinen Diebstahl begangen, Steuern hinterzogen oder eine Sexualstraftat begangen hat.

Schon wenige Tage später sollte ich meinen neuen Mandanten kennenlernen. Trotz der massiven Vorwürfe war er auf freiem Fuß. Die Sache war erstaunlicherweise nicht beim Landgericht, sondern beim Amtsgericht angeklagt. Für meinen Mandanten hieß das, dass ihm maximal eine vierjährige Freiheitsstrafe drohte. Denn die sogenannte Strafgewalt des Amtsgerichts endet bei vier Jahren; demzufolge darf es auch dann keine höhere Strafe verhängen, wenn das Gesetz für das jeweilige Delikt eine deutlich höhere Höchststrafe vorsieht. Wenn das Amtsgericht vier Jahre Freiheitsstrafe im konkreten Fall nicht für ausreichend hielt, musste es das Verfahren an das Landgericht verweisen, das dieser Beschränkung nicht unterliegt. Bei Schenk standen also höchstens vier Jahre im Raum, und bei dieser doch relativ überschaubaren Straferwartung hatte das Gericht bislang keinen Fluchtanreiz gesehen und deshalb auch keinen Haftbefehl gegen ihn erlassen. Mir war es sehr recht. Die Kommunikation mit einem inhaftierten Mandanten ist für den Anwalt immer aufwendig, weil er für jede Besprechung mit ihm ins Gefängnis fahren muss. Und je nachdem, in welcher Haftanstalt er sich befindet, geht allein schon für die Hin- und Rückfahrt eine Menge Zeit drauf. Plus die Wartezeit in der Justizvollzugsanstalt selbst, bis der Mandant endlich »vorgeführt«, das heißt von einem Beamten in die Sprechzelle gebracht wird – von der Bindung an die in vielen Haftanstalten sehr überschaubaren Besuchszeiten ganz zu schweigen. Und alles, was dem Anwalt oder dem Mandanten dann erst nach der Besprechung einfällt, kann nicht auf die Schnelle per Telefon oder E-Mail geklärt werden, sondern – ganz klassisch – per Brief. Und auch das dauert.

Elmar Schenk war 52 Jahre alt, keine 1,70 m groß, dafür aber – dem Fitnessstudio sei Dank – bis zum Anschlag aufgepumpt. Die vielen Tattoos erschienen aufgrund der Muskelmasse regelrecht auseinandergezogen. Den Teint hatte künstliche Sonne in ein ungesundes dunkles Rotbraun verfärbt. Die schütteren Haare trug er nach hinten gegelt; seine fein säuberlich gezupften Augenbrauen glichen zwei dünnen Strichen. Sein gesamtes Erscheinungsbild war klischeebeladen. »Was für ein blöder Typ«, dachte ich – da war unser Gespräch gerade wenige Minuten alt. Und das hatte nichts mit seinem Äußeren zu tun. Das sollte jeder halten, wie er mochte, auch wenn ein angenehmes Äußeres natürlich immer willkommen war. Nein, was mich störte, war das selbstherrliche Auftreten des Mannes. Die abfällige Art, wie er über die Opfer redete. Die Überheblichkeit gegenüber den Tatvorwürfen. »Sind schon süße Jungs, die beiden«, sagte er grinsend. »Besorgen Sie sich am besten schnell die Akte. Müssten heiße Fotos drin sein.« Dieses Geschwätz war nur schwer zu ertragen.

Was Schenk vorgeworfen wurde, war nicht nur unstreitig strafbar; wir hatten es hier vor allem mit kindlichen Opfern zu tun, die ohne Schuld auf brutale Weise hatten leiden müssen.

Zielführend konnte nur sein, in Ruhe eine Verteidigungslinie abzustecken, und das bitte mit der gebotenen Sachlichkeit. Wem sollte die Stimmungsmache etwas bringen, außer dem Mandanten selbst, der richtig Spaß an seinen geschmacklosen Äußerungen zu haben schien: »Ach, und wenn Sie die Akte haben, schicken Sie mir doch bitte Kopien. Die Fotos hätte ich nämlich gerne.« Elmar Schenk hörte einfach nicht auf zu sticheln. Langsam reichte es mir. Nichts würde ich ihm schicken. Bei Kinderpornografie durfte ich es gar nicht.

Die Akte des Amtsgerichts Erding war bereits auf dem Weg zu mir, und ich würde sie natürlich gründlich durcharbeiten, um die Sach-, Rechts- und Beweislage einschätzen und den Prozess vorbereiten zu können. Aber nicht nur die blöde Art meines Mandanten, sondern etwas ganz anderes fing langsam an, mir Kopfzerbrechen zu bereiten. Wollte Schenk mich womöglich zum Spielball einer Ideologie machen?

Sollten die Vorwürfe gegen ihn zutreffen, musste ich bereits jetzt den Eindruck haben, dass er seine sexuellen Vorlieben und die darauf gegründeten Verhaltensweisen für völlig in Ordnung erachtete. Wollte er am Ende so argumentieren? Ich hatte schon in vielen Fällen, in denen es um sexuellen Missbrauch von Kindern ging, verteidigt, aber immer waren entweder die Mandanten geständig gewesen und hatten sich ihrer Tat voller Reue gestellt, oder mein Auftrag war gewesen, um einen Freispruch zu kämpfen. Schenk hingegen gab unmissverständlich zu verstehen, dass er nun mal auf kleine Jungs stand und darin auch überhaupt kein Problem sah: »Wenn wir mal ehrlich sind, Herr Lucas, die Jungs wollten das doch auch. Oder warum regte sich sonst so viel bei ihnen in der Hose?« Mir wollte einfach nicht gefallen, wie der Mandant da mit mir redete. Ich mag zwar grundsätzlich bereit sein, jeden Angeklagten zu verteidigen; ein Strafprozess droht aber immer dann für einen Verteidiger »unschön« zu werden, wenn der Mandant den Gerichtssaal als Plattform für die Zurschaustellung einer ideologischen Haltung zu nutzen gedenkt. Das mag ausnahmsweise dann nicht gelten, wenn der Verteidiger seine Gesinnung teilt; für mich jedoch ist ein Nazi, der sein rechtsextremes Gedankengut zur Rechtfertigung einer ausländerfeindlichen Straftat heranzieht, genauso unerträglich wie ein Mandant, der im Prozess für die Erlaubnis von sexuellen Handlungen mit Kindern wirbt. Bei Elmar Schenk durfte ich gespannt sein, wohin die Reise noch gehen würde. Einen Vorgeschmack hatte er mir jedenfalls schon gegeben. Sollte er sein bisheriges Schweigen im Verfahren auch weiterhin nicht brechen wollen, wäre das für alle Beteiligten – einschließlich seiner Person – das Beste. Ich hoffte, dass er sich darauf einlassen würde.

Mit der Akteneinsicht tauchte ich tief in Internetwelten ein, die einen, zumal als Vater, das Fürchten lehren. Leo hatte Elmar Schenk in einem sozialen Netzwerk kennengelernt. Genauer gesagt war er in den ersten Wochen davon ausgegangen, mit einem gleichaltrigen Mädchen namens »Laura« zu chatten. Unter diesem Aliasnamen hatte Schenk den Jungen nämlich über dessen Facebook-Profil angeschrieben und mit ihm zu flirten begonnen. Leos Welt war damals alles andere als in Ordnung. Sein Vater war gerade mit 34 Jahren an Bauchspeicheldrüsenkrebs gestorben, und bei seiner Mutter hatten die Ärzte nur wenige Monate zuvor Gebärmutterhalskrebs diagnostiziert. In Postings hatte der Junge seine Internetfreunde die ganze Zeit über auf dem Laufenden gehalten, sich mit vielen von ihnen über den Messenger ausgetauscht und ihnen sein trauriges Herz ausgeschüttet. Geschwister hatte er keine. Seinen Vater hatte er sehr geliebt. Der war ein jung gebliebener Typ gewesen; mit seinem schwarzen Pferdeschwanz hatte er etwas von einem Lebenskünstler gehabt. Und ein bisschen traf das auch zu. Bis zum

Ausbruch seiner Krankheit hatte er als Schaffner bei der Bahn gearbeitet, in seiner Freizeit aber Comics gemalt und als Saxofonist in einer Band gespielt. Für Leo war der Vater wie ein Freund gewesen. Mit ihm hatte er alle seine Sorgen besprochen – ganz gleich, ob es um die Schule ging oder um Ärger mit seinen Freunden. Und auch Leo selbst hatte zwei Jahre zuvor mit dem Saxofonspielen angefangen. Bei allem Stolz war sein Vater oft besorgt gewesen, dass sein Sohn zu sehr auf ihn fixiert sein könnte und sich viel zu wenig traute, einfach nur Kind zu sein. Jetzt konnte er nicht mehr für ihn da sein. Und Leos Mama war einfach zu schwach, den Verlust auffangen zu können. Der Krebs war bei ihr weit fortgeschritten, oft war sie tagelang kaum aus dem Bett gekommen, und sie litt unter unerträglichen Schmerzen im Rücken.

Es berührte mich, wie abhängig sich Leo von dem anonymen Internet als einzigem In- und Output seiner ganzen Sorgen und Ängste gemacht hatte. Er war ein pubertierender Junge, der einfach rumspinnen und sich ausprobieren wollte. Leider war er viel zu früh ein kleiner Erwachsener geworden, der mit den Schicksalsschlägen in seiner Familie verantwortungsvoll und letztlich viel zu rational umzugehen gelernt hatte. Vor allem aber war er mit seinen Gefühlen und Gedanken sehr allein.

Im Netz glaubte er es nicht zu sein. Dass seine Leistungen in der achten Realschulklasse immer weiter abfielen, ihm in der engen Hochhauswohnung die Decke auf den Kopf fiel und er die Schüttelfrostanfälle seiner geliebten Mama, ihre Schmerzensschreie und ihre permanenten Wutanfälle kaum mehr aushielt, alles das offenbarte er seiner Community, und er war aus tiefstem Herzen dankbar über jede Rückmeldung. Und so öffnete er sich auch gegenüber Laura, die als Freund Nummer 433 neu dazugekommen war und nun an seinem Schicksal in ganz besonderer Weise teilhaben sollte.

Laura hatte Leo von Anfang an unmissverständlich vorgeschwärmt, wie süß sie ihn fände. Dabei hatte sie es nicht nur verstanden, sexuelle Schlüsselreize zu streuen, sondern im Umgang mit der tragischen privaten Situation ihres Chatpartners immer auch den richtigen Ton zu treffen. So hatte sie Leo schon früh von ihrer verstorbenen Oma erzählt, die ihr so unfassbar viel bedeutet habe. Zugleich hatte sie aber auch klargestellt, dass dieser Verlust natürlich nicht mit seiner Situation, in der es um die geliebten Eltern ginge, vergleichbar sei. Der Tod der Oma lasse sie aber zumindest erahnen, was in Leo vor sich gehen musste. Und alles Weitere wolle sie ja schließlich von ganzem Herzen durch ihn erfahren.

Mit Laura hatte Leo endlich einen Menschen gefunden, dem er seine Gefühle, Sehnsüchte und Ängste mitteilen durfte. Bei ihr konnte er so weit ausholen, wie er nur wollte. Und alles schien seine neue Internetfreundin zu interessieren. Auf dem Foto, das sie ihm geschickt hatte, gefiel sie ihm sehr. Und so tauschten sie sich auch immer wieder zu ihren Gefühlen füreinander aus, machten sich gegenseitig an und verloren sich in noch sehr theoretischen sexuellen Anspielungen. Elmar Schenk verstand es, seinem Internetfreund immer die richtige Dosis zu verabreichen. Auf austauschbares Sexgeplänkel folgten innige Auseinandersetzungen mit Leos persönlicher Lebenssituation und dann auch wieder umgekehrt. Und Laura erzählte natürlich auch von sich, sodass Leo sich mit jedem Chat wohler und sicherer fühlen konnte.

»Ich ertrage es kaum, wenn du so traurig bist, kleiner Leo.«

»Magst du mich denn aufmuntern? Wird aber schwer.«

»Wie schwer ist denn schwer für dich?«

»Wie 17½ Elefanten so schwer.«

»Oh, das dürfte dann schwierig werden – meine Grenze liegt bei 17.«

»Es sind aber Babyelefanten.«

»Na dann dürfte es ja wohl ein Klacks für mich werden. Erzähl von deinen Wünschen!«

»Will eigentlich nur in den Arm genommen werden. Ganz fest.«

»Babyelefantenfest?«

»Ja, babyelefantenfest.«

»Darf ich dich auch küssen?«

»Ja.«

»Wo?«

»Da!«

»Und auch da?«

»Ja, auch da, und da und da …!«

»Dann küsst du mich aber auch!«

»Wohin magst du?«

»Genau da!«

Leo erhielt von seiner vermeintlichen Internetfreundin eine weitere Bilddatei, darauf ein Mädchen, nackt, die Beine leicht geöffnet – Laura, so nahm er an.

Je weiter sich der Chat zwischen den beiden fortgesetzt hatte, desto intimer und intensiver war er geworden. Und auch Leo hatte begonnen, seiner vermeintlichen Freundin zunächst erotische, später auch pornografische Aufnahmen von sich zu schicken. Bilder im Weitwinkel, Nahaufnahmen – zunächst noch ohne, später auch mit seinem Gesicht. Der Ton zwischen den beiden war unverändert liebevoll bis sexy geblieben. Oft hatte Leo wieder seinen Ängsten und Nöten freien Lauf gelassen und bei seinem Seelenstriptease die ganze Trauer und Wut über den Tod seines Papas rausgelassen und voller Mitleid von der permanenten Verschlechterung des Gesundheitszustands seiner Mama berichtet. Laura war für ihn da gewesen, hatte wie »Alexa« und »Siri« in einer Person immer die passende Antwort auf

Lager gehabt. Und sie hatte es in der ganzen Trauer verstanden, ständig wieder aufregende Momente zu provozieren, in denen sich die beiden ihre geheimsten Lüste offenbart hatten.

Für Leo hätte es wohl ewig so weitergehen sollen, wäre er nicht plötzlich von seiner leider nur vermeintlichen Freundin Laura zutiefst verletzt worden und hierdurch in eine Odyssee der Erpressungen geraten. Laura musste seine Kontaktdaten und die vielen intimen Fotos an einen Freund namens »Carsten« weitergegeben haben. Und der hatte im Internet nun einen ganz anderen Ton angeschlagen und damit gedroht, die Fotos Leos todkranker Mutter zukommen zu lassen. Die Post von Carsten war für Leo wie aus heiterem Himmel gekommen:

»Wollen wir ficken, süßer Leo?« In seinem Entree hatte dieser Carsten sein Ansinnen widerlich auf den Punkt gebracht. Die Antwort auf die verzweifelten Nachfragen Leos, wer er denn sei und was er von ihm wolle, war wie bei einer hängen gebliebenen Schallplatte gekommen: »Ficken, ficken, ficken.« Und schon kurz danach hatte der Neue im Netz geschrieben: »Es ist mir übrigens scheißegal, ob Du willst oder nicht.« Und später: »Ich will, und ich hole es mir. Hart und direkt.« Er hatte Leo offenbart, dank Laura im Besitz vieler aufregender Fotos von ihm zu sein. Und eben diese werde er nun gerne seiner Mutter zukommen lassen – oder eben auch nicht.

Leo war verzweifelt gewesen. Warum hatte Laura das gemacht? Er hatte es nicht verstehen können und nach Antworten gelechzt. Doch die sollte er von Laura nicht kriegen. Sie war für ihn seither nicht mehr erreichbar gewesen. Leo war verzweifelt. Er hasste Laura dafür, dass sie die Bilder weitergeleitet hatte. Zugleich hatte er sich so sehr nach ihr gesehnt. Ihm hatte seine Freundin gefehlt, in die er sich längst schon verliebt hatte und die ihm den verloren geglaubten Sinn des Lebens für viele Momente immer wieder hatte erklären können.

Stattdessen war er nun in einer Tour konfrontiert mit Carsten.

»Was ist nun mit uns?«

»Was heißt, was ist mit uns?«

»Ich warte nicht Monate!«

»Ich möchte aber keinen Sex!«

»Es liegt an dir, mein Lieber!«

»Was genau willst du von mir?«

»Ich will dich wichsen und mit dem Mund befriedigen. Und dann spritz mir in den Mund!«

»Will das nicht! Und woher weiß ich überhaupt, dass du dann auch alle Fotos löschst?«

»Wissen kannst du's nicht – musst es glauben. Welche Wahl hast du? Keine!«

»OK«

»OK?«

»Mann, bitte, ich will, dass es aufhört!«

»Gut, mein Süßer. Den Ort bestimme ich!«

»Irgendwo, wo ich wenigstens weiß, wo es ist!«

»Hallo! Ich bestimme den Ort!«

»Welchen denn? Ich möchte ja wissen, wo das ist! Muss mit dem Fahrrad hin!«

»Bolzplatz in Waldhausen!«

»Kann sein, dass ich mich dann verspäte. Kapiere immer noch nicht, wo!«

»Langweilig! Hör zu! Ich blas dir einen! Du spritzt dann in meinem Mund ab!«

»Du löschst dann wirklich alles?«

»Alles, was du willst, Baby!«

Leo hatte keine Wahl. So hatte er zumindest gedacht. Die Vorstellung, dass seine todkranke Mutter die pornografischen Fotos zu Gesicht bekommen könnte, versetzte ihn in Panik. Das musste er um jeden Preis verhindern. Und dafür schien es nur einen Ausweg zu geben. Also hatte er sich ein paar Tage später tatsächlich auf den Weg zu dem Bolzplatz gemacht, wo er seinen neuen »Internetfreund« treffen sollte. Wer ihn dort erwartet hatte, war Elmar Schenk. Dass genau genommen auch »Laura« vor ihm gestanden hatte, war Leo natürlich nicht bewusst gewesen. Elmar Schenk hatte die Figur »Laura« verschwinden lassen. Die Person, die Leo so viel Mut, Kraft und Selbstwertgefühl gegeben hatte, existierte nicht mehr. Elmar Schenk hatte es so bestimmt und sich für eine andere Figur entschieden. Jetzt war er »Carsten« – eine Rolle, in der er sich sehr wohlzufühlen schien. Mit seinen gerade mal 13 Jahren musste Leo den Sex mit dem 39 Jahre älteren Elmar Schenk über sich ergehen lassen. Der Junge auf der Suche nach Liebe, Zuneigung, Respekt und Freundschaften fühlte sich danach seelisch leer. Und es sollte nur der Anfang sein. Carsten war bei dem Treffen bei seinen sexuellen Forderungen geblieben, danach aber offenkundig nicht bei seinem Versprechen. Denn es hatte nicht lange gedauert, bis er sich wieder gemeldet hatte:

»Geil war's, mein Lieber.«

»Schön für dich!«

»Will kein Egoist sein.«

»Verstehe nicht.«

»Andere sollen auch was von dir haben.«

»Du kennst dein Versprechen!!!«

»Ich kenne vor allem Typen, die du reinlassen solltest.«

Wieder hatte Carsten mit den Fotos gedroht, die anderenfalls auf direktem Weg Leos Mutter erreichen würden. Und wie beim ersten Mal mit Erfolg. Leo war tief in seiner vermeintlichen Schuld gepackt. Seine Mama war todkrank. Sein Papa war gerade erst gestorben. Alles, was er für seine Mutter hatte tun können, war es, für sie da zu sein. Vor allem aber wollte er sie nicht enttäuschen. Er hatte den Weg des geringsten Widerstands gewählt. Diesen glaubte er nun wohl oder übel weitergehen zu müssen.

Mit den unzähligen Fotos in seinem Besitz hatte Carsten sein Opfer in den Wochen danach zu sexuellen Handlungen mit mindestens sieben weiteren schwulen Männern zwischen 48 und 63 Jahren gezwungen. Und auch Elmar Schenk hatte sein selbst erklärtes Recht auf Sex mit dem Jungen bei drei weiteren Gelegenheiten eingefordert. Und es sollte nicht bei der manuellen und oralen Befriedigung bleiben. Leo hatte gehofft, dass das alles endlich aufhören würde. Er hätte sich gar nicht erst darauf einlassen dürfen, sondern gleich zur Polizei gehen sollen. Doch nun hatte Elmar Schenk ihn in der Hand. Er hatte niemanden, mit dem er darüber sprechen konnte. Laura war wie vom Erdboden verschluckt. Und wollte er überhaupt je wieder mit ihr reden? Sie war es, die nach seiner Überzeugung hinter all diesen Abgründen steckte. Der Albtraum musste doch irgendwann ein Ende finden. Und das tat er auch – just zu einem Zeitpunkt, als Leo die Hoffnung schon aufgegeben hatte.

Leo war nämlich nicht der einzige Junge, der von Schenk in dieser Art und Weise zum kindlichen Sklaven der sexuellen Begierden älterer Männer degradiert werden sollte. Bei einem weiteren Jungen hatte er das gleiche perverse Spiel zu inszenieren versucht, in Julius allerdings ein weniger gefügiges Opfer gefunden. Nacktfotos hatte zwar auch der ihm bzw. Laura geschickt. Als jedoch der Moment gekommen war, dass Schenk sich als vermeintlicher Freund Lauras geoutet hatte, war Julius mit dem gesamten Mailverkehr zur Polizei gegangen. Die hatte dann natürlich sofort Ermittlungen aufgenommen, Allerdings hatten die Beamten von Anfang an sehr deutlich gesagt, dass es schwierig werden würde, den tatsächlichen Verfasser der Mails ausfindig zu machen. Selbst wenn man den Inhaber des Accounts würde ermitteln können – wie sollte der Beweis geführt werden, wer die ganzen Texte tatsächlich verfasst hatte?

In dieser Situation war Julius – mit Zustimmung seiner Eltern, die zunächst erhebliche Bedenken gehabt hatten – bereit gewesen, sich als Lockvogel zur Verfügung zu stellen. Auch ihn hatte Carsten zum Bolzplatz bestellt, nur dass in diesem Fall das erste Date mit der vorläufigen Festnahme von Carsten alias Elmar Schenk geendet hatte. Eine Überraschung, mit der Schenk ebenso wenig gerechnet hatte wie mit der anschließenden Durchsuchung seiner Wohnung. Zwei PCs und ein Laptop, außerdem ein Tablet und ein Handy waren beschlagnahmt worden. Und bei der anschließenden Auswertung war auch der gesamte Chatverkehr mit Leo aufgefunden worden. Leo selbst ausfindig zu machen, war dann nur noch eine Formsache gewesen.

»Die Beweislage ist eindeutig, da gibt es nichts zu rütteln, beziehungsweise zu leugnen.« Es war mein zweites Treffen mit dem Mandanten. »Weiß ich selbst,« erwiderte er grinsend und offensichtlich völlig unbeeindruckt. »Und wissen Sie was, mein lieber Herr Anwalt? Ich habe auch nicht vor, irgendetwas zu leugnen. Ich will nämlich auf etwas ganz anderes hinaus.«

Mir schwante Böses. Und zwar zu Recht, wie sich herausstellte, als Schenk mir anschließend seine »Verteidigungsstrategie« erläuterte und in selbstgefälliger Manier verkündete, dass er »fette Bonuspunkte« bei der Frage nach dem Strafmaß erwarte. Was, bitte sehr, sprach zu seinen Gunsten und würde sich positiv auf die Strafhöhe auswirken können, außer natürlich seinem Geständnis, das er offensichtlich plante – und über dessen Wert als Strafmilderungsgrund sich bei der völlig eindeutigen Beweislage zudem trefflich streiten ließ. »Sie verstehen mich immer noch nicht, Herr Lucas!« Sein Ton machte deutlich, dass er mich zumindest für begriffsstutzig hielt. »Ich will Verständnis haben. Ich bin ja gewissermaßen auch Opfer.«

»Sie sind was, Herr Schenk?«, fragte ich fassungslos. »Das ist jetzt nicht Ihr Ernst!«

»Ja, sicher. Stellen Sie sich mal vor, Herr Anwalt: Sie sind ein jugendlicher Mann und haben Bock. Und merken plötzlich, dass Sie in Wahrheit etwas stark begehren, was in der Gesellschaft verpönt ist. Denken Sie doch nur an so böse Begriffe wie Kinderficker. Und Sie wissen, dass das Ausleben Ihrer ganzen sexuellen Neigungen strafrechtlich verboten ist. Es gibt keine legale Möglichkeit, Ihre Sexualität auszuleben, nicht mit Menschen, nicht im Internet. Sie können sich mit niemandem austauschen. Und was machen Sie jetzt?« Er sah mich herausfordernd an.

Ich dachte jedoch nicht daran, mich auf seinen Gedankengang einzulassen, schließlich waren wir hier weder in einem Diskussionsforum noch am Stammtisch.

Auch Mandanten, die wegen Besitzes von Marihuana angeklagt werden, wollen immer gerne mit mir über Sinn und Unsinn des Betäubungsmittelgesetzes und über die Gefahren des legalen Alkohol- und Nikotinbesitzes diskutieren. »Tut nichts zur Sache«, sage ich dann immer. »Der Besitz ist derzeit strafbar, deswegen sind Sie bei mir.« Und diesen Überlegungsansatz hielt ich gegenüber Elmar Schenk erst recht hoch: Seine fehlende Einsicht, sich hier nun mal massiv strafbar gemacht zu haben, machte mich wütend. Sehr wütend.

»Herr Lucas, seien wir doch mal ehrlich: Diese Gesellschaft tabuisiert einfach die kindliche Sexualität. Der Leo hatte den sexuellen Kontakt zu mir doch richtiggehend eingefordert! Da hat das Strafrecht gefälligst nichts verloren. Nichts! Absolut gar nichts! Kapieren Sie das?«

Das reichte jetzt. Ich verbat mir seinen immer lauter werdenden fordernden Ton. Gemäß den Tatvorwürfen in der Anklageschrift hatte Elmar Schenk sein 13-jähriges Opfer, ein Kind, so

unter Druck gesetzt, dass es sich in einer vermeintlich ausweg-
losen Lage der Verzweiflung und Scham zu gegenseitigem Oral-
und Analverkehr gezwungen gesehen hatte. Eine schreckliche
Erfahrung, die Leo massiven Schaden zugefügt hatte, so viel
stand fest. Eine Erfahrung, die ihn für sein Leben prägen würde.
Vor allem aber war das Verhalten von Schenk strafbar, und daran konnte unter keinem denkbaren Gesichtspunkt ein Zweifel
bestehen.

Mein Versuch, ihm das in sehr klaren Worten vor Augen zu
führen, war jedoch erwartungsgemäß vergeblich. »Sie gehen
mir allmählich auf den Zeiger, Herr Lucas! Der Bub hatte eine
Erektion. Der war genauso geil wie ich!«

Jetzt fand sie also statt, die von mir befürchtete Lobbyarbeit
meines Mandanten, die ich für ihn in den Gerichtssaal trans-
portieren sollte. Aber nicht mit mir. Sicher mochte es Fälle geben, in denen sich Kinder nach außen scheinbar freiwillig auf
den Sexualverkehr mit einem Erwachsenen einließen. Das
entscheidende Wort war jedoch »scheinbar«. Kinder sind ab-
sprachefähig. Sie halten dicht, etwa weil der Täter sie heimlich
auf seinem Schoß Auto fahren lässt. Die Botschaft lautet dabei:
Wenn wir beide dichthalten, haben wir Spaß. Wenn nicht, ist
der Spaß vorbei. Mit Freiwilligkeit hat das nichts zu tun. Ebenso wenig, wenn der Täter sagt: »Ich mache so viel für Dich,
jetzt kannst Du auch etwas für mich tun, also sei lieb.« Die Fälle
ähneln sich, die Täter gehen immer nach den gleichen Mustern
vor. Und doch tat das alles hier letztlich gar nichts zur Sache.

Nur sah Elmar Schenk dies offenkundig anders, und so ließ
er sich auch partout nicht bremsen in seinen anmaßenden Forderungen: «Herr Lucas, ich bin Ihr Mandant! Sorgen Sie gefälligst für eine niedrige Strafe. Argumente habe ich Ihnen geliefert. Und die will ich gefälligst im Gerichtssaal genau so von
Ihnen hören!«

An dieser Stelle setzte ich ihn vor die Tür. Und schwor mir, diesen Menschen das letzte Mal gesehen zu haben.

Unmittelbar nach dieser unschönen Unterredung sprang ich in mein Auto und düste direkt zum Erdinger Amtsgericht. Ich hatte nicht einmal vorher angerufen, und es war reines Glück, dass Richter Schönberger gerade da war. Zur Unabhängigkeit der Richter gehört es, dass sie – anders als ein Beamter oder ein Arbeitnehmer – außerhalb ihrer Sitzungen keine Anwesenheitspflicht haben, weshalb sie auch oft nur schwer persönlich anzutreffen sind. »Herr Lucas, bei allem Respekt, das mache ich nicht! Ich werde Ihre Bestellung als Pflichtverteidiger nicht aufheben.«

Es war zum Verrücktwerden. So freundlich der Richter auch war, ich konnte ihn nicht überzeugen, mich aus dem Pflichtverteidigermandat Schenk zu entlassen. Und das Mandat einfach kündigen konnte ich als Pflichtverteidiger nicht. Wenn der Richter nicht mitspielte, würde Schenk an mir kleben bleiben wie ein Kaugummi unter der Schuhsohle. Und er wollte partout nicht mitspielen. Damit hatte ich zwar nicht unbedingt gerechnet, aber genau genommen hatte er ja sogar recht. Als beigeordneter Pflichtverteidiger konnte man nur »entpflichtet« werden, wenn das Vertrauensverhältnis zwischen Anwalt und Mandant nachhaltig zerrüttet war. Und für eine solche »nachhaltige Zerrüttung« konnte ich offenkundig nicht genügend Argumente vortragen. Dass ich meinen Mandanten nicht ausstehen konnte, reichte ebenso wenig wie die Tatsache, dass wir inhaltliche Differenzen über die Strafwürdigkeit seines Verhaltens und die künftige Verteidigungsstrategie hatten.

Bei meiner überstürzten Fahrt nach Erding war eindeutig der Wunsch der Vater des Gedankens gewesen, nicht die Gesetzeslage. Am Ende siegte die Einsicht. Dann eben nicht, dachte ich und beschloss, professionell genug zu sein, das Mandat trotz der widrigen Umstände weiterführen zu können. Ich mochte zwar der Verteidiger von Elmar Schenk sein, aber ich war weder sein Befehlsempfänger noch sein Sprachrohr. Mit seiner Vorstellung, dass ich sklavisch zu tun hätte, was er von mir verlangte, war er einem echten Missverständnis unterlegen. Denn ich war nicht nur sein Verteidiger, sondern zudem ein Organ der Rechtspflege. Und als solches wirke ich an einem Strafverfahren zwar als Berater und Beistand meiner Mandanten mit, bin aber gleichzeitig unabhängig genug, um mich nicht verbiegen lassen zu müssen. Ich war daher weder bereit noch verpflichtet, mich vor seinen Karren spannen zu lassen und vor Gericht abstruse Theorien über kindliche Sexualität abzusondern.

Zwei Tage später erreichte mich eine Mail des Mandanten. »Lieber Herr Lucas, ich entschuldige mich für meinen Ton. Ich fühlte mich einfach missverstanden und von Ihnen an die Wand gedrückt. Ich liebe Kinder. Ich konnte mich nicht mehr zurückhalten. Es ging mir nie ums Geld.«

Was war das jetzt wieder für ein Unfug? Und was sollte das mit dem fehlenden Interesse am Geld? Spielte er auf die Geldsummen an, die er laut Anklage von den anderen Freiern dafür kassiert hatte, dass er sie mit Leo zusammenbrachte? Aber worum sollte es ihm denn dann gegangen sein? Vielleicht musste ich es auch nicht verstehen. Am ersten Prozesstag würde ich Elmar Schenk selbst jedenfalls schweigen lassen und stattdessen ein kurzes, knappes Geständnis für ihn verlesen. Das Verteidigungsziel musste sein, eine möglichst niedrige Strafe für ihn zu erreichen. Und bei dieser Vorgehensweise musste das Gericht ihm jedenfalls zugutehalten, dass er mit dem Geständnis seinen jungen Opfern eine Zeugenaussage in der Hauptverhandlung ersparen würde. Mehr »fette Bonuspunkte« würden sich für den Mandanten allerdings nicht sammeln lassen. Und vermeintliche Lobbytexte würden tabu bleiben.

Doch es sollte ganz anders kommen.

Leo war in dem Prozess gegen Schenk nicht nur Zeuge, sondern er hatte sich über einen eigenen Anwalt dem Verfahren auch als Nebenkläger angeschlossen. Nebenkläger haben in der Hauptverhandlung eine ganze Reihe von besonderen Rechten, insbesondere dürfen sie Anträge stellen, Erklärungen abgeben, andere Zeugen befragen und am Ende einen eigenen Schlussvortrag halten und eine Strafe für den Angeklagten beantragen. Und diese Möglichkeiten nutzte Leos Anwalt auch. Gleich zu Beginn der Verhandlung, noch bevor der Staatsanwalt die Anklageschrift verlesen konnte, beantragte er, das Verfahren vom Amtsgericht an das übergeordnete Landgericht zu verweisen. Na endlich sagt es einer, dachte ich. Die Strafgewalt des Amtsgerichts endete – wie gesagt – bei der Verhängung einer Freiheitsstrafe von maximal vier Jahren. Bei den vielen einschlägigen Vorstrafen, die Schenk bereits mitbrachte, und der Vielzahl von Fällen, die in unserem Verfahren angeklagt waren, hatte ich von Anfang an nicht verstanden, warum die Staatsanwaltschaft die Anklage nicht gleich zum Landgericht erhoben hatte. Aber für meinen Mandanten hatte es mir recht sein sollen, denn für ihn war es so natürlich günstiger gewesen. Und es konnte nicht mein Job sein, als sein Verteidiger die Ausgangslage durch einen Antrag auf Verweisung an das Landgericht zu verschlechtern. Das Gesetz selbst lässt für die Taten, die man ihm vorwarf, eine Freiheitsstrafe von bis zu 15 Jahren zu. Darauf wies der Anwalt von Leo in seinem Antrag hin. »Und den Rahmen wollen wir hier ausschöpfen«, stellte er unmissverständlich klar. Zudem legte er ein Attest vor, wonach Leo sich seit der letzten Tat in einer speziellen Traumatherapie bei einem Kinder- und Jugendpsychologen befand. Das Gericht gab dem Antrag statt. Nun konnte Elmar Schenk sich auf eine Strafe gefasst machen, die weit über vier Jahre hinausgehen würde.

Nichts war es also mit der geplanten Verhandlung bei dem freundlichen Richter, der mich durch die Beiordnung in das Verfahren hineingenommen hatte. Ihm war vergönnt, was er mir verwehrt hatte, nämlich aus der Nummer wieder rauszukommen. Ich wollte dieses Verfahren nicht. Es war wie verhext. Dieses eine Mal hatte ich mich von einem Gericht zur Verteidigung verpflichten lassen, und nun war ich fest verbandelt mit einem wirklich unerträglichen Mandanten, dem ich als Wahlverteidiger längst gekündigt hätte. Wenigstens hatte ich mich mit ihm auf eine Verteidigungslinie einigen können, die mich nicht zu seinem Lobbyisten machte. Und trotzdem blieb ein Rest von Sorge vor dem »letzten Wort« des Mandanten. Das letzte Wort steht jedem Angeklagten im Anschluss an die Schlussplädoyers von Staatsanwaltschaft, Nebenklage und Verteidigung zu. Ich sah schon kommen, wie Schenk auf den letzten Metern doch noch zum rechtspolitischen Monolog ausholen und um Verständnis für seine Taten werben würde. Ein solches Statement könnte dann womöglich als Teil der Verteidigungslinie aufgefasst werden und doch auf mich persönlich zurückfallen. Wohl fühlte ich mich nicht. Was in diesem Mandat allerdings auch nichts Neues war.

Und tatsächlich stellte Schenk kurz darauf unter Beweis, dass er immer für eine Überraschung gut war, als er zu einem weiteren Gespräch in meiner Kanzlei erschien und schon nach wenigen Minuten wieder mittendrin im Thema war: »Ich wiederhole mich, Herr Lucas! Ich liebe Kinder! Sorgen Sie für meine Begutachtung. Ich möchte untergebracht werden!«

Therapie statt Strafe, darauf wollte Elmar Schenk nun also hinaus. Mit einem psychiatrischen Gutachten in der Tasche, das ihm womöglich Pädophilie bescheinigen würde, wollte er nicht nur einen Rabatt bei der Haftstrafe erreichen, die in seinem Fall unvermeidbar schien; vor allem ging es ihm darum, schon nach kurzer Zeit wieder aus dem Gefängnis entlassen und stattdessen zur Behandlung in eine geschlossene Therapieeinrichtung verlegt zu werden. So sah sein Plan aus. Ich war nicht überzeugt. Schenk stellte sich vor, mit diesem taktischen Zug schnell wieder auf freien Fuß kommen zu können. Der Schuss konnte allerdings auch richtig nach hinten losgehen. So war nicht ausgeschlossen, dass das mit der Unterbringung in einer therapeutischen Einrichtung klappen würde. Allerdings war eine solche Therapie erst dann erfolgreich abgeschlossen und der Weg zu einer schrittweisen Entlassung bereitet, wenn die behandelnden Ärzte dies so bescheinigten, und am Ende musste ein Gericht auf dieser Basis die Entlassung auf Bewährung beschließen. Und das konnte je nach Einzelfall sehr lange dauern, denn eine feste Behandlungsdauer gibt es nicht. Das Vorhaben von Schenk glich einem Glücksspiel. Und ob er überhaupt pädophil war, stand ja auch noch längst nicht fest, nur weil er intensiv und über längere Zeit sexuell mit kleinen Jungen verkehrt hatte. Auch bei Männern, die eigentlich erwachsene Sexualpartner bevorzugen, kommen Fälle sexueller Übergriffe gegenüber Kindern vor – beispielsweise, wenn ihnen altersgemäße Kontakte fehlen oder nicht möglich sind. Sachverständige sprechen dann vom sogenannten Ersatz- oder Gelegenheitsverhalten. Das Verhalten von Schenk konnte alle möglichen Ursachen haben, von denen Pädophilie nur eine war.

Meine Einwände ließ Schenk jedoch nicht gelten. »Herr Lucas, Sie glauben mir nicht? Hören Sie! Unter mir wohnt eine Familie mit einem neunjährigen Sohn. Jeden Tag fantasiere ich nur noch von Sex mit diesem Jungen. Ich masturbiere dreimal am Tag mit der Vorstellung, ihn zu vergewaltigen. Ich weiß, das tut ihm weh, aber ich will das. Wenn ich einmal mit dem Jungen allein sein sollte, passiert es – es sei denn, ich erschieße mich vorher.«

Wenn das nun wiederum stimmte, dann war der Ansatz, Schenk begutachten zu lassen, sicher gut und eine Therapie des Mannes mehr als dringend geboten. Eine tatsächlich vorliegende pädophile sexuelle Ausrichtung würde trotz therapeutischer Behandlung wohl ein Leben lang bestehen bleiben. In Präventionsprogrammen werden die Probanden darin unterstützt, keine Übergriffe Kindern gegenüber zu begehen. Sie lernen Verhaltensregeln, wie sie Risikosituationen erkennen und vermeiden können. Außerdem können Ärzte auch Medikamente verschreiben, die die sexuelle Dranghaftigkeit dämpfen.

So gesehen fiel das psychiatrische Gutachten zu Schenks sexueller Ausrichtung, das auf meinen Antrag hin eingeholt wurde, positiv aus. Es bescheinigte ihm, über einen Zeitraum von mindestens sechs Monaten wiederkehrende intensive, sexuell erregende Fantasien, sexuelle Bedürfnisse und Verhaltensweisen gehabt zu haben, die sexuelle Handlungen mit einem pubertierenden Kind beinhalteten. Dass Elmar Schenk sexuell dranghafte Bedürfnisse ausgelebt hatte, wurde vom Sachverständigen ebenfalls festgestellt. Die sexuelle Präferenz hatte sich in einer Vielzahl entsprechender Handlungen geäußert. »Damit ist der hier entscheidende Bereich der sexuellen Wünsche und Fantasien einer direkten und positiven Beobachtung zugänglich.« Dass Schenk aufgrund dieses Gutachtens in einem psychiatrischen Krankenhaus untergebracht werden würde, war absehbar; ob er allerdings am Ende auch nur einen Tag früher wieder in Freiheit sein würde, als es bei der Verurteilung »nur« zu einer Freiheitsstrafe der Fall gewesen wäre, erschien mir äußerst fraglich. Und es wird sich wohl nie klären lassen, so wie sich der gesamte Fall nicht wird aufklären lassen.

Denn bei Aufruf der Sache zur Verhandlung vor dem Landgericht waren alle Prozessbeteiligten anwesend – bis auf einen: Elmar Schenk. Der fehlte. Er hatte sich auch nicht im Vorfeld entschuldigt. Der Ungehorsamshaftbefehl, den der Vorsitzenden Richter am Landgericht umgehend gegen ihn erließ, ging ins Leere. Elmar Schenk schien wie vom Erdboden verschluckt.

Zumindest vorübergehend. Fünf Wochen später erhielt ich einen Brief aus Thailand mit einem Foto darin. Auf dem Bild erkannte ich Elmar Schenk Arm in Arm mit einem jungen Thailänder. Auf der Rückseite stand: »Hier in Thailand bin ich Mann, hier darf ich's sein.«

Seither habe ich noch ein paarmal Post von ihm bekommen – immer mit Fotos, auf denen er mit kleinen Jungen posiert. Das Strafverfahren gegen ihn wurde eingestellt, und wenn er nicht freiwillig nach Deutschland zurückkehren sollte, würde das auch so bleiben. Und wenn irgendwann die absolute Verjährung eintreten wird, hat er nichts mehr zu befürchten. Mich persönlich frustrierte die Situation sehr. Denn klar, den Mandanten hatte ich zwar nicht ausstehen können; trotzdem hätte ich für ein faires Strafverfahren gekämpft. Dass er sich nun auf diese Weise gedrückt hatte, ärgerte mich. Elmar Schenk hatte mit seinem ganzen Verhalten unsere Strafprozessordnung als ohnmächtiges Instrument der Rechtspflege vorgeführt. Weder konnte zur Wohltat der Opfer Sühne erfolgen, noch konnten Nachahmer durch eine Verurteilung abgeschreckt werden, und schon gar nicht Elmar Schenk selbst. Nach den Fotos zu urteilen, hatte er nichts dazugelernt. Die Straftheorien der »Sühne, General- und Spezialprävention« hatten in diesem Fall völlig ins Leere gegriffen. Und leer musste sich auch Leo fühlen. Sein Fall ist zu den Akten gelegt worden. Das war's. Die widerlichen Straftaten gegen ihn sind nicht aufgeklärt worden, und vermutlich wird kein Richter je in einem Urteil feststellen, was ihm als Kind angetan wurde. Für Leo hat es keine erklärenden Worte des Täters gegeben, keine Entschuldigung, keine Anerkennung seiner Rolle als Opfer. Leo ist mit seinen ganzen Sorgen allein geblieben. Meine Hoffnung ist, dass er mithilfe eines guten und verständigen Therapeuten einen Weg findet, mit dem Geschehenen leben und vielleicht irgendwann einmal sogar abschließen zu können. Erfahrungsgemäß ist das ein langwieriger, oft Jahre dauernder Prozess, und zu wissen, dass Elmar Schenk derweil auf seine spezielle Art das Leben genießt, fühlt sich alles andere als fair an.

Wenige Tage nach dem geplatzten Prozess vor dem Landgericht war ich wieder in Unterföhring im Fernsehstudio. Wir verhandelten den Fall eines 14-jährigen Jungen, der eine Liebesbeziehung zu einer Schaufensterpuppe eingegangen war. Als der Vater ihn deshalb angebrüllt und ihm Stubenarrest erteilt hatte, hatte der Sohn ihm ein blaues Auge geschlagen. Zu Recht erhielt er für diese Körperverletzung in dem fiktiven Fall eine kleine Strafe. Das blaue Auge des Vaters wurde später in der Maske abgeschminkt, die Schaufensterpuppe im Requisitenkeller eingemottet. Schön, dass es auch Fälle gibt, die in Wahrheit keine sind.

Hinrichtung eines Kinderschänders

Normalerweise lese ich beim Frühstück nie Zeitung. Ich finde es mühsam, das Ausbreiten und Umblättern der Seiten mit dem Bestreichen einer Semmel zu koordinieren. Und irgendwie drücke ich mich morgens auch ganz gerne noch ein wenig vor all den unerfreulichen Themen des Tages.

Aber es gibt eben immer Ausnahmen. Und so las ich eines sonnigen Sommermorgens von einem ganz abscheulichen Vorfall. »Öffentliche Hinrichtung mit 5 Kopfschüssen« lautete die Schlagzeile. Und weiter stand im Text: Sieben Mal drückte Hasan I. auf dem Bahnhofsvorplatz vor den Augen entsetzter Passanten ab. Tödlich getroffen brach das Opfer Mustafa A. zusammen. Der Täter wartete seelenruhig, bis die Polizei eintraf. Die Staatsanwaltschaft schließt nicht aus, dass es sich um einen Ehrenmord handelt.

Was im Einzelnen hinter dieser brutalen Bluttat steckte und wie die Staatsanwaltschaft zu der Vermutung kam, dass es sich hier um einen Ehrenmord handeln könnte, wurde mit keinem Wort erwähnt. Wieder einmal schien ohne den geringsten Zweifel das Böse gesiegt zu haben. Aber so einfach, wie es in der Zeitung steht, ist es meistens nicht, dachte ich und blätterte weiter. Was ich beim Frühstück noch nicht ahnte: Ich sollte Hasan I., die angebliche Personifikation des Bösen, noch am selben Tag persönlich kennenlernen. Kaum hatte ich die Kanzlei betreten, kam mir meine Sekretärin schon eilig entgegen: »Herr Lucas, die Polizei hat eben angerufen. Da wurde ein Mann wegen Mordverdachts festgenommen, der nach Ihnen verlangt hat. Er soll heute noch dem Haftrichter vorgeführt werden.«

Nun war Eile geboten. Denn ganz gleich, was dieser neue Mandant möglicherweise getan haben mochte, jetzt ging es für mich einzig und alleine um ihn. Es spielt keine Rolle, ob nun jemand wegen Mordverdachts oder wegen des Verdachts eines mittelgroßen Diebstahls festgenommen wird: Die meisten Menschen sind in so einer Situation verständlicherweise erst einmal völlig überfordert. Plötzlich steht eine Haftstrafe im Raum, schlimmstenfalls sogar lebenslang. Die Polizei will sofort mit der Vernehmung beginnen.

Natürlich wissen die meisten Menschen, dass sie sich als Beschuldigte erst einmal gar nicht äußern müssten. Aber viele haben den Drang, sich so schnell, wie es nur irgend geht, zu erklären. Ich habe es auch schon so manches Mal erlebt, dass ein mutmaßlicher Mörder sofort innerlich zusammengebrochen ist und sich die Tat bei seiner Vernehmung von der Seele reden wollte. Dabei wäre es, wenn man festgenommen wird, das einzig Richtige, zunächst einmal gar nichts zu sagen. Hat man erst einmal eine Aussage gemacht, kommt man davon meist nur schwer wieder runter. Und ob der Moment der Festnahme wirklich ein guter Zeitpunkt ist, um ohne Rücksprache mit einem Anwalt, ohne Aktenkenntnis und ohne Überblick über die Beweislage mit einer Aussage die Weichen in einem Strafverfahren zu stellen, darf guten Gewissens verneint werden. Aber den Vernehmungsversuchen der Polizei zu trotzen und einfach nur zu schweigen ist leichter gesagt als getan. Für mich als Anwalt hat es daher höchste Priorität, den Mandanten vor gravierenden Fehlern zu bewahren und ihm außerdem in der extrem belastenden Haftsituation beizustehen.

An diesem Sommermorgen setzte ich mich also gar nicht erst

an meinen Schreibtisch; kaum hatte ich die Kanzlei betreten, war ich auch schon wieder weg und fuhr auf der A 9 in Richtung Norden. Auf der Fahrt gab es noch so manches zu organisieren: Meine auf zehn und elf Uhr gelegten Besprechungen mit Mandanten mussten verschoben werden. Das Mittagessen mit einem Kollegen musste ausfallen. Und einer für diesen Vormittag geplanten schriftlichen Stellungnahme in einem Revisionsverfahren würde ich mich nun wohl erst am Abend widmen können. Also mal wieder eine Nachtschicht – eben das ganz normale Leben eines Strafverteidigers.

Um kurz vor zehn kam ich am Nürnberger Polizeipräsidium an. Hasan Imrol war nach seiner Festnahme zunächst hierhergebracht worden. Ein Polizeibeamter bat mich in eine kleine Zelle und führte meinen neuen Mandanten kurz danach vor, so dass wir beide in aller Ruhe ein Gespräch unter vier Augen führen konnten. Hasan Imrol war 62 Jahre alt, recht groß und breit gebaut, sehr gepflegt, mit grau meliertem Haar und Schnurrbart. Er war ein richtiger türkischer Patriarch, der für mich eine Mischung aus Strenge und Gutmütigkeit ausstrahlte. Als er hereingeführt wurde, merkte ich sofort, wie nervös er war, er zitterte am ganzen Körper. Ich hatte mich noch nicht mal richtig vorgestellt, da brüllte er in einer unglaublichen Lautstärke aggressiv los. Auf Türkisch.

Ohne Dolmetscher würde hier gar nichts gehen. Der war sowieso schon für die anstehende Haftbefehlseröffnung bestellt und musste nun eben ein wenig früher kommen. Optimal war das zwar nicht, denn beim Übersetzen geht immer viel von der Stimmung und der Art und Weise, wie sich ein Mandant ausdrückt, verloren. Ein gebrochenes Deutsch des Mandanten ist mir deshalb meistens lieber als eine brillante Übersetzung. Aber bei Hasan Imrol verstand ich nun leider kein einziges Wort.

»Glauben Sie mir«, so übersetzte mir der Dolmetscher, sobald er eingetroffen war, »ich war immer ein treu sorgender Ehemann, und meinen beiden Töchtern war ich immer ein liebevoller Vater. Ich wollte doch einfach nur immer alles richtig machen.« Deshalb, so schilderte er mir, sei er auch Ende der Siebzigerjahre zum Arbeiten aus der Türkei nach Deutschland gekommen und habe jahrelang in Kauf genommen, von seiner Familie getrennt zu sein. Erst Mitte der Achtzigerjahre habe er endlich auch seine Frau und die beiden Kinder zu sich nach Deutschland holen können. Die Zeit der Trennung sei für alle hart gewesen.

Was mir Hasan Imrol dann berichtete, bewegte mich sehr. Der Mann, den er getötet hatte, war jahrzehntelang sein bester Freund gewesen. Mustafa Aydemir hatte 1979 zufällig in der türkischen Heimatstadt Imrols eine Arbeitsstelle gefunden. Und da mein Mandant in dieser Zeit überwiegend in Deutschland war, hatte er dem Freund wie selbstverständlich angeboten, bei seiner Familie zu wohnen – nicht ahnend, welches Unheil er mit dieser gut gemeinten Geste über seine Familie bringen würde. Mustafa Aydemir zog also bei Frau und Kindern ein und schlich sich von da an jede Nacht in das Zimmer der beiden Töchter, um sich an ihnen zu vergehen. Die Mädchen mussten sich von ihm am ganzen Körper streicheln und küssen lassen. Manchmal war Mustafa Aydemir unbekleidet gewesen, dann zog er eines der Mädchen aus und rieb sein Geschlechtsteil an ihrem. Jahrelang hatten die Kinder das über sich ergehen lassen, ohne ihren Eltern etwas zu sagen oder sich jemandem anzuvertrauen. Die Angst und die Scham waren wohl zu groß gewesen – es war doch schließlich der beste Freund des Vaters. Und Mustafa Aydemir hatte selbstverständlich ebenfalls Stillschweigen bewahrt.

Erst 1993 machte die älteste Tochter Hülya gegenüber ihrem Vater Andeutungen darüber, was ihr und ihrer Schwester

Schreckliches widerfahren war. Die mittlerweile längst erwachsene Tochter hatte ihren Vater zu sich zum Essen eingeladen. Beiläufig kamen sie auf Mustafa Aydemir zu sprechen, und als Hasan Imrol mal wieder betonte, wie froh er in manchen schweren Zeiten darüber gewesen sei, in seinem Freund Mustafa Aydemir die vielleicht wichtigste Stütze seines Lebens gefunden zu haben, war es aus Hülya herausgebrochen: »Weißt du eigentlich, was für ein Schwein dein ach so feiner Freund Mustafa ist?«

Hasan Imrol ärgerte sich zunächst über den Wutausbruch seiner Tochter. Er hatte ja von den schlimmen Vorfällen bis dahin nicht die leiseste Ahnung gehabt. Dann aber wurde die Tochter direkter: »Dein feiner Freund hat mich und meine Schwester über viele Jahre sexuell missbraucht. Jetzt ist es endlich mal raus!«

Sie schilderte ihm genau, was damals vorgefallen war. Dann schwiegen beide. Hülya hatte ohnehin schon mehr gesagt, als sie es sich jemals hatte vorstellen können. Ihr Vater hatte traditionelle Wertvorstellungen immer sehr hochgehalten. Dass sie mit ihm so offen über sexuelle Begebenheiten sprach, kam einem Tabubruch gleich. Und so war es nur konsequent, dass der Vater schon bald nicht mehr nachhakte und der Zwischenfall nicht wieder angesprochen wurde.

Als Hasan Imrol sich auf den Heimweg machte, war er fassungslos, niedergeschlagen, von Hass erfüllt. Zu Hause sprach er mit seiner Frau über das Ungeheuerliche, was er soeben erfahren hatte. Er drängte sie, mit der jüngeren Tochter Dilek zu sprechen, um herauszufinden, ob sie die schrecklichen Schilderungen der älteren Schwester bestätigen konnte.

Sie konnte. Und sie führte der Mutter gegenüber alles noch ein wenig genauer aus. Als diese ihrem Mann alles berichtete, stattete Hasan Imrol seinem ehemals besten Freund Mustafa

Aydemir, der ebenfalls längst in Deutschland lebte, einen Besuch ab, um ihn mit den Vorwürfen seiner Töchter zu konfrontieren. Mustafa Aydemir machte aus der ganzen Sache überhaupt keinen Hehl: »Ja, stimmt. Und nun?«

Für Hasan Imrol war eine Welt zusammengebrochen. Jahrelang hatten seine geliebten Töchter unter ihrem Peiniger zu leiden gehabt. Und er, der Vater, trug daran auch noch die Schuld, er hatte dieses perverse Monster ins Haus geholt.

»Und dabei hatte ich für alle nur das Beste gewollt.« Mein Mandant hatte Tränen in den Augen, als er mir seine Schuldgefühle anvertraute. Es dauerte eine ganze Weile, bis er sich so weit gefasst hatte, dass er mit seinem Bericht fortfahren konnte.

In den darauffolgenden zehn Jahren setzte Hasan Imrol alles daran, die traumatischen Ereignisse und all die Demütigungen irgendwie verarbeiten zu können. Immer wieder wollte er seine Töchter auf die schrecklichen Vorfälle in ihrer Kindheit ansprechen. Doch jedes Mal, wenn er zu einem klärenden Gespräch ansetzte, bremste er sich selbst. Er konnte all das, was ihm so sehr auf der Seele lastete, nicht über seine Lippen bringen. Er konnte es beim besten Willen nicht. Sicher lag es an seiner Erziehung, an seinem Kulturkreis, und es lag ganz bestimmt auch an der tiefen Scham, die er sich und seinen Töchtern gegenüber empfand.

»Aber das musste ich doch irgendwie wiedergutmachen«, brach es aus ihm heraus. »Ich musste meinen Töchtern doch zeigen, dass ich für sie da bin, dass sie sich auf ihren Vater verlassen können und dass ich sie nie im Stich lassen werde!«

Irgendwann hielt Hasan Imrol es einfach nicht mehr aus. Zehn Jahre lang hatte er versucht, die Bilder, die immer wieder in seinem Kopf aufstiegen, zu verdrängen. Es musste etwas geschehen. Er wusste, dass Mustafa Aydemir am nächsten Tag in die Türkei fliegen würde. Der Zug zum Flughafen ging um

7:23 Uhr. Um sechs Uhr morgens stellte sich Hasan Imrol vor den kleinen Bahnhof und wartete auf seinen ehemals besten Freund. Viele Menschen waren um diese Zeit schon unterwegs, auch Mütter mit kleinen Kindern. Am Bahnhof herrschte Hochbetrieb.

Endlich tauchte er auf, der Peiniger seiner Kinder. Hasan Imrol fing ihn sofort ab und forderte ihn auf, einen Moment stehen zu bleiben. Er hatte eine halbautomatische Selbstladepistole dabei, verdeckt im Hosenbund, das Magazin voll geladen. Dann plötzlich fielen Schüsse – sieben Mal drückte Imrol ab. Mustafa Aydemir brach tot zusammen. Vier Pistolenkugeln hatten seinen Schädel durchschlagen, eine Kugel steckte noch in seinem Kopf, zwei weitere trafen ihn am Hals.

Hysterisch schreiend rannten die hilflosen Passanten auf dem Bahnhofsplatz umher. Sie alle waren Zeugen dieser öffentlichen Hinrichtung geworden. Sie hatten Bilder gesehen, die sie wohl nie wieder aus ihren Köpfen bekommen würden. Hasan Imrol stand regungslos da. Von der kurz danach eintreffenden Polizei ließ er sich widerstandslos festnehmen.

Nein, so leicht, wie ich es noch am Morgen in der Zeitung gelesen hatte, konnte man es sich beim besten Willen nicht machen. Kein Wort war da zu lesen gewesen von den schrecklichen Erlebnissen der beiden Töchter, die dem Drama vorausgegangen waren. Kein Wort davon, dass das Opfer auch ein Täter war. Wo zwei Türken involviert waren, konnte es sich nur um einen Ehrenmord handeln, na klar. Und bei der äußerst brutalen Vorgehensweise des Schützen musste man fast den Eindruck haben, man habe es hier mit einer gefühllosen Bestie zu tun.

Doch diese Bestie stand hier eindeutig nicht vor mir. Hasan Imrol hatte Gefühle. Er hatte deshalb ganze zehn Jahre lang ohnmächtig versucht, irgendwie einen Weg zu finden, um mit dem Wissen um den sexuellen Missbrauch durch seinen besten

Freund, dem er seine beiden Kinder bedenkenlos anvertraut hatte, fertigzuwerden. Er hatte es nicht geschafft. Bei der vermeintlichen Bestie handelte es sich in Wahrheit um einen Mann, der eine ergreifende persönliche Tragödie erlitten hatte und sie für sich nicht friedlich lösen konnte.

Was bedeutete das alles nun für mich als Verteidiger? Dass mein Mandant zu bestrafen war, und zwar hart zu bestrafen war, stand außer Frage. Mein Ziel konnte bei dieser eindeutigen Beweislage ja nun wirklich kein Freispruch sein. Meine Aufgabe war es vielmehr, mich für ein faires Verfahren und eine gerechte Strafe einzusetzen. Hierfür mussten wir aber erst einmal dringend von der äußerst negativen Grundstimmung wegkommen, die nicht zuletzt von der Presse provoziert worden und durch die mein Mandant schon weit vor Prozessbeginn von der Öffentlichkeit als eiskalter Vollstrecker abgestempelt worden war.

Hasan Imrol hatte vorsätzlich getötet, »mit Wissen und Wollen«, wie der Jurist sagt. Doch war es Mord? Für den Staatsanwalt war das von Anfang an eine glasklare Sache. Für ihn war erwiesen, dass mein Mandant nicht »nur« einen Totschlag begangen hatte, sondern dass hier das Mordmerkmal der Heimtücke gegeben war. Die Begründung: Mustafa Aydemir konnte zum Zeitpunkt der Schüsse mit keinem tödlichen Angriff gerechnet haben. Er sei ein ahnungsloses Opfer gewesen, das vom Täter quasi hinterrücks niedergestreckt wurde. Aus diesem Grund sei Mustafa Aydemir arg- und wehrlos gewesen, was Hasan Imrol ganz bewusst ausgenutzt habe.

Aber damit nicht genug: Der Staatsanwalt nahm außerdem noch das weitere Mordmerkmal der sogenannten »niedrigen Beweggründe« an. Denn die Tat von Hasan Imrol sei besonders verachtenswert und deshalb gesellschaftlich auf tiefster Ebene anzusiedeln gewesen, auf gut Deutsch: Es sei »allerunterste Schublade«.

Es half nichts: Sollte dem Staatsanwalt am Ende tatsächlich der Beweis gelingen, dass mein Mandant seinen ehemals besten Freund nicht nur vorsätzlich getötet, sondern dies auch noch heimtückisch und aus niedrigen Beweggründen getan hatte, dann hätten wir es nicht mehr lediglich mit einem einfachen Totschlag, sondern mit einem Mord zu tun. In der Alltagssprache mag derjenige, der einen anderen umbringt, immer ein Mörder sein. Das Gesetz sieht das jedoch anders: Nur wenn bestimmte Merkmale wie Heimtücke oder niedrige Beweggründe, die im Gesetz genau aufgeführt sind, vorliegen, kann eine Verurteilung wegen Mordes erfolgen.

Die Unterscheidung zwischen Mord und Totschlag ist deshalb so wichtig, weil sie sich bei der Frage der Strafhöhe ganz wesentlich auswirkt. Während ein Gericht nämlich bei einer Verurteilung wegen Totschlags höchstens eine 15-jährige Freiheitsstrafe verhängen kann, wartet auf einen wegen Mordes Angeklagten immer eine lebenslange Freiheitsstrafe; »mildernde Umstände« gibt es bei Mord nicht. Der Jurist muss deshalb ganz genau zwischen einem Mörder und einem Totschläger unterscheiden.

»Herr Lucas, der wusste damals ganz genau, wie es in meinem Kopf aussah. Der wusste auch, dass ich irgendwann ernst machen würde.« Hasan Imrols Stimme überschlug sich, als wir bei unserem ersten Gespräch den Unterschied zwischen Mord und Totschlag diskutierten. Der Dolmetscher kam kaum mit dem Übersetzen nach.

»Langsam, langsam«, sagte ich mit erhobener Stimme, um mir Gehör zu verschaffen. Hasan Imrol wurde jedenfalls tatsächlich für einen Moment ruhiger und fuhr fort. Er musste wohl wenige Tage vor der Tat schon einmal auf Mustafa Aydemir getroffen sein. »Da habe ich ihm gesagt, dass ich nicht mehr kann, dass ich ihn am liebsten töten will und dass ich eine Pistole habe. Ihm musste klar sein, wie sehr ich ihn hasse. Ich habe ihm auch gesagt, dass er sich vor mir ja in Acht nehmen soll. Was bitte soll er denn gedacht haben, als er mich morgens am Bahnhof sah?«

Was ich dann auch noch von meinem Mandanten erfuhr: Auch am Bahnhof war es zwischen den beiden offenbar erneut zu einem Streit gekommen. Mustafa Aydemir habe ihn beleidigt. »Also musste er doch damit rechnen, dass ich nun gleich auf ihn schießen würde. Er musste!«

Und das genau war der Punkt: Hatte Mustafa Aydemir in diesem Moment wirklich damit rechnen müssen? Und selbst wenn, wie sollten wir das beweisen? Das Opfer konnte man nicht mehr fragen. Zwar würde Hasan Imrol selbstverständlich die Möglichkeit haben, später im Prozess von all den Beleidigungen und dem Streit zu berichten und so alle Hinweise ins Feld zu führen, die gegen die These »Heimtücke« sprachen. Doch würde man Hasan Imrol glauben?

Anders als ein Zeuge macht sich ein Angeklagter an sich nicht strafbar, wenn er dem Gericht Lügen erzählt, zumindest wenn er dabei niemand anderen fälschlicherweise in den Verdacht einer Straftat bringt. Leider konnte das Gericht deshalb natürlich auch schnell zu der Überzeugung gelangen, dass Hasan Imrol einfach nur versuchen würde, mit irgendwelchen Märchen seinen Kopf aus der Schlinge zu ziehen.

Wir brauchten also unbedingt Zeugen, die bestätigen konnten, dass Mustafa Aydemir von Hasan Imrol mehrfach bedroht worden war. Wenn sich das tatsächlich beweisen ließe, dann wäre Mustafa Aydemir an jenem Morgen wohl auch nicht »arglos« gewesen, als er am Bahnhof auf Hasan Imrol traf. Denn wer ahnt, dass etwas im Busch ist, kann sich darauf vorbereiten, ist also auch nicht wehrlos. Dann würde jedenfalls eines der beiden vom Staatsanwalt angenommenen Mordmerkmale schon mal wegfallen.

Als ich Hasan Imrol meine geplante Vorgehensweise klarmachte, fiel ihm sofort Herr Arin ein, ein gemeinsamer Freund. Er hatte die ganze Geschichte mitbekommen, sowohl den Missbrauch der Töchter als auch die Drohungen, Hasan wolle Mustafa umbringen. Und dann war da auch noch die Mutter von Mustafa Aydemir, die regelmäßig mit dem Sohn telefoniert hatte. Auch sie musste gewusst haben, dass Mustafa Aydemir Angst um sein Leben hatte, da war sich Hasan Imrol sicher.

Die Haftbefehlseröffnung ging zügig über die Bühne. Der Haftrichter verlas den von der Staatsanwaltschaft beantragten Haftbefehl. Herr Imrol machte an diesem Tag keine Angaben. Erwartungsgemäß ordnete der Richter die Untersuchungshaft an. Noch am selben Tag wurde mein Mandant in die gleich neben dem Gericht gelegene JVA verbracht.

Ich stürzte mich in die Arbeit. Mit all den Informationen musste sich doch etwas anfangen lassen. Wenn es mir tatsächlich gelingen sollte, den gemeinsamen Freund Arin und die Mutter des Getöteten in die Hauptverhandlung zu holen, vielleicht war es uns dann möglich, den Vorwurf der Heimtücke aus der Welt zu schaffen.

Was das vom Staatsanwalt zusätzlich angenommene Mordmerkmal der niedrigen Beweggründe anbelangte, machte ich mir weit weniger Sorgen. Vorschnell war die Staatsanwaltschaft von einem Ehrenmord ausgegangen. Vielleicht, weil Hasan Imrol sich bei seiner polizeilichen Vernehmung kurz nach seiner Festnahme etwas unglücklich ausgedrückt hatte und die ganze Sache verkürzt dargestellt worden war. In Kenntnis der gesamten Umstände würde das Schwurgericht die Beweggründe von Hasan Imrol dann wohl kaum noch als besonders verachtenswert und sittlich auf niedrigster Stufe einordnen können.

Keine Frage: Die beiden Töchter würden aussagen müssen, damit das Gericht das ganze Ausmaß der jahrelangen Übergriffe erfuhr – und damit dies auch glaubwürdig rüberkam. Es war offensichtlich, dass es Hasan Imrol nicht um seine vermeintliche Ehre gegangen war, sondern dass er tief gekränkt und verzweifelt gewesen war. Mein Mandant hatte geglaubt, sich nur durch diese Tat endlich und eindeutig hinter seine Töchter stellen zu können. Deshalb war es in meinen Augen eine Tat, wie sie in jedem Kulturkreis vorkommen kann.

Ich stellte mir vor, was ein Vater tun würde, wenn er erfährt, dass seine über alles geliebten Kinder über viele Jahre hinweg Opfer sexueller Übergriffe geworden sind. Natürlich würde nicht jeder zur Waffe greifen, aber ich konnte doch nachvollziehen, dass Hasan Imrol tief traumatisiert war und keinen Weg aus seiner Verzweiflung gewusst hatte. Seine Ehre war ihm dabei wahrscheinlich herzlich egal gewesen.

Als ich wieder zurück im Büro war, leitete ich sofort alles in die Wege, damit die beiden Töchter sowie Mustafa Aydemirs Mutter und Herr Arin als Zeugen vor Gericht geladen würden.

Knapp fünf Wochen später gab es dann einen dieser seltenen Tage, an denen meine gute Laune ausnahmsweise von dem einen auf den anderen Moment in den Keller sackt. Dabei hatte der Tag so schön angefangen. Mein Vater war aus Frankfurt zu Besuch, und bei schönstem Sommerwetter saßen wir beim Weißwurstfrühstück im Hirschgarten, dem größten Biergarten Münchens. »Musst du denn heute gar nicht arbeiten?«, fragte mein Vater fürsorglich. Und bevor ich mich für ein gutes oder schlechtes Gewissen entscheiden konnte, klingelte mein Handy und nahm mir die Entscheidung ab.

Meine Sekretärin war dran: »Herr Lucas, die Strafakte Imrol ist gerade gekommen. Ich habe kurz reingeblättert: Die Töchter von Herrn Imrol wollen keine Angaben vor Gericht machen!« Die Auskunft glich einem Schlag ins Gesicht. Keine Frage: Das war ihr gutes Recht. Als Töchter des Angeklagten durften sie in jedem Verfahrensstadium das – wie es heißt – Zeugnis verweigern. Ich bin froh, dass es für »Verwandte und Verschwägerte« dieses sogenannte Zeugnisverweigerungsrecht gibt, schließlich soll niemand überhaupt auch nur in die entfernte Gefahr gebracht werden, einem nahen Angehörigen mit seiner Aussage schaden zu müssen. Nur war das in unserem Fall leider absolut kontraproduktiv, denn schließlich sollten die Aussagen von Hülya und Dilek ihrem Vater ja gerade helfen.

Einen Tag später besuchte ich Hasan Imrol in der JVA. Er war über die neuesten Entwicklungen bereits informiert. Seine Tochter Hülya hatte ihm per Brief mitgeteilt, dass sie und ihre Schwester bei der Polizei nicht aussagen würden. Mein Mandant wollte beim nächsten Besuch seinen Sohn Ahmed überreden, seine Schwestern von der Notwendigkeit, alles vor Gericht zu erzählen, zu überzeugen. Vielleicht konnte er ja etwas bewirken. Das ging gründlich schief – unsere letzte Chance war vertan: Ahmed rief mich zwei Tage später nach seinem Besuch an. Er klang unfreundlich und war kurz angebunden: »Ich wollte Bescheid geben, dass es dabei bleibt. Meine Schwestern werden auch weiterhin schweigen. Sagen Sie meinem Vater, dass er die beiden in Ruhe lassen soll. Niemals werden sie behaupten, vergewaltigt worden zu sein.«

Moment mal, dachte ich. Von Vergewaltigung hatte doch bislang niemand gesprochen! Hier musste ein Missverständnis vorliegen. Offensichtlich hatte Hasan Imrol bei den Besuchen seiner Töchter aus lauter Scham immer nur pauschal von Vergewaltigungen gesprochen, ohne näher auf die wahren Details des Kindesmissbrauchs einzugehen – schließlich war es nie zu einer Penetration gekommen. Die Töchter mussten hierdurch das ungute Gefühl bekommen haben, ihr Vater wolle, dass sie in ihren Aussagen die ohnehin schrecklichen Vorfälle mit einer behaupteten Vergewaltigung bewusst weiter dramatisieren, um so bei

Gericht sein Tatmotiv noch nachvollziehbarer erscheinen zu lassen. Aber für ihren Vater lügen, das wollten sie beim besten Willen nicht und hatten deshalb nun dichtgemacht. Dabei hatte Hasan Imrol nie etwas anderes verlangt. Seine Töchter sollten doch wirklich nur das schildern, was sie auch tatsächlich erlebt hatten. Das erklärte ich Ahmed mit Nachdruck. Und wies ihn noch darauf hin, welch große Bedeutung die Aussagen der beiden Töchter für die Verteidigungslinie hatten. Ich konnte nur hoffen, dass die beiden Töchter meines Mandanten ihre Haltung vielleicht noch einmal überdenken und in der Hauptverhandlung doch noch aussagen würden.

Ahmed hatte sich nach unserem Telefonat leider nie mehr bei mir gemeldet. Auch Hasan Imrol hörte von seinen Kindern nichts mehr, weder von den beiden Töchtern noch von seinem Sohn. Zwei Tage vor Prozessbeginn erlebte ich dann die große Überraschung: Die beiden Töchter standen plötzlich unangekündigt bei mir in der Kanzlei. Sie wollten mit mir über alles reden. Wie ich bereits wusste, waren sie als Zeuginnen für den ersten der fünf Hauptverhandlungstermine geladen worden. Es war ihnen wichtig, dass ich mich als Verteidiger ihres Vaters vor Prozessbeginn darauf einstellen konnte, was sie in der Verhandlung über die furchtbaren Erlebnisse in ihrer Kindheit berichten würden.

Ich war erleichtert: Hülya und Dilek wollten nun also doch ihr Schweigen brechen. Die beiden Frauen brachten mich allerdings mit ihrem Besuch in keine einfache Situation. Man muss als Verteidiger höllisch aufpassen, dass man sich nicht dem Vorwurf aussetzt, man habe versucht, bei einem solchen Gespräch Zeugen zu beeinflussen. Um mich deshalb gar nicht erst angreifbar zu machen, bat ich schnell meine Kanzleikollegin Barbara Kaniuka, an dem Gespräch teilzunehmen und alles detailliert mitzuschreiben. Schließlich unterhielten wir uns ganze zwei Stunden. Alles, was ich von Hasan Imrol bereits gewusst hatte, bestätigte sich in dieser ausführlichen Unterhaltung: Die schrecklichen Erlebnisse mit Mustafa Aydemir und die vielen Gespräche mit dem Vater. Wenn ich auch kein Verständnis für das abscheuliche Attentat hatte, konnte ich zumindest verstehen, was Hasan Imrol seinerzeit angetrieben hatte.

Zum Prozessauftakt war der Zuschauerraum des Nürnberger Schwurgerichtssaals prall gefüllt. Das Publikum wollte nach der ausgedehnten Medienberichterstattung endlich den Mann sehen, der seinen Landsmann auf so brutale Weise öffentlich hingerichtet hatte. Als Hasan Imrol den Sitzungssaal betrat, wurde er von aggressivem Blitzlichtgewitter empfangen. Allerdings konnten die Fotografen mit ihren Apparaten nicht sehr viel mehr als seine beige Cordhose und das karierte Hemd einfangen – und seine linke Hand, mit der er sich eine Akte vor das Gesicht hielt. Ich hatte das mit ihm so abgesprochen, um ihn wenigstens ein bisschen vor der Pressemeute zu schützen. Presserummel war das Letzte, was er jetzt brauchte. Er musste daher im wahrsten Sinne des Wortes aus der Schusslinie genommen werden, damit in hoffentlich ruhiger Atmosphäre die Tat und vor allem ihre Hintergründe aufgeklärt werden konnten.

Hasan Imrol erzählte dem Gericht seine ganze Geschichte. Haarklein berichtete er alles so, wie er es auch bei meinem ersten Besuch in der Haftanstalt getan hatte. Der Druck, der dabei auf ihm selbst, aber auch auf mir als seinem Verteidiger lastete, war kaum auszuhalten.

Aber es half ja nichts: Wir mussten das Gericht für uns gewinnen. Die drei Berufsrichter und zwei Laienrichter der Schwurgerichtskammer sollten in die Lage versetzt werden, die Motivation meines Mandanten nachvollziehen zu können. Deshalb hatte ich mich schweren Herzens überhaupt dafür entschieden, Hasan Imrol selbst vor Gericht reden zu lassen. Oft ist es nämlich angezeigt, den Mandanten lieber schweigen zu lassen, um ihn davor zu schützen, sich vor Gericht um Kopf und Kragen zu reden.

Am Ende ging alles gut. Die Richter hatten Hasan Imrol aufmerksam zugehört und ihn in seinem Bericht nur selten unterbrochen. Es gab auch nur wenige Nachfragen. Die Atmosphäre im Gerichtssaal war ruhig. Hasan Imrol hatte in seiner Aussage nichts vorgetragen, was den Eindruck erweckt hätte, er wolle sich herausreden oder die Vorfälle schönreden.

Das war bei den anschließenden Aussagen der Töchter, die als Zeuginnen auftraten, ganz anders. Die Stimmung schlug von der einen auf die andere Sekunde um. Obwohl Hülya und Dilek als Töchter des Angeklagten vor Gericht ihr Zeugnisverweigerungsrecht hätten geltend machen können, blieben sie dabei: Sie beide wollten nun endlich reden. Unabhängig voneinander schilderten sie gegenüber dem Gericht, was sie damals erlebt hatten. Beide waren während ihrer Aussage sehr gefasst. Es flossen keine Tränen. Beide schienen auch gar nicht aufgeregt zu sein. Vielleicht war diese distanzierte Art ihr Weg, mit dem Ganzen umzugehen? Vielleicht versuchten sie, das alles nicht an sich heranzulassen, indem sie wie Unbeteiligte darüber sprachen? Der Vorsitzende Richter schien jedoch Bedenken zu haben.

Womöglich war die Art der beiden Frauen, wie sie über die Vorfälle sprachen, für ihn befremdlich? Vielleicht entsprachen die Töchter meines Mandanten einfach nicht seiner Vorstellung von Opfern sexueller Übergriffe?

Auch wenn ich leider gar kein gutes Gefühl hatte – ich konnte nur hoffen, dass es aufgrund der Aussagen beider Töchter gelungen war, dem Gericht die Ursache für Hasan Imrols Handeln plausibel zu machen. Andernfalls würde die Schwurgerichtskammer vermutlich vom Vorliegen der »niedrigen Beweggründe« überzeugt sein. Und dann würde Hasan Imrol am Ende wegen Mordes verurteilt werden, ganz gleich, ob wir uns wenigstens vom Merkmal der »Heimtücke« verabschieden würden. Denn das Vorliegen auch nur eines Mordmerkmals würde genügen, dass Hasan Imrol zu einer lebenslangen Freiheitsstrafe verurteilt werden würde. Im Kampf um den Beweis der Heimtücke hatten wir allerdings noch eine scharfe Waffe: den Zeugen Arin.

Doch dieser Plan ging gründlich schief. Herr Arin sollte bezeugen, dass Hasan Imrol seinen ehemals besten Freund Mustafa Aydemir schon seit Jahren mit dem Tode bedroht hatte, sodass klar wäre, dass dieser mit einem Anschlag rechnen musste. Aber Herr Arin, der sowohl von den Missbrauchsfällen als auch von Hasan Imrols Todesdrohungen gewusst hatte, sagte genau das Gegenteil: »Herr Richter, ich wollte mich dann lieber nicht mehr weiter einmischen. Ich dachte mir, das sollten die beiden besser unter sich regeln. Ich hatte gegenüber Herrn Aydemir deshalb auch ganz bewusst nicht die Drohungen von Hasan Imrol erwähnt und auch nicht, dass er mich nach einer Waffe gefragt hatte.«

Was Hasan Imrol da aus dem Mund seines Freundes Arin hören musste, war für ihn unerträglich. Mit einer solchen Aussage hatte er ebenso wenig gerechnet wie ich. Einen Augenblick war ich ratlos, wie es jetzt weitergehen sollte. Ziel der Verteidigung war es ursprünglich, mithilfe dieses Zeugen herauszuarbeiten, dass Mustafa Aydemir vor der Tat immerzu die Sorge mit sich herumgetragen hatte, vom Angeklagten vielleicht irgendwann umgebracht zu werden. Herr Arin hatte von Hasan Imrols Plänen gewusst, und trotzdem wollte er Mustafa Aydemir nicht erzählt haben, in welcher Gefahr dieser schwebte? Mir fiel es ausgesprochen schwer, das zu glauben.

»Hatten Sie denn in den Wochen vor der Tat mit Mustafa Aydemir Kontakt gehabt?«, wollte ich wissen. »Und wenn, kamen Sie da auch mal auf meinen Mandanten zu sprechen?«

»Wir haben in den Wochen davor fast täglich telefoniert«, erwiderte der Zeuge Arin prompt. Jetzt wurde es also spannend. Würde er bestätigen können, dass Mustafa Aydemir in dieser Zeit immer wieder mal von Ängsten hinsichtlich eines erneuten Zusammentreffens mit meinem Mandanten gesprochen hatte?

»Nein«, antwortete er auf meine Frage nüchtern. »Dass Herr Aydemir besorgt war oder sogar Angst hatte, den Eindruck hatte ich nicht. Wenn das Gespräch mal auf den Angeklagten gekommen war, dann lediglich, weil Mustafa Aydemir hören wollte, wie es Hasan Imrol so geht und was er so macht, mehr nicht.«

Hier durfte ich nun beim besten Willen nicht weiter nachhaken. Da war nichts mehr zu machen. Ich hätte allenfalls die für den Angeklagten ungünstige Aussage des Zeugen Arin weiter festgeklopft.

»Ich habe keine Fragen mehr.«

Nach dieser Niederlage sah ich nur noch einen Ausweg, wie wir um das Mordmerkmal Heimtücke herumkommen konnten. Ich setzte alles auf eine Karte und ließ die Mutter von Mustafa Aydemir aus der Türkei einfliegen. Sie musste es gewusst haben, wenn ihr Sohn schon länger mit dem Tode bedroht worden war. Mir war bekannt, dass Mutter und Sohn häufig telefoniert hatten und sich sehr nahestanden. Und selbst wenn Mustafa Aydemir ihr nicht wortwörtlich von den Vorfällen erzählt hatte – eine Mutter würde es doch gespürt haben, wenn ihr Sohn Todesängste ausstehen musste?

Die Mutter des Verstorbenen kam also, und sie war stark. Mit gefasster Stimme stand sie bei allen Fragen Rede und Antwort. Nein, sie hatte zu keinem Zeitpunkt etwas gehört oder auch nur gespürt, das auf Sorgen oder Ängste ihres Sohnes hingedeutet habe, dass Hasan Imrol ihm etwas antun könnte.

Nach dieser klaren Aussage folgte auch hier ganz schnell mein Satz: »Die Verteidigung hat an die Zeugin keine weiteren Fragen mehr!« Das war's dann. Mustafa Aydemir war völlig arglos gewesen, das war jedenfalls das eindeutige Ergebnis der Beweisaufnahme. Damit stand fest, dass Hasan Imrol heimtückisch gehandelt hatte.

Das Urteil sollte erst einen Tag später verkündet werden. Das lange Warten ist für die Mandanten oft schlimmer als das Urteil selbst. Dieses Warten, dieses Ungewisse – es ist unerträglich. Der Urteilsspruch selbst dauert meist nur wenige Sekunden. Aber diese Sekunden sind für das Leben eines Angeklagten entscheidend.

Pünktlich um 9:30 Uhr des darauffolgenden Tages betrat das Gericht den Saal. Der Vorsitzende verlas den Urteilstenor. Die Schwurgerichtskammer verurteilte Hasan Imrol zu einer lebenslangen Freiheitsstrafe wegen heimtückischen Mordes aus niedrigen Beweggründen. Die niedrigen Beweggründe sah die Kammer in einem übersteigerten Ehrgefühl des Angeklagten. Nach einer kurzen Kunstpause stellte das Gericht zudem fest, dass Hasan Imrol mit der Tat besonders schwere Schuld auf sich geladen hatte.

Damit hatte ich niemals gerechnet. Die besondere Schwere der Schuld wird an sich nur in ganz besonders gravierenden Mordfällen angenommen. Und ein solcher Fall lag hier doch nun wirklich nicht vor – nicht nach den massiven sexuellen Übergriffen, die der Tat vorausgegangen waren. Die Folgen der vom Gericht festgestellten Schuldschwere waren verheerend: So konnte Hasan Imrol nicht damit rechnen, nach 15 Jahren vorzeitig aus der lebenslangen Haft entlassen zu werden, sondern frühestens nach 18, vielleicht sogar erst nach 20 Jahren. War das die Strafe des Vorsitzenden dafür, dass wir den Prozess aus seiner Sicht unnötig aufgebläht hatten, indem wir die Anklage nicht einfach »abgenickt« hatten, sondern am Ende sogar noch die Mutter des Getöteten aus der Türkei hatten einfliegen lassen?

Der harte Urteilsspruch traf mich tief. Mein Mandant und ich hatten unser Ziel verfehlt. Hätte das Gericht, so wie ich es in meinem Plädoyer beantragt hatte, auf Totschlag statt auf Mord erkannt und meinen Mandanten antragsgemäß zu einer Freiheitsstrafe von zwölf Jahren verurteilt, dann wäre Hasan Imrol höchstwahrscheinlich frühzeitig nach acht Jahren aus der Haft entlassen worden. Dieses Ziel war sicherlich einigermaßen kühn gewesen. Aber dass das Gericht trotz der in der Hauptverhandlung zutage getretenen Vorgeschichte das Vorliegen der »niedrigen Beweggründe« weiterhin angenommen hatte, das konnte ich nicht verstehen. Hatten die Richter nicht begriffen, wie verzweifelt, hilflos, gedemütigt und verraten Hasan Imrol sich gefühlt hatte?

Ich hatte die Verteidigung übernommen, weil ich unbedingt wollte, dass das Gericht verstand, warum Hasan Imrol getötet hatte, und eine mildere Strafe aussprechen würde. Ich wollte keinen Freispruch. Dass Hasan Imrol seinen ehemals besten Freund getötet und hierdurch Selbstjustiz begangen hatte, stand von Anfang an fest. Aber ich wollte, dass sich die nachvollziehbaren Gründe meines Mandanten in dem Schuldspruch ausdrücken würden. Denn seine tiefe Verzweiflung und seine Hilflosigkeit waren aus meiner Sicht nur allzu gut verständlich. Seit ich mittlerweile selbst Vater bin, kann ich das heute nur umso mehr bekräftigen. Ich empfand die ganze Zeit über großes Mitgefühl für meinen Mandanten und seine beiden Töchter. Die Tat war falsch, keine Frage. Selbstjustiz kann unter keinen Umständen geduldet werden. Und die Art der Tatausführung war ohne Zweifel schrecklich. Völlig unbeteiligte Dritte mussten mit ansehen, wie ein Mensch auf offener Straße erschossen wurde.

Es hätte nach meiner festen Überzeugung dennoch nicht auf Mord erkannt und schon gar nicht hätte die besondere Schuldschwere festgestellt werden dürfen.

Wenn ein Vater einen Menschen tötet, der sein Vertrauen auf das Gröbste missbraucht, seine Freundschaft ausgenutzt und seine Töchter über Jahre heimlich geschändet hat – ist diese Reaktion wirklich verachtenswert und steht die Tat sittlich auf tiefster Stufe, wie das Gericht angenommen hat? Ich meine, nein.

Der Würger vom Freudensee

Es waren in diesem Moment bestimmt gut zwanzig Leute, die zu den Klängen von »Born To Be Alive« mit den lustigsten Verrenkungen ihren ganz eigenen Tanzstil zum Besten gaben. Als DJ Michi dann noch den Udo-Jürgens-Hit »Griechischer Wein« aus den Boxen tönen ließ, schien sich die Zahl der tanzwütigen Gäste schlagartig verdoppelt zu haben. Die Stimmung war auf dem Siedepunkt.

Ich war gerührt und gleichzeitig bester Stimmung. Die Eröffnung meiner eigenen Kanzlei hätte nicht besser laufen können.

Neben vielen Anwaltskollegen waren an diesem Frühlingsabend auch Journalisten, Dolmetscher, die beiden Filialleiter meiner Bank, meine Vermieter und jede Menge Mandanten gekommen. Und so war es ein herrliches Bild, als beim fröhlichen Ringelreihen acht Motorradrocker, die sich kürzlich von den Bandidos losgesagt hatten, mit einer Prostituierten, zwei Muslimen aus dem Irak, drei süßen Jungs aus dem Münchner Glockenbachviertel und einem Haufen Juristen die Tanzfläche rockten.

Gerade als gegen halb elf die Freundin eines irakischen Dolmetschers eine Bauchtanznummer zum Besten gab, klingelte mein Handy. »Burkhardt«, blinkte es im Display auf. Josef Burkhardt war ein recht neuer Mandant von mir. Vor gut fünf Wochen hatte er mich in meinem Büro aufgesucht. Keine allzu komplizierte Sache. Die Staatsanwaltschaft warf ihm vor, er habe nach einem Club-Besuch in der Nähe von Passau eine junge Frau mehrere Sekunden lang gewürgt. Er sollte ihr mit der einen Hand vorübergehend Nase und Mund zugehalten und sie mit der anderen Hand gleichzeitig am Hals gepackt haben. Vorwurf: gefährliche Körperverletzung.

Weitere Details über den Fall wusste ich zu dem Zeitpunkt noch nicht. Mein Mandant hatte für den Zeitraum, in dem er die Tat begangen haben sollte, einen alkoholbedingten Filmriss gehabt. Und die bei der Staatsanwaltschaft beantragte Akteneinsicht stand noch aus.

Der 46-jährige Josef Burkhardt, den alle nur »Sepp« nannten, war jahrelang Zuhälter und später Speditionsunternehmer gewesen. Zu mir meinte er augenzwinkernd: »Egal, was ich beruflich auch gemacht habe, ich war immer der Herr über die Fahrgestelle.«

Als Speditionsunternehmer hatte er mit einem Nettoverdienst von monatlich um die 20 000 Euro über drei Jahre ein wirklich gutes Geschäft gemacht. Da allerdings sein Geschäftsführer und die Stellvertreterin systematisch zu wenig Steuern zahlten, war er am Ende um den Insolvenzantrag nicht mehr herumgekommen. Auch in seinem vorherigen Leben als Zuhälter hatte er ein großes Rad gedreht. Nachdem er sich über die Jahre im Rotlichtmilieu immer mehr etablierte, hatte er zu Spitzenzeiten zwölf Frauen auf der Straße, was ihm am Tag gut 1000 Euro einbrachte.

Inzwischen war Schluss mit lustig: Das Einzige, bei dem er mit großen Zahlen aufwarten konnte, waren die Unmengen Bier- und Wodkaflaschen, die er im vergangenen Jahr geleert hatte. Und wenn er ausnahmsweise mal nüchtern gewesen war, hatte er sich auf den Rechtsstreit mit seinen ehemaligen Geschäftsführern konzentriert.

Sepp Burkhardt war drei Mal verheiratet und drei Mal geschieden und hatte mit jeder Frau ein Kind. »Sie sehen, ich bin erzkonservativ. Nichteheliche Kinder kommen mir nicht ins Haus.«

Der Humor von Sepp Burkhardt gefiel mir, wie überhaupt sein gesamtes Auftreten. Er war ein durch und durch netter und äußerst höflicher Typ. Seine klare, unaufgeregte Art hatte mich von Anfang an angesprochen. Deswegen hatte ich ihn gerne zur Einweihungsparty eingeladen. Nur war er bisher leider nicht aufgetaucht.

»Herr Burkhardt, Sie fehlen hier!«, rief ich jetzt gut gelaunt ins Telefon. Am anderen Ende herrschte kurzes Schweigen, bevor Burkhardt anfing zu sprechen: »Es tut mir wirklich leid, Herr Lucas, ich kann nicht kommen. Ich bin auf der Flucht.«

Wegen der lauten Musik konnte ich ihn nur schlecht verstehen, sodass ich mich rasch ins Treppenhaus verdrückte. Was redete er da von Flucht? Warum und vor wem? Natürlich dachte ich sofort an sein Strafverfahren, aber da gab es aktuell gar keinen Grund abzuhauen. Weder drohte ihm eine sichere Gefängnisstrafe, noch gab es meines Wissens einen Untersuchungshaftbefehl. Vor wem also war er auf der Flucht? Hatte er sich vielleicht im Rotlichtmilieu Feinde gemacht?

»Jetzt noch mal von vorne«, sagte ich, als ich die Kanzleitür hinter mir zugezogen hatte und dem Partylärm entkommen war. »Wieso sind Sie auf der Flucht?«

»Also, Herr Lucas«, kam die Antwort jetzt deutlich verständlicher, »die Polizei war heute bei mir zu Hause. Zum Glück war ich nicht da. Meine Freundin hatte nichts ahnend aufgemacht und dann nicht schlecht geguckt, als die Bullen vor der Tür standen. Die haben gleich nach mir gefragt. Als meine Freundin denen dann erklärt hat, dass sie leider nicht weiß, wo ich bin und wann ich wieder heimkomme, haben die gleich so komische Andeutungen gemacht von wegen schlechtes Zeichen und so. Herr Lucas, da ist was im Busch. Die wollten mich mitnehmen. Ich bin mir sicher.«

»Nun mal langsam, Herr Burkhardt«, sagte ich beschwichtigend. »Ich kenne momentan zwar nicht viel mehr als den eigentlichen Tatvorwurf. Aber wenn nicht zwischenzeitlich irgendetwas dazugekommen sein sollte, wüsste ich keinen Grund, warum man Sie auf einmal festnehmen sollte.«

Wieder kam es zu einer kurzen Pause, ehe Sepp Burkhardt antwortete. »Vielleicht hat der Staatsanwalt erst jetzt Wind von meiner Vergangenheit bekommen und spinnt jetzt rum.«

Ich wurde stutzig: »Wie meinen Sie das – Wind wovon?«

Die Antwort kam klar und deutlich. »Herr Lucas, hören Sie mir bitte gut zu. Ich habe in der Vergangenheit zwei Mal im Knast gesessen. Jedes Mal, weil ich zuvor eine Frau gewürgt hatte. Beim ersten Mal war das meine Schwägerin, beim zweiten Mal eine mir völlig Unbekannte. Die fremde Frau habe ich zu Tode gewürgt.«

Diesmal war ich es, der schwieg. Diese Neuigkeit war etwas plötzlich gekommen. Wenn Sepp Burkhardt tatsächlich schon zwei Frauen gewürgt und eine dadurch sogar getötet hatte, ließ das die Tat, die ihm jetzt vorgeworfen wurde, natürlich in einem anderen Licht erscheinen. Die Party war auf einmal ganz weit weg. Ich musste möglichst rasch herausfinden, ob ein Haftbefehl gegen Burkhardt vorlag. Den Staatsanwalt würde ich natürlich um diese Zeit nicht erreichen, vor dem nächsten Morgen würde da gar nichts gehen. Halt, es war ja Freitagnacht, also musste ich bis Montag warten. Und ob der Staatsanwalt mir offen Auskunft geben würde, war fraglich.

Sepp Burkhardt unterbrach mich in meinen Gedanken: »Herr Lucas, vielleicht schauen Sie sich meine alten Urteile einfach mal an. Klingeln Sie doch bitte bei meiner Freundin durch.

Die soll Ihnen das ganze Material vorbeibringen. Ach, und sagen Sie ihr bitte, dass ich mich zurzeit bei …«

»Stopp, ich will's nicht wissen!«, rief ich dazwischen. »Das mit der Flucht ist allein Ihre Sache!«

Sepp Burkhardt verstand und sprach den Satz nicht zu Ende. Er verabschiedete sich höflich und kündigte an, mich am darauffolgenden Montag wieder anzurufen. Ich dagegen klingelte erst mal an der eigenen Kanzleitür, weil ich mich ausgesperrt hatte.

Wieder einmal musste ich meine Gedanken an einen Fall beiseitedrängen. Das hier war meine Eröffnungsparty! Da konnte ich mich nicht grübelnd in die Ecke setzen. Ich sagte mir einfach, dass ich bis Montag ohnehin nichts tun konnte – was würde es bringen, wenn ich mir jetzt die Stimmung vermiesen ließe? So gesellte ich mich wieder zu den Tanzenden, bis die Feier schließlich um vier Uhr morgens mit »Thank You For The Music« von Abba fröhlich ausklang.

»Ich kann Ihnen die Urteile auch jetzt gleich vorbeibringen«, bot mir Christl Mayr an, als ich sie am Samstag gegen Mittag anrief.

Was soll's, dachte ich, es war zwar Samstag, aber die Neugierde auf die Vergangenheit meines Mandanten siegte. Außerdem war ich sowieso im Büro, um zusammen mit ein paar fleißigen Studenten die Spuren des Festes zu beseitigen. Als Christl Mayr schließlich gegen 17 Uhr auftauchte, verzog ich mich in den bereits picobello aufgeräumten Besprechungsraum und fing an, in den Kopien zu blättern. Das, was ich da las, versprach alles andere als einen unkomplizierten Fall. Den früheren Verurteilungen lagen zwei widerliche Vorkommnisse zugrunde.

Sepp Burkhardt hatte früh angefangen. Gerade einmal 17 Jahre alt war er gewesen, als das Amtsgericht Passau ihn wegen

Vergewaltigung, vorsätzlicher Körperverletzung und sexueller Nötigung zu einer Jugendstrafe von drei Jahren verurteilt hatte.

Nach einer einen Tag und eine Nacht dauernden Sauftour fasste Sepp Burkhardt den aberwitzigen Plan, seine Schwägerin Maria zum Sex zu zwingen. Er war schon lange scharf auf die Frau seines Bruders, besonders in letzter Zeit, seitdem sie schwanger war.

Da sein Bruder verreist war, klingelte er seine Schwägerin nächtens aus dem Bett, lockte sie unter einem Vorwand zum nahe gelegenen Freudensee und verging sich an ihr. Er vergewaltigte sie zunächst und zwang die sich heftig wehrende Frau schließlich, ihn noch mit der Hand zu befriedigen. Währenddessen würgte er sie am Hals und trat mehrfach auf die am Boden liegende Schwangere ein.

Immerhin zeigte sich Sepp Burkhardt reumütig und gab gleich bei der ersten polizeilichen Vernehmung alles zu. Dass er am Ende zu nur drei Jahren Jugendstrafe verurteilt wurde, verdankte er seiner erheblichen Alkoholisierung, die nach Ansicht des Gerichts zu einer verminderten Schuldfähigkeit geführt hatte.

Gelernt hatte er aus der Haftstrafe aber offenbar wenig. Kaum war er gute zweieinhalb Jahre später wieder auf freiem Fuß, beging er die nächste Straftat. Sie wies deutliche Ähnlichkeit mit der ersten auf. Nur dass dieses Mal das Opfer nicht überlebte. Das Urteil, das ich in den Unterlagen fand, lautete auf Mord und räuberische Erpressung. Die Strafe: lebenslänglich.

Wieder einmal war eine erhebliche Menge Alkohol im Spiel gewesen. Sepp Burkhardt hatte nach seiner Haftentlassung bei einem Speditionsunternehmen einen Job bekommen. An besagtem Tag schob er Frust, weil er Überstunden machen musste, und hatte deshalb schon während der Arbeitszeit reichlich Bier und Schnaps getrunken. Offenbar zu wenig, wie er befand, Nachschub musste dringend her.

Da Sepp Burkhardt kein Geld mehr hatte, beschloss er auf dem Heimweg im Bus kurzerhand, eine in einen Pelzmantel gekleidete Frau zu überfallen. Bettina Weber war seit zwanzig Jahren glücklich verheiratet und Mutter von drei Kindern im Alter von fünfzehn, elf und sieben Jahren. An diesem Abend war sie mit einer Freundin im Kino gewesen, während ihr Mann zu Hause bei den Kindern geblieben war. Sie würde nicht mehr zurückkehren.

Als sie aus dem Bus ausstieg, folgte ihr Burkhardt und raubte sie aus. Weil sie jedoch nur zehn Mark bei sich hatte, rastete er aus und erwürgte sie. Bettina Weber hatte keine Chance, sie war innerhalb weniger Minuten tot.

Was wie ein Krimi um einen psychopathischen Mörder anmutete, war keine Fiktion, sondern schreckliche Realität.

Ich kannte Sepp Burkhardt seit gut fünf Wochen, fand ihn irgendwie lässig und ausgesprochen sympathisch und war bisher davon ausgegangen, dass die Geschichte nach dem Club-Besuch ein Ausrutscher gewesen war. Dieses Bild hatte sich durch das Aktenstudium gründlich gewandelt. Wieder einmal war ich mit dem Bösen konfrontiert, das ganz anderer Gestalt war, als wir das so oft glauben wollen.

Schon die Andeutungen Burkhardts am Abend zuvor hatten etwas Geheimnisvolles gehabt. Ich hatte irgendwie geahnt, dass da doch mehr dahinterstecken könnte. Und in genau dieser Stimmung hatte ich die Urteile entgegen meiner Gewohnheit nicht zunächst quergelesen und mich auf die juristischen Fakten konzentriert. Fieberhaft saugte ich Wort für Wort in mich ein, ohne mich den Vorgängen entziehen zu können. Absurd, aber ich hatte mich beim Lesen des zweiten Urteils einer stillen Hoffnung nicht erwehren können, Bettina Weber würde am Ende überleben.

Ich war erschüttert. Als ich von ihrer Geschichte erfuhr, war

Bettina Weber bereits seit 25 Jahren tot. Die Kinder, die an jenem Abend ihre Mutter auf so grausame Weise verloren hatten, waren inzwischen erwachsen.

Nach der zweiten Tat hatte das Gericht Sepp Burkhardt von einem psychiatrischen Sachverständigen untersuchen lassen. Der war zu dem Ergebnis gekommen, dass Burkhardt nicht erst nach seiner frühzeitigen Entlassung aus der ersten Haft eine tickende Zeitbombe war. Burkhardt wurde eine antisoziale Persönlichkeit diagnostiziert, die durch Erlebnisse in der Kindheit hervorgerufen worden war und sich aufgrund einer hirnorganisch bedingten Beeinträchtigung besonders intensiv entwickelt hatte.

Bei Sepp Burkhardt, der aus äußerst schwierigen sozialen Verhältnissen stammte und mit elf Geschwistern aufgewachsen war, war von klein auf wenig gerade gelaufen. Der Vater war Alkoholiker, der Frau und Kinder regelmäßig brutal verprügelte. Oft zog er die Kinder nackt aus und züchtigte sie mit einer Peitsche. Einer von Burkhardts Brüdern kam bei einem Verkehrsunfall ums Leben, sein jüngster Bruder beging Selbstmord. Auch in der Schule hatte Sepp Burkhardt einen schweren Stand, bereits in der ersten Klasse blieb er sitzen. Obwohl er keinen Schulabschluss hatte, absolvierte er eine Lehre als Maschinenschlosser. Doch die musste er kurz vor der Abschlussprüfung abbrechen, weil er bei einem Streit seinen Meister geschlagen hatte. Getreu dem elterlichen Vorbild hatte er überdies mit zehn Jahren angefangen, Alkohol zu trinken. Zu diesem ganzen Elend kam dann noch der Hirnschaden hinzu, der durch exzessiven Alkoholkonsum der Mutter während der Schwangerschaft hervorgerufen worden war.

Wie der Gutachter damals feststellte, führten diese Vorbelastungen aus der Kindheit dazu, dass Sepp Burkhardt eine äußerst niedrige Toleranzschwelle hatte und sehr impulsiv war, gleichzeitig aber auch über eine extrem labile Emotionalität verfügte. Das alles änderte jedoch nichts an der grausamen Tat an Bettina Weber, die ihm dann auch eine lebenslange Haftstrafe einbrachte. Bereits nach 16 Jahren, und damit nur ein Jahr später als gesetzlich überhaupt möglich, war er dann aus der Haft entlassen worden.

Natürlich waren diese beiden Taten unentschuldbar, auch wenn man den Lebenslauf kannte. Wenn ich jetzt an Sepp Burkhardt dachte, beschlich mich ein mulmiges Gefühl, obwohl er nicht der erste Mörder war, dem ich gegenübersaß. Ich fragte mich, ob er immer noch so gefährlich war wie damals. So wie sich das Gutachten las, hätte der Tod von Bettina Weber wohl vermieden werden können. Seine Erkrankung hätte einfach nur früher erkannt und therapiert werden müssen. Sofort drängte sich mir die Frage auf, ob nicht auch der jüngste Vorfall hätte verhindert werden können.

Es ist schon etwas anderes, wenn beispielsweise eine Ehefrau im Affekt ihren Ehemann umbringt, weil er sie wieder einmal gequält und gedemütigt hat. Hier hätte man ein Motiv, mit dem man auf der menschlichen Ebene irgendwas anfangen kann.

Aber Sepp Burkhardt hatte Frauen gewürgt und eine dabei sogar ermordet, ohne dass ich auch nur im Entferntesten begreifen konnte, warum er es getan hatte. Beide Frauen hatten ihm von sich aus keinen Anlass gegeben. Burkhardt hatte sie sich einfach als seine Opfer ausgesucht. Die Gründe hierfür lagen vermutlich in seiner – zumindest damals – gestörten Psyche. Burkhardt erschien mir auf einmal unberechenbar und deshalb womöglich gefährlich.

Meine erste Aktion war das geplante Telefonat mit dem Staatsanwalt, der in der Strafsache Burkhardt ermittelte. Ich fiel gleich mit der Tür ins Haus beziehungsweise mit der Frage, ob gegen meinen Mandanten ein Haftbefehl erlassen worden war.

»Sagen wir es mal so, Herr Lucas«, antwortete der Staatsanwalt, »ich gehe mittlerweile davon aus, dass Ihr Mandant die junge Frau nicht nur vorübergehend zur Ruhe, sondern für immer zum Schweigen bringen wollte. Nur weil er Gott sei Dank noch rechtzeitig vom Zeugen Werner überrascht wurde, konnte das Schlimmste verhindert werden. Soll heißen: Die Staatsanwaltschaft geht nicht mehr nur von einer gefährlichen Körperverletzung, sondern zusätzlich von einem versuchten Totschlag aus.«

Es war klar, was mir der Staatsanwalt andeutete. Wenn nun ein versuchtes Tötungsdelikt im Raum stand, für das natürlich eine viel höhere Strafe drohte als für eine gefährliche Körperverletzung, dann war wohl ein Haftbefehl erlassen worden.

Woher aber dieser Sinneswandel? Weshalb hielt der Staatsanwalt auf einmal für einen versuchten Totschlag, was vor ein paar Tagen noch als gefährliche Körperverletzung gehandelt worden war? Am Sachverhalt selbst hatte sich doch nichts geändert.

Während ich noch darüber nachdachte, unterbrach mich die wie beiläufig gestellte und scheinbar harmlose Frage des Staatsanwalts: »Wo steckt eigentlich Ihr Mandant?«

»Auf Wiederhören!«, sagte ich freundlich und legte auf. Erstens wusste ich tatsächlich nicht, wo sich Sepp Burkhardt aufhielt. Und zweitens durfte ich mich aufgrund meiner anwaltlichen Schweigepflicht auch gar nicht dazu äußern.

Am Nachmittag rief Sepp Burkhardt wie angekündigt bei mir an. Es war eigenartig, ihn jetzt mit dem ganzen Vorwissen wieder zu sprechen. Ich erzählte ihm von meinem Telefonat mit dem Staatsanwalt und bestätigte seine Vermutung, dass er per Haftbefehl gesucht werde.

»Was meinen Sie, was soll ich denn jetzt machen?«, wollte er von mir wissen.

Ich war zwar sein Anwalt, aber hier bekam er von mir keinen Rat: »Das mit der Flucht ist ganz alleine Ihre Sache. Ich darf Ihnen da gar nichts empfehlen. Ich bitte Sie nur, mal eines zu bedenken: Ihre ganzen Leute sind hier, Familie, Freunde, die Freundin. Auf Dauer unterzutauchen, das hält keiner durch, dazu sind die Verjährungsfristen zu lang. Sie werden deshalb über kurz oder lang wieder auftauchen. Und egal, wo Sie jetzt gerade sein mögen: Auch im Ausland wären Sie vor einer Festnahme nicht sicher. Es gibt internationale Haftbefehle. Am Ende landen Sie doch hier im Knast. Wenn Sie sich aber nicht freiwillig stellen, sondern gefasst werden und man sie dann verurteilt, wird später auch der Strafvollzug hart. Hafterleichterungen, vorzeitige Entlassung – das können Sie dann alles vergessen.«

»Vielleicht werde ich ja freigesprochen. Dann wäre Ihre Sorge um den Strafvollzug jedenfalls hinfällig.«

Das stimmte natürlich, doch diese Überlegung beruhte vorerst auf reiner Theorie. Weder war eine Verteidigungsstrategie besprochen, noch hatte ich bislang Akteneinsicht erhalten.

Die Akte lag bereits wenige Tage später auf meinem Tisch. Schnell war klar, woher der Schwenk von der gefährlichen Körperverletzung zum versuchten Totschlag rührte. Auf Blatt 127 der Akte hatte der Staatsanwalt nämlich vermerkt: »Bundeszentralregisterauszug liegt nun vor. Daraus ergeben sich mehrere einschlägige Vorstrafen, u. a. wegen Mordes. Die entsprechenden Urteile habe ich mir kommen lassen. Aus ihnen ergibt sich, dass der Beschuldigte seine Opfer in beiden Fällen ebenfalls gewürgt hatte, in einem Fall mit Tötungsvorsatz. Es wird nun von versuchtem Totschlag ausgegangen.« Nur zwei Seiten später befand sich – welch Zufall – der Antrag auf Erlass eines Haftbefehls wegen Fluchtgefahr, der schließlich vom Ermittlungsrichter erlassen worden war.

Viel mehr interessierte mich allerdings die Frage, was die Staatsanwaltschaft gegen Sepp Burkhardt tatsächlich in der Hand hatte. Nachdem ich die Akte ein erstes Mal durchgelesen hatte, war ich ernüchtert: Dass er freigesprochen würde, erschien mir unrealistisch. Sicher, es gab ein paar Lichtblicke: Der Zeuge Alexander Werner, der dem Opfer zu Hilfe geeilt war, hatte ihn bei einer Wahllichtbildvorlage ebenso wenig als Täter wiedererkannt wie dessen Frau Margit, die etwas später hinzugekommen war.

Die Polizei hatte beiden Zeugen Fotos von acht verschiedenen Männern, darunter Sepp Burkhardt, vorgelegt, die vom Typ her alle Ähnlichkeit mit ihm hatten. Die Zeugen wurden gefragt, ob sie den Täter auf einem der Lichtbilder wiedererkennen könnten. Burkhardt war auf Bild fünf abgebildet. Alexander Werner glaubte, in dem Mann auf Bild sieben den Würger erkannt zu haben, und Margit Werner entschied sich für den Kandidaten auf Bild drei. Allerdings waren die acht Lichtbilder auch dem Opfer Francis Behle gezeigt worden. Und die hatte mit Bild fünf sofort und ohne den geringsten Zweifel einen Treffer gelandet. Merkwürdig schien mir allerdings die Vorgeschichte der Tat, wie sie die Geschädigte Francis Behle der Polizei geschildert hatte.

Wie ich dem Protokoll entnehmen konnte, hatte sie am Tatabend in einer Dorfdisco bei Passau zunächst Bekanntschaft mit Pit Mair, einem Kumpel von Sepp Burkhardt, gemacht, der sie ständig angebaggert hatte und ihr damit tierisch auf den Wecker gegangen war. Burkhardt hatte sich erst eine ganze Weile später dazugesellt und war wesentlich besser bei ihr angekommen: total nett und kein bisschen aufdringlich. Deshalb hatte sie auch keine Bedenken, als er ihr später anbot, sie auf ihrem Heimweg zu begleiten.

Der Schock war natürlich umso größer gewesen, als der nette Typ unterwegs von einer Sekunde zur anderen aggressiv wurde, sie in den Schwitzkosten nahm und einige Meter neben sich herschleifte. Urplötzlich ließ er sie einen Moment lang los, nur um sie dann blitzartig mit einer Hand am Hals zu packen. Zum Glück tauchte in diesem Moment Alexander Werner auf und ging sofort dazwischen, um sie aus dem Griff zu befreien. Sepp Burkhardt sei daraufhin sofort weggerannt.

Das war zumindest die Version des Opfers, was sich tatsächlich abgespielt hatte, konnte niemand wissen außer den Beteiligten selbst. Auffallend fand ich, dass Francis Behle im Club von meinem Mandanten den ganzen Abend über in Frieden gelassen und vielmehr von seinem Kumpel Pit Mair belästigt worden war. Welches Interesse sollte Sepp Burkhardt dann daran gehabt haben, die Frau später nach Hause zu begleiten? Wäre das denn aufgrund der Vorgeschichte nicht eher Mairs Part gewesen?

Hinzu kam, dass Francis Behle zur Tatzeit einen Blutalkoholwert von beachtlichen 2,5 Promille vorzuweisen hatte. Bei einem solchen Wert kann es durchaus schon zu Bewusstseinseintrübungen und einem Ausfall des Erinnerungsvermögens kommen. Dass sie noch erstaunlich fit gewesen war, wies auf eine gewisse Alkoholgewöhnung hin. Aber trotzdem: War sie noch fit genug gewesen, um wirklich zu schnallen, wer sie da auf dem Heimweg begleitet hatte?

Dass sie bei der Wahllichtbildvorlage auf Sepp Burkhardt gezeigt hatte, konnte ja auch schlicht daran liegen, dass er der einzige der Männer auf den Fotos war, den sie tatsächlich kannte und daher auch wiedererkennen konnte. Wäre ihr stattdessen ein Foto von Pit Mair vorgelegt worden, hätte sie möglicherweise mit der gleichen Sicherheit auf ihn getippt. Wie sicher konnte sie also tatsächlich sein, dass es nicht doch in Wahrheit Pit Mair gewesen war, der sie an jenem Abend auf ihrem Heimweg begleitet und später gewürgt hatte?

Andererseits wiesen die Details des Überfalls erschreckende Parallelen zu den früheren Taten meines Mandanten auf. Vielleicht sollten wir uns deshalb lieber nicht mit einer Freispruchlinie vergaloppieren, sondern unser Augenmerk auf eine nicht minder entscheidende Frage richten, womit wir es hier in rechtlicher Hinsicht zu tun hatten: War die Attacke nur eine gefährliche Körperverletzung oder tatsächlich schon ein versuchter Totschlag?

Die Abgrenzung ist in der Praxis oft schwierig. Wer einen anderen würgt, kann damit sein Opfer nur verletzen oder einschüchtern wollen, ohne ihm nach dem Leben zu trachten; er kann es aber auch tun, um zu töten. In beiden Fällen wäre die Tat rein äußerlich erst einmal identisch. Entscheidend wäre allein, was sich im Kopf des Täters abspielt und was seine Vorstellung bei der Tat ist. Will er nur verletzen, oder will er töten?

Den Täter selbst zu fragen bringt natürlich wenig, denn der wird im Zweifel immer sagen, dass er das Opfer auf keinen Fall töten wollte. Und in einen fremden Kopf kann bekanntlich keiner reinschauen. Deshalb lautet in solchen Fällen die Frage immer, ob es Indizien gibt, die für – oder auch gegen – einen Tötungsvorsatz sprechen. Das galt auch für das Verfahren von Sepp Burkhardt. Dem Staatsanwalt jedenfalls schien es als Indiz auszureichen, dass Burkhardt schon in der Vergangenheit zwei Mal Frauen gewürgt hatte. Mir genügte es nicht.

Hoffnung machte mir zunächst, dass in der Akte von einem Wachmann die Rede war, der zur fraglichen Zeit in unmittelbarer Tatortnähe das Gelände eines Autohauses bewacht hatte. Er war Francis Behle aufgefallen, als sie in den Schwitzkasten genommen worden war. Obwohl sie lauthals um Hilfe gerufen hatte, hatte er nicht reagiert. Aus der Akte ging hervor, dass es sich bei dem Wachmann um einen gewissen Carlo Fontana handelte, dem seine Untätigkeit inzwischen selbst Ärger in Form eines Strafverfahrens wegen unterlassener Hilfeleistung eingebracht hatte.

Die Polizei hatte ihn nach der Tat vernommen. Damals behauptete er, die junge Frau sei doch selbst an allem schuld gewesen, so wie sie sich an dem Abend aufgeführt habe. Danach hatte er sich mit Blick auf die anhängige Strafsache wegen unterlassener Hilfeleistung bedauerlicherweise dazu entschlossen, überhaupt nichts mehr zu sagen. Dass er auch in unserem Verfahren von seinem Auskunftsverweigerungsrecht Gebrauch machen würde, hatte inzwischen sein Anwalt schriftlich erklärt. Von diesem Zeugen war also leider nichts Entlastendes zu erwarten.

»Ich sehe ehrlich gesagt keine Chance auf einen Freispruch. Lassen Sie uns lieber mit aller Kraft darum kämpfen, dass der Vorwurf des versuchten Totschlags fallen gelassen wird.«

So lautete nach gründlichem Aktenstudium meine Empfehlung, die ich Sepp Burkhardt bei unserem nächsten Telefonat ans Herz legte.

»Aber das heißt ja wohl im Klartext, dass ich am Ende auf jeden Fall einfahre. Nur vielleicht ein paar Jahre weniger.«

Ich musste Sepp Burkhardt recht geben: »Bei einer Verurteilung wegen versuchten Totschlags kriegen Sie bei Ihren Vorstrafen locker zwölf Jahre oder mehr. Sollte es auf eine gefährliche Körperverletzung hinauslaufen, wird die Strafe vielleicht maximal bei acht Jahren liegen.«

Rosig waren diese Aussichten zugegebenermaßen nicht. Aber sie waren realistisch. Und es würde schon schwierig genug sein, überhaupt vom Vorwurf des versuchten Totschlags wegzukommen. Das erkannte auch Sepp Burkhardt, der nun zu einem Entschluss gekommen war: »Okay, morgen stelle ich mich dem

Ermittlungsrichter. Wenn ich am Ende sowieso eine Haftstrafe bekomme, dann brauche ich mit meiner Flucht auch nicht unnötig Ärger zu riskieren. Die U-Haft wird mir ja schließlich später angerechnet.«

Nachdem Sepp Burkhardt am darauffolgenden Tag wie angekündigt beim Ermittlungsrichter vorstellig und in Haft genommen worden war, besuchte ich ihn einen Tag später in der JVA Passau. Er war gut drauf. Vielleicht lag es an seiner souveränen Entscheidung vom Vortag, die er nach meiner Beratung voller Überzeugung getroffen hatte. Die Haft mochte für ihn etwas Befreiendes haben, schließlich bringt eine wie auch immer geartete »Flucht« auch enormen psychischen Druck mit sich.

Ich war zunächst etwas reserviert, als Sepp Burkhardt mir seine Hand gab – die Hand, mit der er zuvor drei Frauen so brutal gewürgt hatte. Mir gingen die schrecklichen Bilder seiner Taten nicht aus dem Kopf. Schließlich besann ich mich aufs Wesentliche, denn es gab Neuigkeiten, die dringend zu besprechen waren.

Am selben Vormittag hatte die Staatsanwaltschaft nämlich angefragt, ob Sepp Burkhardt bereit sei, sich einer Begutachtung zu unterziehen. Ein psychiatrischer Sachverständiger sollte klären, ob er zum Tatzeitpunkt in seiner Schuldfähigkeit eingeschränkt oder gar schuldunfähig war. Hier galt es, ganz genau die Chancen und Risiken für meinen Mandanten abzuwägen.

Dass sich vielleicht eine verminderte Schuldfähigkeit oder Schuldunfähigkeit herausstellen würde, hätte Sepp Burkhardt zwar an und für sich nur recht sein können. Denn das würde beim Strafmaß Berücksichtigung finden und könnte die Höhe der Strafe spürbar drücken. Meine Sorge war jedoch, dass der Gutachter noch zu dem weiteren Schluss gelangen könnte, dass Sepp Burkhardt diesmal in der Psychiatrie untergebracht werden müsste. Stichwort »tickende Zeitbombe«. Die Unterbringung und Behandlung in einer psychiatrischen Anstalt würde vermutlich deutlich länger dauern als die Verbüßung einer Freiheitsstrafe. Das konnte als Anwalt nicht mein Ziel sein, auch wenn ich persönlich da schon eher in eine Zwickmühle geriet. Auf der einen Seite musste ich zusehen, für meinen Mandanten die geringste Strafe herauszuholen, auf der anderen Seite konnte ich es als Mensch nicht gut finden, wenn eine extrem gefährliche Neigung bei einem Straftäter nicht therapiert wird.

Da wir die Erstellung eines psychiatrischen Gutachtens sowieso nicht verhindern konnten, ging es jetzt um die Frage, ob Sepp Burkhardt bei den Untersuchungen mitwirken oder sich passiv verhalten sollte. Im ersteren Fall würde ihn ein vom Gericht bestellter Sachverständiger in den nächsten Wochen explorieren, ihm also jede Menge Fragen zu seinem persönlichen Werdegang und auch zum Tatvorwurf stellen. Verweigerte er hingegen die Mitwirkung, müsste der Sachverständige alleine aufgrund der Informationen aus der Akte und seiner Beobachtungen in einer späteren Gerichtsverhandlung zu seiner Einschätzung gelangen. Hierbei würden die Informationen zur Persönlichkeit von Sepp Burkhardt insgesamt natürlich spärlicher ausfallen.

Nach einer ausführlichen Besprechung entschieden wir uns letztlich gegen eine aktive Mitwirkung. Je dürftiger die Grundlage war, auf die der Sachverständige sein Gutachten stützen konnte, desto geringer schien uns das Risiko, dass er die Voraussetzungen für eine Unterbringung in der Psychiatrie sehen würde.

Die Anklageschrift, die bereits ein paar Wochen später ins Haus geflattert kam, enthielt erwartungsgemäß keine Überraschungen: Dem »Würger vom Freudensee«, wie eine Tageszeitung Sepp Burkhardt bezeichnet hatte, wurde ein versuchter Totschlag an Francis Behle vorgeworfen.

Bis zum Beginn der Gerichtsverhandlung vergingen dann noch einmal mehrere Wochen, die Sepp Burkhardt in der Untersuchungshaft verbrachte. Wir nutzten die Zeit, um den Prozess gründlich vorzubereiten, und waren uns schnell einig, dass er selbst vor Gericht keine Angaben machen würde.

Als es endlich losging, verlas ich für ihn eine Erklärung, der zufolge er zugab, Francis Behle gewürgt zu haben. Gleichzeitig stellte ich aber auch ausdrücklich klar, dass es ihm zwar darum gegangen war, ihr Schmerzen zuzufügen, er sie aber zu keinem Zeitpunkt hatte töten wollen. Auf Frage des Gerichts, ob die Erklärung so richtig sei, bestätigte Sepp Burkhardt dies kurz. Damit hatte er, ohne groß selbst etwas sagen zu müssen, ein weitgehendes Geständnis abgelegt und sich einen entscheidenden Bonus für die spätere Strafzumessung im Urteil gesichert.

Natürlich hätte es vor allem der Staatsanwaltschaft besser gefallen, wenn er auch den Tötungsvorsatz zugegeben hätte, aber Ziel unserer Verteidigung war es nun mal, das Gericht im Lauf des Prozesses davon zu überzeugen, dass er Francis Behle unter keinen Umständen hatte töten wollen. Nur dann war der Weg frei für die angestrebte Verurteilung wegen gefährlicher Körperverletzung.

Was uns unserem Ziel einen guten Schritt näherbrachte, war ausgerechnet die anschließende Aussage von Francis Behle. Was sie als Zeugin vor Gericht mit ihren eher konfusen Angaben zum Besten gab, ließ wenig plausibel erscheinen, dass Sepp Burkhardt sie tatsächlich hatte umbringen wollen. Nach der Tat hatte sie bei der Polizei ausgesagt, nur Pit Mair habe sie in der Disco auf Sex angesprochen. Vor Gericht behauptete sie nun, auch Sepp Burkhardt sei noch im Lokal aufdringlich geworden und habe sie gefragt, ob sie mit ihm schlafen wolle.

Zunächst jedenfalls. Als der Vorsitzende an diesem Punkt nämlich nachhakte, änderte die Zeugin ihre Aussage erneut.

Jetzt hieß es, sie habe mit keinem von beiden, also weder mit Sepp Burkhardt noch mit Pit Mair, an jenem Abend über Sex gesprochen. Damit wollte der Vorsitzende sich allerdings nicht zufriedengeben. Er hielt ihr vor, dass sie bei der Polizei etwas anderes ausgesagt hatte, was sie mit der Bemerkung quittierte, sie könne sich nicht mehr daran erinnern.

»Eigentlich habe ich gar nicht kapiert, was der Sepp überhaupt von mir wollte.« Sie wirkte ehrlich ratlos. »Ich weiß nur, dass wir draußen eine ganze Weile rumspaziert sind. Der Sepp war sehr aggressiv und hat ständig geschrien, dass ich endlich das Maul halten soll. Und dann hat er mich auf einmal mit einer Hand am Hals gepackt und gewürgt und mir mit der anderen Mund und Nase zugehalten. Er hat aber weder Sex gefordert noch mich irgendwie unsittlich berührt.«

Francis Behle machte keinen Hehl daraus, dass sie für die Zeit zwischen Verlassen des Clubs und dem Auftauchen des Zeugen Werner Erinnerungslücken hatte.

Mal abgesehen davon, dass ich die Zeugin ziemlich schwach fand, brachte ihre Aussage mich ernsthaft ins Grübeln. Was bloß konnte Sepp Burkhardt damals zu dieser massiven Straftat getrieben haben? Um Sex war es nicht gegangen, das hatte die Zeugin gerade bestätigt. Was war damals in ihm vorgegangen? Wahrscheinlich konnte man das sowieso nicht nachvollziehen – schließlich war er betrunken gewesen, und was Betrunkene antreibt, versteht man nur selten.

Aber was war mit der Aussage des Wachmanns Carlo Fontana, Francis Behle sei selbst schuld gewesen, so wie sie sich damals aufgeführt habe?

Das war starker Tobak, könnte aber für Sepp Burkhardt der rettende Anker sein. Leider Gottes würde Fontana nicht aussagen – und bevor sein eigener Prozess nicht abgeschlossen war, konnte man ihn auch nicht dazu zwingen.

Da kam mir eine Idee. Der Anwalt, der Fontana verteidigte, war ein alter Bekannter von mir, und so rief ich ihn kurzerhand an. Gemeinsam schmiedeten wir einen Plan: Vielleicht konnte das Strafverfahren wegen unterlassener Hilfeleistung ja eingestellt werden, sodass Carlo Fontana nicht vorbestraft wäre. Das wäre doch sicherlich ein gutes Ergebnis. Die äußerst schwache Aussage der Zeugin Francis Behle am letzten Hauptverhandlungstermin würde eine Verurteilung wegen versuchten Totschlags ohnehin ziemlich unwahrscheinlich machen. Der Staatsanwalt, das Gericht, mein Kollege – alle würden Zeit und Geld sparen, wenn man das Verfahren gegen Fontana nach dem derzeitigen Kenntnisstand einstellte. Und für Sepp Burkhardt hätte es den großen Vorteil, dass sich Carlo Fontana nicht mehr – wie bisher – auf sein Auskunftsverweigerungsrecht berufen könnte. Und siehe da: Es klappte, gegen ihn lag nichts mehr vor. Nun war die Bahn frei, und ich beantragte sofort, ihn als Zeugen in der Hauptverhandlung zuzulassen.

Genau wie ich gehofft hatte, war Carlo Fontanas Aussage dann auch das i-Tüpfelchen unserer Verteidigungslinie. »Wie ich schon sagte: So wie die sich aufgeführt hat, kann ich den Mann verstehen. Die war doch selbst schuld. Sie hätten das mal sehen müssen: Die war so sturzbetrunken, dass sie nicht mal mehr geradeaus gehen konnte. Sie ist ständig auf den Boden geknallt und hat dummes Zeug gelallt. Der Angeklagte musste ihr immer wieder aufhelfen und sie stützen. Was für eine blöde Kuh, hab ich gedacht, da hat man sich ja fast beim Zuschauen geschämt. Und dann hat sie auch noch aus heiterem Himmel angefangen herumzuschreien. Da hat es dem Angeklagten wohl gelangt, denn er hat sie angebrüllt und ist ihr dann plötzlich an den Hals gegangen. Der hatte vorher eine Engelsgeduld und hat der Frau immer wieder geholfen. Ich glaube, der war dann irgendwann einfach nur noch genervt.« Sepp Burkhardt als barmherziger Samariter – das war schon fast eine Spur zu viel. Vor allem deshalb, weil man nicht gleich jemanden würgen muss, der einem auf die Nerven geht. Aber mir sollte es recht sein, diese Runde ging eindeutig an uns.

Auch das Thema Alkohol konnten wir zu unseren Gunsten nutzen. Sepp Burkhardt hatte zur Tatzeit 3,2 Promille im Blut gehabt. Der durchschnittliche Alkoholkonsument wäre damit ein Fall für die Notaufnahme; bei Burkhardt reichte es gerade für eine verminderte Schuldfähigkeit.

Und auch die Rechnung mit dem psychiatrischen Gutachten ging auf. Lag die vor Jahren diagnostizierte Persönlichkeitsstörung noch vor? Bei dieser Frage musste der Psychiater passen: Ohne Exploration, die der Angeklagte verweigert habe, könne er dazu nichts sagen, dazu habe er zu wenig tatsächliche Anknüpfungspunkte. Von einer Unterbringung in der Psychiatrie war keine Rede mehr.

Bevor der Vorsitzende Richter die Beweisaufnahme schloss, gab er noch den rechtlichen Hinweis, dass anstelle einer Verurteilung wegen versuchten Totschlags auch eine Verurteilung wegen gefährlicher Körperverletzung in Betracht komme. Dem Plädoyer des Staatsanwalts und seinem Antrag, Sepp Burkhardt zu einer Freiheitsstrafe von 14 Jahren zu verurteilen, konnte ich danach mit Gelassenheit zuhören. Dem Sitzungsvertreter musste selbst klar sein, dass er auf verlorenem Posten stand. Meinen eigenen Antrag, Sepp Burkhardt wegen gefährlicher Körperverletzung zu einer Freiheitsstrafe von sechs Jahren zu verurteilen, stellte ich in dem guten Gefühl, alles richtig gemacht zu haben.

Das Urteil deckte sich exakt mit meinem Antrag. Und auch in der mündlichen Urteilsbegründung des Vorsitzenden Richters zur Frage des Tötungsvorsatzes fand ich meine eigenen Argumente wieder. Das Gericht glaubte auch, dass Burkhardt das Opfer nur gewürgt hatte, um es in dem Moment zum Schweigen zu bringen. Hätte er es töten wollen, hätte ihn nichts daran gehindert.

Eine Woche später wurde das Urteil rechtskräftig. Sepp Burkhardt ist mittlerweile längst aus der Strafhaft entlassen und arbeitet heute in einer kleinen Kfz-Werkstatt, die sich auf französische Automarken spezialisiert hat.

Er ist seitdem nicht mehr straffällig geworden. Ich kann nur hoffen, dass das so bleibt. Denn auch wenn es durchaus sein kann, dass er Francis Behle nicht hatte töten wollen: Was hieß das schon? Seine Schwägerin hatte er damals ebenfalls nicht zu Tode gewürgt, jedoch wenige Jahre später Bettina Weber mit bloßen Händen ermordet. Ab und zu fahre ich bei der Kfz-Werkstatt vorbei. Sepp Burkhardt scheint sich und sein Leben im Griff zu haben. Ein mulmiges Gefühl bleibt dennoch. Aber mit dieser Nebenwirkung eines ansonsten durch und durch gut gelaufenen Prozesses muss ich wohl leben.

Papa hat dich lieb

Ich dachte, ich höre nicht recht, als der Vorsitzende Richter am Landgericht Traunstein die Zeugin Marifa Ghana an jenem 14. November 2005 mit sanften, einfühlsamen Worten freundlich lächelnd auf den Zeugenstuhl bat: »Uns allen ist bewusst, was Sie Schlimmes durchmachen mussten. Wir versuchen daher, so behutsam wie nur irgend möglich mit Ihnen umzugehen.«

Hatte ich da etwas nicht mitbekommen? Wir waren doch ganz am Anfang des Prozesses, hatten bislang lediglich die Anklage gehört und die Erklärung meines Mandanten, keine Angaben machen zu wollen. Ein rechtskräftiges Urteil lag in weiter Ferne. Und bis dahin galt für meinen Mandanten Ayo Kutesa die Unschuldsvermutung. Wie, bitte schön, konnte der Vorsitzende Richter da behaupten, ihm sei bewusst, was Marifa Ghana, die Ehefrau des Angeklagten, durchgemacht habe?

Dass ihr Mann sie nach Ansicht der Staatsanwaltschaft mehrfach vergewaltigt haben sollte, war durch die Verlesung der Anklageschrift bekannt – und auch, dass Ayo Kutesa sich viele Male an dem gemeinsamen, damals gerade mal fünfjährigen Sohn Abasi vergangen haben sollte. Aber ohne rechtskräftiges Urteil stand weder fest, ob überhaupt jemand vergewaltigt oder sexuell missbraucht worden war, noch, ob – sollte es die von der Staatsanwaltschaft behaupteten Straftaten tatsächlich gegeben haben – mein Mandant dafür verantwortlich war. Schließlich ist eine Gerichtsverhandlung dazu da, zu klären, ob an solchen Vorwürfen etwas dran ist. Auf gar keinen Fall durfte ich daher den Vorsitzenden Richter in dem Irrglauben lassen, ich ließe ihm eine solche Äußerung ein weiteres Mal durchgehen, weshalb ich mich für einen unmissverständlichen Wink entschied: »Herr Vorsitzender, nach Ihrer Äußerung von gerade eben bräuchte ich eine kurze Unterbrechung, um meinem Mandanten seine prozessualen Möglichkeiten zu erklären.«

Damit musste jedem Insider klar sein, dass ich auf ein in diesem Fall durchaus berechtigtes Befangenheitsgesuch anspielte. Und siehe da, auch der Richter hatte verstanden: »Wenn ich mich da eben etwas unglücklich ausgedrückt haben sollte, bedauere ich das sehr. Selbstverständlich ist völlig offen, ob der Anklagevorwurf zutrifft. Brauchen Sie die Unterbrechung denn nun noch, Herr Verteidiger?«

Nein, brauchte ich nicht, so wollte ich das gerne stehen lassen. Das Gericht konnte sich nach meinem Auftritt darauf einstellen, dass die Verteidigung auf die Einhaltung der Strafprozessordnung pingelig achten würde. Eine sachliche Auseinandersetzung des Gerichts mit der Beweislage war nun sicherlich erst recht garantiert.

Nachdem also die Fronten geklärt waren, konnte sich der Vorsitzende Richter nun endlich wieder der Zeugin zuwenden. Marifa Ghana war gebürtige Kongolesin, 45 Jahre alt, nicht sehr groß, dafür äußerst korpulent. Ehrlich gesagt war es schon aufgrund der Äußerlichkeiten kaum vorstellbar, wie ihr zierlicher Ehemann die ihm vorgeworfenen massiven Gewalttaten ihr gegenüber begangen haben sollte. Aber das war natürlich ein völlig unsachlicher Gedanke.

Marifa Ghana wurde vom Vorsitzenden Richter ordnungsgemäß über ihre Rechte und Pflichten als Zeugin belehrt. Dazu gehörte auch, dass sie als Ehefrau des Angeklagten theoretisch jede Aussage verweigern durfte. Aber Schweigen war das Letzte, was Marifa Ghana wollte. Der Richter ermahnte sie, dass alles, was sie vor Gericht sagte, der Wahrheit entsprechen müsse.

Die Zeugin nickte entschlossen und begann dann in perfektem Deutsch zu erzählen: »Das alles fing im März an. Es muss so gegen 22 Uhr gewesen sein. Mein Mann und ich waren in unserer Wohnung im Hindenburgring 17. An diesem Abend hatten wir mit einem gemeinsamen Freund, dem Herrn Shahin, bei uns zusammen gegessen. Es war wirklich ein sehr lustiger Abend. Das sollte aber leider nicht so bleiben.«

Im Saal hätte man vermutlich eine Stecknadel fallen hören können. Ausnahmslos alle Beteiligten lauschten den Ausführungen Marifa Ghanas, die mit tiefer Stimme schilderte, was an jenem Abend vorgefallen sein sollte: »Der Besuch war gerade gegangen, da fing mein Mann ganz gegen seine Gewohnheit auf einmal damit an, Unmengen Wodka zu trinken. Ich hatte bis dahin gar nicht gewusst, dass wir so ein Zeug überhaupt zu Hause haben. Ayo hatte jedenfalls ein tolles Tempo drauf und wurde mit der Zeit ganz merkwürdig. Aus heiterem Himmel bezeichnete er mich als altes Weib und Hure. Dann stieß er mich plötzlich auf unsere Wohnzimmercouch.«

Marifa Ghana schluckte kurz, holte tief Luft und fuhr sichtlich gefasst fort: »Ich wusste ehrlich gesagt nicht, was in ihn gefahren war. Ich wehrte mich mit Händen und Füßen. Ich versuchte, Ayo wegzudrücken, immer und immer wieder – aber es gelang mir nicht. Ich brüllte laut, dass er das sein lassen soll. Ich flehte ihn an aufzuhören. Es half nichts. Plötzlich langte er mir zwischen die Beine und rieb dort mit seiner Hand einige Minuten rum. Danach drückte er meine Beine so komisch nach oben und zog mir meinen Slip aus. Sie müssen wissen, ich hatte an diesem Abend einen Rock an. Ayo drang in mich ein – und dann schlief er mit mir. Ich wollte das aber nicht und hatte die ganze Zeit nur noch herumgeschrien. Irgendwann ist er dann gekommen. Danach machte Ayo eine Pause.

Ich habe keine Ahnung, warum, aber ich war still auf dem Sofa liegen geblieben. Dann passierte einige Minuten gar nichts, bis Ayo mich plötzlich umdrehte, sodass ich nun auf dem Bauch lag. Er drückte meine Schenkel weit auseinander und hatte dann Analverkehr mit mir. Auf einmal stöhnte er kurz laut auf und war ein zweites Mal gekommen. Ich fing an zu weinen. Aber ich blieb weiterhin einfach so liegen. Dann drehte mich Ayo nach einigen Minuten wieder zurück auf den Rücken und krabbelte auf mich drauf. Ich musste ihn dann mit dem Mund befriedigen, bis er erneut zum Höhepunkt kam. Dann saugte er mit seinem Mund noch in meinem Schritt herum. Ich hatte höllische Schmerzen.«

Marifa Ghana starrte für einen Moment stumm auf den Zeugentisch. Im Saal herrschte immer noch Totenstille.

»Geht es? Oder sollen wir eine Pause machen?«, fragte der Vorsitzende Richter in ruhigem Ton.

»Danke, es geht schon«, antwortete die Zeugin. »Ich möchte gerne weitererzählen.«

Marifa Ghana berichtete nun, dass ihr Mann anschließend ins Bad verschwunden sei, während sie selbst den Balkon betreten habe, um frische Luft zu schnappen. Ayo Kutesa müsse sich dann wohl ins Schlafzimmer geschlichen haben, sie selbst jedenfalls habe davon zunächst gar nichts mitbekommen. Der damals fünfjährige Sohn Abasi habe seit seiner Geburt immer gemeinsam mit ihr im Ehebett geschlafen, während ihr Mann seither auf der Couch im Wohnzimmer genächtigt habe. Als sie auf einmal die Stimme ihres Sohnes gehört habe, sei sie dann jedenfalls eilig ins Schlafzimmer gerannt und habe nur noch gesehen, wie ihr Mann sich auf das Bett gekniet und den bäuchlings liegenden Jungen zu sich herangezogen, ihm die Schlafanzughose weggenommen und sein Geschlechtsteil an das Gesäß des Jungen gepresst habe. Abasi habe geschrien: »Nein, Papa, nein!« Ihren Mann habe das allerdings nicht interessiert. Nach einigen Minuten sei er erneut gekommen.

Ich musste tief durchatmen. Natürlich kannte ich die Aussage der Zeugin schon aus der Akte, aber die Erzählung aus ihrem Mund zu hören war schwer zu ertragen. Sollte das alles tatsächlich so abgelaufen sein, wäre das Verhalten von Ayo Kutesa in seiner Widerlichkeit und Menschenverachtung kaum zu überbieten. So grausam und verachtenswert die Vergewaltigung einer Frau bereits ist, die Vorstellung, dass hier auch ein kleiner Junge, ein hilfloses Kind, Opfer massiver sexueller Übergriffe durch den eigenen Vater geworden sein könnte, überstieg mein Vorstellungsvermögen.

In mir tobte ein Sturm der Gefühle – wo ich doch eigentlich rational und sachlich hatte bleiben wollen. Aber auch das ist ein Aspekt der Juristerei: Wir Anwälte sind auch nur Menschen. Und so war ich hin- und hergerissen zwischen der Wut auf eine möglicherweise schamlos lügende Zeugin und tiefstem Mitgefühl für zwei potenzielle Opfer brutalster Misshandlungen. Ich hätte beim besten Willen nicht sagen können, was ich in diesem Moment wirklich glaubte. Mir war zwar durchaus bewusst, dass meine Gefühle für den Verlauf und Ausgang des Prozesses keine Rolle spielten, ich schaffte es in diesem Fall jedoch nicht, sie einfach auszublenden.

Trotzdem: Ich musste es versuchen und mir vor allem schleunigst wieder vor Augen führen, dass es einzig und allein darauf ankam, ob die Beweise gegen meinen Mandanten insgesamt ausreichen würden, um ihn am Ende wegen mehrfacher Vergewaltigung und sexuellen Missbrauchs zu einer hohen Freiheitsstrafe zu verurteilen oder nicht.

Ich zwang mich dazu, ruhig zu bleiben, denn die Zeugin fuhr

bereits mit ihrer Aussage fort: »Nur eine Woche später passierte es wieder. Auch diesmal hatte mein Mann Unmengen Wodka getrunken, als er auf der Wohnzimmercouch erneut über mich herfiel.« Marifa Ghana schilderte, wie sich die schrecklichen Ereignisse gnadenlos wiederholten, ohne dass ihr Mann ihr Flehen erhört und von ihr abgelassen hätte. Alles spielte sich genauso ab wie beim ersten Mal. Fast schon rituell habe er zum Abschluss auch dieses Mal bei ihr im Genitalbereich mit seinem Mund gesaugt und ihr dadurch höllische Schmerzen zugefügt. Ayo Kutesa sei dann einige Minuten später wieder ins elterliche Schlafzimmer zu dem dort schlafenden Sohn gegangen und habe den kleinen Jungen auf gleiche Art und Weise wie schon eine Woche zuvor missbraucht.

An dieser Stelle unterbrach der Vorsitzende Richter die Zeugin kurz: »Hatten Sie und Ihr Sohn an den beiden Abenden Verletzungen davongetragen?«

Marifa Ghana kniff kurz die Augen zusammen und antwortete mit klarer Stimme: »Beide Male hatte es bei mir unten rausgeblutet. Tags drauf war da alles geschwollen. Auch mein Mund war geschwollen. Mein kleiner Junge klagte über starke Schmerzen an seinem Hintern.«

Der Vorsitzende ließ sie weitererzählen, und sie kam sogleich auf den dritten Vorfall zu sprechen, der sich gut zwei Monate später ereignet haben sollte. Sie sei an jenem Abend schon früh schlafen gegangen und habe neben ihrem Sohn im Ehebett gelegen, während ihr Mann im Wohnzimmer damit beschäftigt gewesen sei, einen Wodka nach dem anderen zu trinken. Sie habe sich bereits im Halbschlaf befunden, als sie plötzlich gespürt habe, wie ihr gewaltsam die Schlafanzughose heruntergezogen worden sei. Wieder habe ihr Mann sie wie gehabt zum Vaginal-, Anal- und Oralverkehr gezwungen und sei jedes Mal zum Orgasmus gekommen.

Ihre Hoffnung, ihr kleiner Junge würde vielleicht nichts davon mitbekommen und einfach weiterschlafen, habe sich leider nicht erfüllt: »Aus dem Augenwinkel konnte ich sehen, wie mein Sohn sein Köpfchen hob. Mein Mann drückte seinen Kopf dann mit der Hand nach unten. Das wiederholte sich ständig. Immer wieder wollte mein Sohn gucken, was los ist. Und immer wieder drückte Ayo den Kopf des Kindes auf die Matratze. Immer und immer wieder. Ich habe die ganze Zeit nur noch geweint.« Ayo Kutesa habe auch diesmal nicht vor dem kleinen Jungen haltgemacht und ihn in gleicher Weise wie auch die letzten beiden Male missbraucht.

Auch an dieser Stelle hakte der Vorsitzende Richter kurz ein und fragte die Zeugin, warum sie ihren Mann erst so spät, nämlich drei Wochen nach dem dritten Vorfall, angezeigt habe. Mit unbeirrt fester Stimme erklärte die Zeugin, sie habe nur deshalb so lange gezögert, weil sie trotz allem dem kleinen Abasi den Vater nicht wegnehmen wollte.

Der Vorsitzende ließ es mit dieser Antwort bewenden und gab uns allen Gelegenheit zum Durchatmen. »Wir unterbrechen mal für zehn Minuten«, verkündete er und verließ mit dem beisitzenden Berufsrichter und den beiden Schöffen den Verhandlungssaal.

Ich nutzte die Gelegenheit, um Ayo Kutesa ein wenig aufzubauen. Die schweren Anschuldigungen durch seine Frau hatten ihn sichtlich mitgenommen, und ein paar beruhigende Worte schienen mir angebracht. Nicht dass er auf die Aussage nicht vorbereitet gewesen wäre. Ihre ungeheuerlichen Vorwürfe nun aber persönlich über sich ergehen lassen zu müssen, ohne selbst etwas entgegnen zu dürfen, war für ihn eine völlig neue und schwierige Situation, die man leider nicht vorher üben kann.

Zwei Polizisten begleiteten uns in eine ruhige Ecke draußen auf dem Gerichtsflur. Da kein Fenster in der Nähe war, durch das Ayo Kutesa hätte türmen können, erklärten sie sich bereit, einige Meter auf Abstand zu gehen und uns die Möglichkeit zu einem Gespräch unter vier Augen zu geben. So richtig mochte eine Unterhaltung aber nicht in Gang kommen. Ayo Kutesa schaute mich nur regungslos an.

Genau wie seine Frau war auch er Kongolese. Er war 49 Jahre alt und erinnerte mich sehr an den farbigen Häftling in der Todeszelle aus dem Kinostreifen *The Green Mile*. Es war weniger sein Äußeres als vor allem der sanfte, fast schon demütige Blick, der mich immer wieder an den zum Tode Verurteilten aus dem Film mit Tom Hanks denken ließ. Genau so hatte Ayo Kutesa nun schon während der ganzen Hauptverhandlung geschaut – nicht unfreundlich oder gleichgültig, eher traurig und doch gefasst, als wollte er sagen: »Ich bin unschuldig, stelle mich demütig meinem Schicksal und lasse es geschehen.«

Dass er unschuldig sei, hatte er mir gegenüber in den acht Monaten, in denen ich nun schon sein Anwalt war, bestimmt ein Dutzend Mal beteuert. Nicht dass ich ihn danach gefragt hätte; es war einfach immer wieder aus ihm herausgeplatzt. Aber auch wenn es ihm ein Anliegen war, mir seine Unschuld zu erklären: Für mich durfte das nicht entscheidend sein, ich musste mich in erster Linie an die Aktenlage halten. Und natürlich an das Ziel meines Mandanten in diesem Strafverfahren: Freispruch.

Anders als in manchem anderen Fall kam mir dieses Ziel bei Ayo Kutesa trotz der auf den ersten Blick vernichtenden Aussagen seiner Frau keineswegs abwegig vor. Schon beim ersten Durchlesen der Ermittlungsakten hatte ich eine ganze Reihe vielversprechender Ansatzpunkte gefunden. Drei Mal war seine Frau vor Prozessbeginn von der Polizei vernommen worden. Jedes Mal hatte ihre Version in vielen Punkten anders geklungen. Manchmal waren die Abweichungen deutlich gewesen, manchmal hatten sie im Detail gesteckt. Dieser Eindruck hatte sich gerade eben bei der Vernehmung im Zeugenstand bestätigt.

Es konnte also durchaus sein, dass Ayo Kutesa die Wahrheit sagte und nichts von all dem Unfassbaren, was seine Frau ihm vorwarf, getan hatte. Dazu aber musste erst einmal jemand die Aussagen von Marifa Ghana kritisch überprüfen und ihr vielleicht auch die eine oder andere unangenehme Frage stellen.

Schon als der Vorsitzende Richter mit seiner Befragung fortsetzte, kam es zu einem unerwarteten Vorfall. Er sprach Marifa Ghana auf ein Thema an, das bislang noch gar nicht berührt worden war: Geld.

»Bei seiner polizeilichen Vernehmung hat Ihr Mann ausgesagt, Sie hätten ihm unterstellt, rund 1000 Euro aus Ihrer gemeinsamen Haushaltskasse entwendet zu haben, und seien deshalb sehr wütend auf ihn gewesen. Er bestreitet ja, sich jemals an Ihnen oder dem Kind vergangen zu haben, und meint, Sie würden ihn jetzt nur wegen der Geschichte mit dem Geld falsch belasten.«

Der Richter sagte dies völlig ruhig und sachlich, sodass die Reaktion der Zeugin mehr als verwunderlich war. Sie senkte für einen Moment den Kopf, dann krallte sie sich mit beiden Händen an der Tischplatte fest, schaute mit verzerrter Miene wieder hoch und fing aus heiterem Himmel an zu schreien.

Ich war vermutlich nicht der Einzige im Saal, der bei dem unvermuteten Ausbruch zusammenfuhr. Bis dahin hatte die Zeugin in einem fast unnatürlich ruhigen Ton ausgesagt. Aber nun schien irgendetwas sie auf einen Schlag völlig aus der Fassung gebracht zu haben. Sie war wie ausgewechselt: »Es waren exakt 1150 Euro, wenn Sie es genau wissen wollen. 1150 Euro. Dieser Dieb soll gefälligst die Wahrheit sagen! Es war MEIN GELD. Er hat es genommen, und er muss es sagen! MEIN GELD!« Ihre

Stimme überschlug sich, sodass der Vorsitzende sie bat, sich etwas zu mäßigen.

Während Marifa Ghana die Hände gegen ihre Schläfen presste, um sich zu sammeln, schaute ich mich um. Bildete ich es mir nur ein, oder zeigten die Schöffen ein gewisses Befremden über den unerklärlichen Stimmungswechsel der Zeugin?

»Geht es wieder?«, fragte ich Marifa Ghana, als ich an der Reihe war, und fuhr mit bewusst ruhiger Stimme fort: »Hatten Sie eigentlich schon früher Oralsex praktiziert? Und können Sie mir bitte ganz genau schildern, wie das am 5. März abgelaufen war?«

Diese intime Frage, die sicherlich etwas unvermittelt kam, war mir nicht gerade angenehm. Ich musste sie aber aus verteidigungstaktischen Gründen stellen, wobei es mir gar nicht um die Antwort an sich ging, sondern um den Tonfall, in dem die Zeugin reagieren würde. Und der fiel wieder gewohnt ruhig und gelassen aus: »Ich hatte mit Ayo zuvor nie Oralsex, wenn es Sie interessiert. Am 5. März war es das erste Mal für mich. Ich wollte das nicht und fand es widerlich.«

Anschließend beschrieb sie sehr anschaulich, wie der Oralverkehr in jener Nacht angeblich vonstattengegangen war, und scheute auch nicht davor zurück, ihre Schilderung durch Gestik und Mimik zu verdeutlichen. Ich fand es sonderbar, wie gefasst und sachlich sie sich nun wieder verhielt. Dabei hatte ich ihr gerade eine sehr intime Frage gestellt aus einem – wie sie angab – bislang für sie fremden und als widerlich empfundenen Bereich der Sexualität. Nun gut.

»Und jetzt lassen Sie mich bitte noch einmal auf das Geldproblem zu sprechen kommen.« Ich lenkte meine Frage gezielt und aus gutem Grund wieder auf das Thema Finanzen: »War das denn das erste Mal, dass Sie Ihrem Mann vorgeworfen haben, sich heimlich an Ihrem gemeinsamen Geld zu vergreifen?«

Die Reaktion war frappierend. Als hätte ich auf einen Knopf gedrückt, schraubte die eben noch völlig entspannte Marifa Ghana ihre Stimme eine Oktave höher und schrie unkontrolliert los: Ihr Mann habe das Geld immer schon zum Fenster rausgeschmissen und sich bestimmt auch schon früher am Haushaltsgeld vergriffen. »Und im Übrigen ist es MEIN GELD!«

Ich war selbst überrascht, dass meine Rechnung aufgegangen war. Genau diesen bemerkenswerten und schwer verständlichen Stimmungswandel, sobald das Thema von Sex zu Geld wechselte, hatte ich auslösen und dem Gericht vorführen wollen. Und es hatte geklappt. Dass jedoch auch das Gericht nun sofort darauf anspringen würde, hatte ich nicht erwartet.

»Jetzt muss ich aber doch mal nachhaken, Frau Ghana«, unterbrach der Vorsitzende Richter die Zeugin mit energischer Stimme. »Ich finde es äußerst befremdlich, dass Sie sehr intime Fragen nach Einzelheiten des Oralverkehrs in aller Ruhe beantworten, während Sie bei harmlosen Fragen nach dem Haushaltsgeld völlig ausflippen, wenn Sie mir diesen Ausdruck gestatten. Könnten Sie mir das mal erklären?«

Statt einer Antwort starrte Marifa Ghana schweigend vor sich auf den Zeugentisch. Da ich nach wie vor das Fragerecht hatte, nutzte ich die Gelegenheit und konfrontierte sie mit einem Vorhalt aus einer ihrer polizeilichen Vernehmungen. »Bei der Polizei haben Sie ausgesagt, dass Sie am zweiten Abend von den sexuellen Übergriffen auf Ihren Sohn eine heimliche Videoaufnahme machen wollten, was Ihnen jedoch misslungen sei. Wo hatten Sie die Kamera in der Situation noch gleich hergeholt?«

Die Antwort auf meine Frage kam prompt: »Von der Couch im Wohnzimmer.«

»Merkwürdig«, erwiderte ich. »Bei der Polizei sagten Sie, ich zitiere wörtlich: ›Ich holte dann ein Videogerät aus dem Schrank, um zu filmen.‹ Was denn nun?«

Marifa Ghana schwieg erneut.

Ich setzte nach: »Sagen Sie mir doch mal, wieso Sie die sexuellen Übergriffe überhaupt über sich haben ergehen lassen. Warum haben Sie sich nicht zum Beispiel gegen den Oralverkehr gewehrt, bei dem Sie ja vermutlich eine eher aktive Rolle einnehmen mussten?«

»Hatte ich doch zunächst! Das habe ich doch schon gesagt. Ich war dann irgendwann nur einfach nicht mehr dazu in der Lage gewesen. Aus Erschöpfung. Verstehen Sie das nicht?«

»Nein, nicht so ganz«, antwortete ich scharf. »Denn bei Ihrer ersten polizeilichen Vernehmung hatten Sie noch gesagt, Ihr Mann habe immerzu damit gedroht, Sie zu verlassen. Sie hätten alles dafür getan, ihn zu halten, und allein aus diesem Grunde hätten Sie das alles über sich ergehen lassen. So steht das hier im Protokoll. Das klingt schon etwas anders als das, was Sie hier heute zum Besten gegeben haben, meinen Sie nicht? Und wissen Sie was? Bei einer anderen Gelegenheit haben Sie der Polizei erzählt, Sie wüssten selbst nicht, warum Sie sich nicht gewehrt hätten. Wie war es denn nun?«

Diesmal schwieg sie nur kurz und erwiderte dann in etwas gereiztem Ton: »Was soll das, worauf wollen Sie eigentlich hinaus? Ich habe das doch heute alles schon beantwortet.«

In der Tat, das hatte sie. Aber eben ganz anders als bei der Polizei. Eine Frage, drei verschiedene Antworten. Entgegen ihrer Unmutsäußerung spielte es auch keine Rolle, ob sie keine Ahnung hatte, worauf ich mit meinen Fragen hinauswollte. Zulässige Fragen – und nur solche hatte ich ihr gestellt – hatte sie als Zeugin wahrheitsgemäß zu beantworten; alles andere ging sie nichts an. Davon abgesehen wurde ich mehr und mehr in meinem Gefühl bestätigt, dass Marifa Ghana sehr wohl verstand, worum es mir ging, und dass sie selbst nur ein Ziel verfolgte: ihren Mann für Jahre hinter Gitter zu bringen.

Warum sie das wollte, das konnte ich nur vage ahnen. Möglicherweise ging es wirklich um Finanzielles, und sie fühlte sich aus irgendeinem Grund von ihrem Mann betrogen. Auf jeden Fall hatte sie sich in eine völlig irrationale Wut hineingesteigert. Vielleicht steckte auch mehr dahinter. Die Beweisaufnahme war schließlich noch lange nicht zu Ende.

»Wenn Sie mir die Nachfrage erlauben«, setzte ich erneut an: »Sie sagten vorhin, bei den ersten beiden Vergewaltigungen hätte Ihr Sohn im Schlafzimmer auf dem Bett gelegen, während Ihr Mann Sie im Wohnzimmer vergewaltigt haben soll. Habe ich das richtig verstanden?«

Auf das nüchterne »Ja« der Zeugin fuhr ich fort: »Ich frage Sie deshalb, weil Sie bei der Polizei laut Protokoll ausgesagt haben, Ihr Sohn hätte beide Male die ganze Zeit neben dem Bett gestanden, sodass Ihr Mann ihn dauernd mit dem Fuß getreten habe. Sie merken den Unterschied schon, oder?«

Ich erwartete hierauf keine Antwort. Was sollte Marifa Ghana zu diesem offenkundigen Widerspruch auch sagen. Dass etwas nicht stimmen konnte, war offensichtlich. Und das wollte ich mit meinen Fragen allen Beteiligten vor Augen führen, nicht zuletzt den beiden Schöffen. Dass sie das widersprüchliche Aussageverhalten der Zeugin durchschauten, konnte am Ende möglicherweise entscheidend sein.

Schöffen sind ehrenamtliche Laienrichter, die bei den Schöffengerichten und Strafkammern neben den Berufsrichtern an der Urteilsfindung mitwirken. Anders als die Berufsrichter, die sich anhand der Akten auf einen Prozess vorbereiten, kennen die Schöffen den Fall vor Beginn der Hauptverhandlung nicht. Weder haben sie zuvor die Akten studiert, noch ist ihnen die Anklageschrift vor der Verlesung bekannt. So ist gewährleistet, dass sie völlig unvoreingenommen an den Fall herangehen und sich ausschließlich von ihren Eindrücken in der Hauptverhandlung leiten lassen.

Hinter der Beteiligung von Laienrichtern steht die Idee, auch nichtjuristische Wertungen und Überlegungen in die Entscheidungsprozesse der Gerichte einfließen zu lassen. Ihre Mitwirkung als juristisch nicht ausgebildete Bürger an der Rechtsprechung ist mit Blick auf ihre eigene Sachkunde, Lebens- und Berufserfahrung besonders gefragt. Entsprechend dem Grundsatz »Alle Macht geht vom Volke aus« soll durch die Beteiligung von Nichtjuristen das Volk repräsentiert und die Unabhängigkeit der Gerichte unterstrichen werden.

Dabei haben die Schöffen das gleiche Stimmrecht wie die Berufsrichter. Sie urteilen über Schuld oder Unschuld eines Angeklagten und tragen die gleiche Verantwortung für einen Freispruch oder eine Geld- oder Freiheitsstrafe.

Die Praxis genügt dem gezeichneten Ideal jedoch nicht immer. Bedauerlicherweise handeln viele Schöffen nach dem Motto: »Die Berufsrichter werden es schon richten – wozu haben sie schließlich Jura studiert.« Oft bleiben sie im Prozess weitgehend passiv und nicken bei der Urteilsberatung die tatsächlichen und rechtlichen Überlegungen der Berufsrichter genauso unreflektiert ab wie deren Vorschlag zum Strafmaß.

In der Strafsache gegen Ayo Kutesa konnte ich die Schöffen bis zu diesem Zeitpunkt nicht einschätzen. Dass sie noch keine einzige Frage gestellt hatten, musste nichts heißen. Um auf Nummer sicher zu gehen, setzte ich daher alles daran, meine Fragen so auszurichten, dass auch Laien mitkamen. Im Klartext hieß das: Die Schöffen sollten meiner Argumentation folgen, dass die Zeugin Marifa Ghana in zentralen Punkten eine widersprüchliche Aussage nach der anderen gemacht hatte. Irgendwo war hier der Wurm drin.

Für diesen Tag war erst einmal Schluss. Die Verhandlung sollte am übernächsten Tag fortgesetzt werden, und zwar mit der Vernehmung des Sohnes, Abasi. Die war bereits vor Beginn des Prozesses auf Video aufgezeichnet worden und würde im Gerichtssaal abgespielt werden. Ich kannte den Inhalt der Vernehmung natürlich und wusste, dass auch Abasi seinen Vater schwer belastet hatte.

Außerdem war zum nächsten Termin noch eine Dame vom Jugendamt als Zeugin geladen, die einen Monat vor der Videovernehmung mit dem Jungen ein Gespräch über die angeblichen Vorfälle geführt hatte und uns von ihren Eindrücken berichten sollte. Denn gerade die Aussage eines knapp Sechsjährigen durfte man nicht ohne Weiteres für bare Münze nehmen. Das Gericht würde sich intensiv mit der Frage auseinandersetzen müssen, ob das Kind in seiner Aussage etwas erzählte, was es tatsächlich selbst erlebt hatte, oder ob seine Geschichte aus einer anderen Quelle stammte. Gerade bei Kindern muss der Erlebnisgehalt von Aussagen gewissenhaft hinterfragt und notfalls auch ein Sachverständiger hinzugezogen werden.

Während der anderthalbstündigen Rückfahrt vom Gericht in mein Münchner Büro bekam ich die Vernehmung der Zeugin Marifa Ghana einfach nicht aus dem Kopf. Während aus den Boxen schwermütig die Musik meiner Lieblingsband »a-ha« erklang, ging ich ihre Vernehmung in Gedanken immer und immer wieder durch. Zwar hatte ich alles Wesentliche gefragt und die Widersprüche, in die sie sich bei ihren verschiedenen Aussagen verstrickt hatte, gut herausgearbeitet.

Doch auch wenn ich mich unter dem Strich auf juristisch einwandfreie Arbeit berufen konnte, am Ende kam es nur darauf an, das Gericht zu überzeugen – nicht mich selbst. Meine Aufgabe war und blieb es, sauber und vor allem mit genügend Abstand alle Beweise herauszuarbeiten, die zum Freispruch von Ayo Kutesa führen konnten.

Als ich im Büro ankam, war es bereits 19 Uhr. Das Sekretariat war nicht mehr besetzt. Meine Kollegin Barbara Kaniuka hatte als Einzige die Stellung gehalten und kam mir schon an der Tür entgegen: »Da wartet noch eine Frau auf dich. Angeblich ist es sehr dringend.«

Sofort ging ich in unseren Besprechungsraum, um zu sehen, wer mich so dringend sehen wollte.

»Mein Name ist Helena Wiesing. Es geht um Ayo. Können wir uns unterhalten?«

»Selbstverständlich, gerne«, antwortete ich. Zwar war ich immer noch wie gerädert und wäre gerne gleich nach Hause gedüst, aber die Zeit musste ich mir jetzt nehmen. Ich war neugierig, was mir Frau Wiesing, die geschlagene zwei Stunden auf mich gewartet hatte, so dringend erzählen wollte.

»Marifa war bis zur Festnahme von Ayo in meiner Firma als Putzkraft beschäftigt. Ich kenne sie und ihren Mann gut, ich bin mit beiden befreundet. Bei dem, was da gerade passiert, kann ich mich nicht länger raushalten. Ayo ist unschuldig. Marifa lügt, dass sich die Balken biegen.«

Helena Wiesing war davon überzeugt, dass Marifa Ghana ihren Sohn in seinem Aussageverhalten gezielt beeinflusst hatte: »Herr Lucas, verstehen Sie, sie hat ihrem Sohn die Geschichte so lange eingetrichtert, bis er beim Richter alles nachgeplappert hat.«

Helena Wiesing berichtete, wie sie eines Nachmittags bei Marifa Ghana zu Besuch gewesen sei und diese ihr immer wieder detailliert geschildert und mit vollem Körpereinsatz dargestellt habe, wie Ayo Kutesa über die beiden hergefallen sei. Sie sei kaum zu stoppen gewesen. Und die ganze Zeit über habe Abasi danebengesessen: »Wer weiß, wie oft der Junge Zeuge dieses Schauspiels war? Irgendwann wird er das einfach nachgemacht haben. Und am Ende wird er vermutlich gedacht haben, dass er das alles selbst erlebt hat.«

Das zu glauben, fiel mir zunächst schwer. Ausschließen wollte ich es allerdings auch nicht, zumal Frau Wiesing noch konkreter wurde: »Als der Bub vor einigen Monaten von dem Richter vernommen wurde, da begleitete ich Marifa und ihn zum Termin. Wissen Sie, was der Junge hinterher zu mir gesagt hat? Er habe alles »richtig gemacht«! Er habe nichts von dem vergessen, was er erzählen sollte! Genau wie Mama es ihm gesagt hat. Was sagen Sie dazu?«

Ich sagte erst einmal nichts. Wenn diese Geschichte tatsächlich stimmte, dann hatte Abasi bei seiner richterlichen Vernehmung einfach nur das nachgeplappert, was ihm seine Mutter zuvor in den Mund gelegt hatte. Und das würde bedeuten, dass die ganze Anklage gegen Ayo Kutesa auf der blühenden Fantasie seiner Ehefrau basierte.

»Aber warum? Alles nur wegen des Geldes, das er sich unter den Nagel gerissen haben soll?«, fragte ich kopfschüttelnd.

»Auch. Aber nicht nur«, fuhr Frau Wiesing fort. »Marifas Verhältnis zum Geld ist zugegebenermaßen äußerst sonderbar. Ich meine aber, dass da noch etwas ganz anderes dahintersteckt. Ich hatte da mal so ein Gespräch mit ihr, lange bevor diese Geschichte passiert sein soll. Marifa war damals fest davon überzeugt, dass Ayo fremdgegangen war, und zwar mit der Frau eines gemeinsamen Freundes. Jedes Mal, wenn ich sie traf, fing sie wieder davon an. Sie steigerte sich von Mal zu Mal mehr in den Gedanken rein, und irgendwann glaubte sie sogar, dass das Baby des befreundeten Pärchens in Wirklichkeit von Ayo stammte. Das wurde zu einer fixen Idee, von der sie nicht mehr abzubringen war.«

Ich staunte nicht schlecht. Wenn das kein handfestes Motiv für eine falsche Anschuldigung war!

Aber das war noch nicht alles. Helena Wiesing erzählte mir auch, dass Marifa Ghana regelmäßig montags bis freitags von sechs bis zehn Uhr vormittags zum Putzen bei ihr in der Firma gewesen war. Und zwar bis zu dem Tag, an dem Ayo Kutesa festgenommen worden war. Schon wieder eine Ungereimtheit! Wenige Stunden zuvor in der Gerichtsverhandlung hatte Marifa Ghana behauptet, dass sie Abasi nach dem ersten Übergriff keine Minute mehr mit seinem Vater allein gelassen und ihn deshalb auch jeden Morgen selbst um acht Uhr in den Kindergarten gebracht habe. Auf die Erklärung, wie sie es fertiggebracht hatte, gleichzeitig in der Firma zu putzen, war ich jetzt schon gespannt.

Für mich stand nach dem Gespräch mit Frau Wiesing außer Frage: Wir brauchten sie als Zeugin vor Gericht. Dafür zu sorgen, dass sie vernommen wurde, war meine Aufgabe. Kaum dass sie gegangen war, bereitete ich einen schriftlichen Antrag dafür vor.

Ausgehungert fuhr ich um 22 Uhr endlich nach Hause. Eigentlich hatte ich vorgehabt, an diesem Abend zusammen mit meiner Frau Spaghetti mit Tomatensoße nach einem alten Familienrezept zu kochen. Dafür war es jetzt wohl zu spät. Also fuhr ich auf halber Strecke wieder einmal rechts ran, um meinen Hunger mit einem Burger zu stillen. Wie oft hatte ich mir geschworen, stark zu bleiben und auf das ungesunde Essen zu später Stunde zu verzichten! Es half nichts, mein Magen knurrte.

Als ich kurz darauf zu Hause die Tür ins Schloss fallen ließ, schallte es mir schon fröhlich entgegen: »Luci, ich hab mir die Spaghetti vorhin einfach schon mal gemacht, es ist noch genügend da!« Na, klasse. Der Tag hätte so schön enden können.

Am übernächsten Morgen musste ich schon um sechs Uhr raus. Der Prozess sollte pünktlich um neun fortgesetzt werden. Und die Fahrt nach Traunstein konnte wegen des Berufsverkehrs dauern, und ich wollte Ayo Kutesa vor Sitzungsbeginn noch über die neuesten Entwicklungen informieren.

Gleich zu Beginn der Verhandlung stellte ich meinen Antrag auf Vernehmung der Zeugin Wiesing. Das Gericht gab ihm statt. Helena Wiesing wurde für den dritten Prozesstag als Zeugin geladen. Ich war beruhigt.

Danach passierte zwei Stunden nichts. Alle saßen herum, während der Protokollführer mit der modernen Technik kämpfte und sich abmühte, die CD, auf der sich die Vernehmung von Abasi befand, zum Laufen zu bringen. Die CD steckte im Computer, der Bildschirm flimmerte bläulich, Ton gab es keinen.

Es war jedes Mal das gleiche Trauerspiel. In jedem freien Wirtschaftsunternehmen – egal, ob groß oder klein – erstellen die Mitarbeiter Excel-Tabellen aus dem Handgelenk und werfen mit PowerPoint-Präsentationen nur so um sich. Warum nur tat sich die Justiz mit der modernen Technik so schwer? Vielleicht sollte man wieder auf die gute alte VHS-Kassette zurückgreifen, dachte ich bei mir.

Um 11:30 Uhr war es endlich so weit, die CD lief. Die Aufzeichnung der Vernehmung von Abasi, die nun an die Wand projiziert wurde, hatte ich mir zwar bereits einige Wochen zuvor im Büro angeschaut. Nachdem nun aber der Verdacht im Raum stand, dass Abasi von seiner Mutter »gecoacht« worden war, sah ich sie mit etwas anderen Augen. Dieses Mal fiel mir viel stärker auf, dass sich der Junge sprachlich mangelhaft ausdrückte.

Das wurde schon bei den harmlosen einleitenden Fragen nach dem Kindergarten deutlich, die der Richter gestellt hatte, um dem Jungen die Scheu vor der ungewohnten Situation zu nehmen. Die Antwort lautete: »Kindergarten da spielen. Weil da später kam ein Auto, und da geht mit ohne Auto mit der Zug. Weil der hat nicht bei uns keine Frühlingsfestbesuch, da weiß nicht wieso, und dann wollt ich was ist wo.«

Ich verstand kein Wort. Ich hatte damals selber noch kein Kind, konnte mir aber nicht vorstellen, dass ein Kind im Vorschulalter nicht in ganzen Sätzen sprechen konnte. Je weiter die Befragung durch den Richter voranschritt, desto offenkundiger wurde, dass bei Abasi Reifeverzögerungen vorlagen und er nicht altersgemäß entwickelt war.

Erst als die Fragen darauf abzielten, was sein Papa mit ihm gemacht habe, antwortete der Junge relativ klar und deutlich. Die Änderung im Sprachduktus war frappierend: »Auf – der hat auf mein Popo gespritzt.«

Wie konnte es sein, dass Abasi, von dem bis dahin nicht viel Zusammenhängendes gekommen war, ausgerechnet auf diese Frage einigermaßen verständlich geantwortet hatte? Lag es daran, dass seine Mutter gerade diesen Teil seiner Aussage vorher intensiv mit ihm geübt hatte?

Auf die abschließende, eher allgemeine Frage des Richters, ob Abasi denn gerne mit den Kindern im Kindergarten spiele, fiel der Junge dann wieder zurück in seine rätselhafte Erzählweise vom Beginn der Anhörung: »Ja, aber. Aber Kuscheltier können sie kein.«

War ich der Einzige, der Zweifel daran hatte, dass Abasis Aussage als Grundlage für ein Urteil über Freiheitsentzug taugte?

Frei von jedem Zweifel zeigte sich zumindest die Vertreterin des Jugendamtes, Christina Schulze. Nachdem der Vorwurf sexueller Übergriffe durch den Vater bekannt geworden war, hatte Frau Schulze persönlich mit Abasi gesprochen, und zwar ziemlich genau einen Monat vor seiner Anhörung durch den Richter. Im Gespräch mit ihr habe der Junge wörtlich gesagt: »Mein

Papa steckt immer seinen Pipi in meinen Popo, das tut weh. Da läuft dann auch immer etwas heraus. Das mag ich nicht so sehr.« Frau Schulze ergänzte das Zitat, indem sie von ihren eigenen Wahrnehmungen bei dem Gespräch mit Abasi berichtete: »Er hat überwiegend in zusammenhängenden Sätzen mit mir gesprochen. Die Sätze waren an sich auch immer vollständig und korrekt gewesen. Von daher hatte ich zu keinem Zeitpunkt Zweifel daran, dass Abasi hinsichtlich der sexuellen Übergriffe seines Vaters die Wahrheit gesagt hat. Ich hatte auch nie den Eindruck, dass er vielleicht nur etwas nachplappern könnte.«

Zusammenhängende Sätze? Vollständig und korrekt? Was redete die Zeugin da? Wenn das stimmte, dann musste Abasi eine außerordentliche Entwicklung durchgemacht und in dem einen Monat, der zwischen dem Gespräch mit Frau Schulze und seiner richterlichen Vernehmung lag, seine sprachlichen Fähigkeiten weitgehend eingebüßt haben. Waren solche ganz enormen Rückschritte in der sprachlichen Ausdrucksfähigkeit wirklich denkbar? Oder hatte es die Zeugin bei ihrer Aussage vielleicht nur etwas zu gut gemeint mit Marifa Ghana und ihrem Sohn? An der Videoaufnahme gab es nun mal nichts zu rütteln. Für mich jedenfalls lag auf der Hand, dass die Aussage von Frau Schulze mit erheblicher Vorsicht zu genießen war.

Nachdem der zweite Prozesstag im Ergebnis mehr Fragen aufgeworfen als beantwortet hatte, wurde am dritten Tag schließlich Frau Wiesing als Zeugin vernommen. Was sie mir schon im Büro erzählt hatte, wiederholte sie nun vor Gericht. Sie berichtete von Marifa Ghanas unglaublichen Pantomimeauftritten in Gegenwart von Abasi, von dem massiven Eifersuchtsmotiv, von den Putzstunden am Vormittag und von den stolzen Äußerungen Abasis, nachdem er mit der richterlichen Vernehmung fertig gewesen war.

Bildete ich es mir nur ein, oder war der Vorsitzende Richter sichtlich daran interessiert, was Frau Wiesing für meinen Mandanten Entlastendes vortragen konnte? Keine Frage: Frau Wiesing war eine gute Zeugin. Sie war seriös und glaubwürdig und sagte offenkundig nur Dinge, die sie tatsächlich bezeugen konnte. Und da sie offen erklärte, mit beiden Eheleuten befreundet zu sein und Marifa Ghana in der schwierigen Situation nach der Festnahme des Mannes beigestanden zu haben, konnte man ihr auch keinen Belastungseifer unterstellen. Frau Wiesing hinterließ einen rundherum guten Eindruck, und ich war überzeugter denn je: Ayo Kutesa musste freigesprochen werden.

Nun, da die Aussagen von Marifa Ghana und Abasi mehr als nur ein paar Risse bekommen hatten, schien mir die Zeit reif für einen weiteren Antrag: Zwei aussagepsychologische Gutachten mussten her. Abasi und seiner Mutter musste meines Erachtens endlich durch einen Psychologen, der die Glaubhaftigkeit ihrer Angaben überprüfen würde, auf den Zahn gefühlt werden.

Was den kleinen Abasi anbelangte, könnte mithilfe eines Sachverständigen vielleicht aufgeklärt werden, ob das, was er bei der richterlichen Vernehmung über seinen Vater und das, was dieser mit ihm gemacht habe, geäußert hatte, auch tatsächlich von ihm erlebt worden war. Vielleicht musste man aber sogar noch viel früher ansetzen und grundsätzlich klären, ob Abasi zur Zeit seiner Vernehmung nach seiner geistigen Entwicklung überhaupt in der Lage war, irgendwelche Geschehnisse aus der Vergangenheit – ganz gleich, welche – wiedergeben zu können. Möglicherweise fehlte es ihm ja schon an den dazu nötigen sprachlichen Voraussetzungen, sodass er zu einer Aussage, die in einem Strafverfahren verwendet werden konnte, von vornherein gar nicht fähig war.

Bei Marifa Ghana lag die Situation ein bisschen anders. Bei ihr stand selbstverständlich außer Frage, dass sie aussagetüchtig war. Der psychologische Sachverständige hätte wohl bei ihr in erster Linie zu prüfen, ob sie grundsätzlich in der Lage war, einen Sachverhalt komplett frei zu erfinden und dann für andere überzeugend als wahr darzustellen. Überzeugend zu lügen ist nämlich eine erhebliche kognitive Leistung, zu der bei Weitem nicht jeder fähig ist.

Ich stellte also meine Anträge, und das Gericht zog sich knapp eineinhalb Stunden zur Beratung zurück. Die Richter schienen sich schwerzutun, eine Entscheidung zu treffen, und das Warten ließ mich alles andere als kalt. Vielleicht war ich noch angespannter als Ayo Kutesa. Ihn ging das zwar alles unmittelbar an. Mir war dafür die Tragweite meiner Anträge viel bewusster als ihm.

»Die Anträge werden als unbegründet abgelehnt.« Ich war enttäuscht – sehr sogar. Das Gericht war davon überzeugt, sich selbst ein Urteil über die beiden Zeugen bilden zu können – ohne Psychologen.

Das sah ich anders. Warum mussten diese essenziellen aussagepsychologischen Fragen nun abschließend von Juristen geklärt werden? Wozu gab es anerkannte Experten? Ich konnte mich des unguten Gefühls nicht erwehren, dass der Vorsitzende Richter in Sachen Ayo Kutesa einfach nur schnell zum Ende kommen wollte. Hätte die Kammer dem Antrag auf Begutachtung nämlich stattgegeben, wären vermutlich viele Wochen ins Land gegangen, ehe der Prozess hätte fortgeführt werden können.

Im schlimmsten Fall – wenn die Verhandlung länger als drei Wochen unterbrochen wird – wäre der Prozess geplatzt, wie wir Juristen so schön sagen. Dann hätten wir noch einmal ganz von vorne anfangen müssen.

Das wollten die Richter in unserem Fall wohl auf Teufel komm raus vermeiden. Die Beweisaufnahme wurde noch am selben Tag geschlossen. Die Fortsetzung der Hauptverhandlung für Plädoyers und Urteil war für zwei Tage später angesetzt.

Am nächsten Morgen stand ich um Punkt acht vor der JVA Traunstein. Der Prozessverlauf ließ mir einfach keine Ruhe, und ich wollte pünktlich zu Beginn der Besuchszeit bei Ayo Kutesa in der JVA sein.

Eigentlich konnten wir mit der Beweisaufnahme sehr zufrieden sein. Vielleicht hatten wir den Freispruch schon in der Tasche. Was aber, wenn nicht? Viel Zeit blieb uns nicht mehr, der Prozess sollte einen Tag später zu Ende gehen.

»Ayo, hören Sie mir gut zu! Wir müssen noch mal nachlegen. Wir können uns nicht darauf verlassen, dass der bisherige Prozessverlauf für einen Freispruch schon ausreichend ist. Wir brauchen irgendetwas, womit wir die Aussagen Ihrer Frau und Ihres Sohnes noch weiter erschüttern können.« Ayo Kutesa schien nachzudenken. Oder kam es mir nur so vor, weil ich inständig hoffte, ihm würde noch etwas einfallen?

»Da ist was, Herr Lucas. Vielleicht hätte ich Ihnen das viel früher sagen sollen. Ich weiß auch nicht.«

Ihm schien das, was er mir noch zu sagen hatte, sehr unangenehm zu sein, denn er druckste herum und wusste nicht, wo er anfangen sollte.

»Herr Lucas, ich schäme mich und kriege es kaum über die Lippen: Ich bekomme keinen hoch.« Das hatte gesessen. »Herr Lucas, es ist mein Ernst. Bis zu meiner Festnahme habe ich knapp zwei Jahre lang ein blutdrucksenkendes Medikament eingenommen, das diese unschöne Nebenwirkung hat. Da geht wirklich nichts, das kann ich Ihnen sagen.«

Ich konnte es nicht fassen. Aber Ayo Kutesa wäre nicht der erste Angeklagte gewesen, der lieber eine Verurteilung riskierte, als für ihn peinliche Details anzusprechen. Gerade Mandanten, die wie Ayo Kutesa ihre Unschuld beteuern, verkennen manchmal, wie wichtig es ist, wirklich alles auf den Tisch zu legen. Sie tragen oft ein Urvertrauen in die Justiz in sich nach dem Motto: »Wenn ich es doch nun mal nicht war, dann wird das auch das Gericht am Ende erkennen.« Als ob die Wahrheit ihren Weg von selbst finden würde.

Den darauffolgenden Prozesstag begann der Vorsitzende Richter mit den Worten: »Herr Staatsanwalt, Ihr Plädoyer bitte!«

Jetzt war es an der Zeit für mich, noch schnell dazwischenzugrätschen: »Herr Vorsitzender, wir müssten noch einmal in die Beweisaufnahme eintreten. Ich habe noch einen Antrag zu stellen.«

Das war dem Vorsitzenden offenkundig alles andere als recht. Denn als ich meinen Antrag verlesen hatte, war klar, dass der Zeitplan nun endgültig ins Wanken geraten würde. Es war das Gutachten eines Sachverständigen für Rechtsmedizin einzuholen, um zu beweisen, dass Ayo Kutesa zu den angeklagten Taten aufgrund einer medikamentenbedingten Impotenz physisch nicht in der Lage gewesen war. Diesmal dauerte es keine fünf Minuten, bis das Gericht sich entschieden hatte, meinem Antrag stattzugeben. Von Plädoyers und Urteil war erst einmal keine Rede mehr.

»Potenzstörungen können bei diesem Medikament grundsätzlich und in verschiedenen Ausprägungen auftreten.« Diese Worte des Sachverständigen in der Sitzung fast drei Wochen später waren wie Wasser auf meine Mühle. Allerdings ließe sich – so der Rechtsmediziner weiter – im Nachhinein nicht klären, wie es zur Tatzeit konkret um Ayo Kutesa bestellt gewesen sei. Aber immerhin: »Das ist eher schwer vorstellbar«, kommentierte der Sachverständige. »Die erheblichen Mengen Alkohol in Form von harten Spirituosen, die der Angeklagte jedes Mal zu sich genommen haben soll, muss man in Verbindung mit seinem Alter und dem an sich die Potenz schwächenden Medikament betrachten. Diese Kombination lässt eine Orgasmusfolge in der von der Zeugin behaupteten Quantität und in den behaupteten kurzen zeitlichen Intervallen eher zweifelhaft erscheinen. Allerdings betone ich: Potenzstörungen, vor allem eine durchgehende Impotenz, sind nicht zwingende, sondern lediglich mögliche Folge der regelmäßigen Einnahme des genannten Medikaments.«

Die Beweisaufnahme wurde erneut geschlossen. Für den Staatsanwalt hatte sich seit Verlesen der Anklage in der Sache nichts geändert. Das brachte er mit seinem Antrag, Ayo Kutesa zu einer Freiheitsstrafe von neun Jahren zu verurteilen, unmissverständlich zum Ausdruck. Ich hingegen war – was wohl niemanden im Saal überraschte – davon überzeugt, dass die Anklage in sich zusammengebrochen war. »Freispruch!«, so stellte ich mir das Urteil vor.

Ayo Kutesa hatte das letzte Wort: »Ich schließe mich meinem Verteidiger an. Bitte richten Sie meinem Sohn aus: Papa hat dich lieb.«

Das gemurmelte »Vielleicht zu lieb«, das ein Zuschauer im Saal von sich gab, versuchten wir zu ignorieren.

Nach zwei endlos langen Stunden, die das Gericht für die Urteilsberatung gebraucht hatte, verkündete es im Namen des Volkes: Freispruch. Die Strafkammer hatte im Zweifel für den Angeklagten so entschieden.

Der Vorsitzende Richter betonte ausdrücklich, dass Ayo Kutesa nach Überzeugung des Gerichts die Taten durchaus begangen haben könnte, und zwar alle vorgeworfenen Taten mit ihren ganzen hässlichen Details. »Aber die Zweifel waren eben zu groß«, so formulierte es der Richter in seiner mündlichen Urteilsbegründung. Es seien in erster Linie die erheblichen Widersprüche in den Aussagen der Geschädigten Marifa Ghana gewesen und nicht der im letzten Moment ins Feld geführte Nachweis einer möglichen Impotenz, die das Gericht zu diesem Urteil gebracht hatten.

Während der Urteilsverkündung und der anschließenden Begründung schaute Ayo Kutesa genauso ernst wie bisher. Ich konnte ihn ein bisschen verstehen, schließlich hatte er zwar seine Freiheit nach sechs Monaten Untersuchungshaft wiedererlangt, aber ein Sieg auf ganzer Linie sah anders aus. Er würde für immer als Vergewaltiger und Kinderschänder abgestempelt werden. Und letztlich würde niemand außer den Beteiligten wissen können, ob er die Taten wirklich begangen hatte. Mir waren die Anschuldigungen von Anfang an dubios vorgekommen. Aber was hieß das schon? Ich musste damit leben, dass ich möglicherweise dazu beigetragen hatte, dass ein skrupelloser Vergewaltiger nach wie vor frei herumlief. Das allerdings war die zwingende Konsequenz des so wichtigen Grundsatzes: »Im Zweifel für den Angeklagten«. Etwas provozierend möchte ich sagen: Lieber sollen zehn Vergewaltiger frei draußen herumlaufen, als dass auch nur ein einziger Unschuldiger wegen eines Vergewaltigungsvorwurfs zu Unrecht viele Jahre im Knast sitzen muss.

Davon bin ich überzeugt. Der Tag, an dem Ayo Kutesa freigesprochen wurde, war für mich deshalb ein Tag, an dem die Funktionsfähigkeit unseres Rechtsstaates bestätigt wurde.

Democlown

Kein Strafverfahren ohne Polizei. Sie ermittelt für die Staatsanwaltschaft und legt dieser später ihren Schlussbericht vor. Der mündet in die Anklageschrift, und die ist Grundlage für den Strafprozess. Und dort werden die sachbearbeitenden Polizeibeamten dann als Zeugen zum Verfahrensgang vernommen. Manchmal finden sie sich allerdings auch auf der Anklagebank wieder. Schwarze Schafe gibt es schließlich überall. Auch in der Justiz. Und trotzdem frage ich mich immer, was sich ein Polizist bei seiner kriminellen Aktion eigentlich gedacht hat. Vor allem wenn er im Rahmen seiner Tätigkeit als »Ordnungshüter« straffällig wird.

Waren solchen Beamten die Rechtsgüter, die sie eigentlich schützen sollten, in Wahrheit nichts wert? Und war ihnen ihre Karriere wirklich so egal, dass sie sie gedankenlos aufs Spiel setzten? Oder hielten sie sich für unverwundbar und vertrauten darauf, ihre Taten würden nicht auffliegen? Ob bei einem einfachen Diebstahl oder bei gravierenderen Taten bis hin zu Körperverletzung oder Tötungsdelikten: Wenn Polizeibeamte das Gesetz brechen, stellen sich immer wieder die gleichen Fragen. So auch in einer neuen Strafsache, in der ich gerade als Strafverteidiger beauftragt worden war.

Schauplatz war das Saarland, genauer gesagt die Hauptstadt Saarbrücken. Ich hätte nie gedacht, dass es mich einmal dorthin verschlagen würde – das Saarland war nicht gerade ein »must-see« für mich. Wie sich jedoch bald herausstellen sollte, gab es jemanden, der mich um das Mandat beneidete. Meine Kollegin Barbara Kaniuka outete sich als gebürtige Saarländerin und bot mir schmunzelnd in betont breitem Dialekt an: »Saa nur! Ei, weenn du es net maanscht, dann kannscht es aach gern mir ginn.« Dankend lehnte ich ab. Der Fall interessierte mich schließlich sehr.

Für einen Samstag im Juni hatten verschiedene Gruppierungen zu einer Anti-Kriegs-Demo auf dem St. Johanner Markt aufgerufen. Rund 500 Demonstranten waren diesem Aufruf gefolgt – und immerhin 50 Polizisten. Ein Zeuge hatte deshalb in seiner polizeilichen Vernehmung scherzhaft angemerkt: »Man hatte fast meinen können, das wäre eine Demo der Polizei gewesen!«

Einer der Demonstranten war der 26-jährige Ferdinand Haller, der im zehnten Semester Kunstgeschichte studierte. Er war es auch, den ich in dem Verfahren verteidigte. Denn obwohl Ferdinand Haller von einem Polizeibeamten folgenschwer verletzt worden war, saß er auf der Anklagebank – und nicht etwa der Beamte.

Ferdinand Haller stammte aus reichem Elternhaus. Sein Vater war Partner in einem großen Wirtschaftsunternehmen, seine Mutter Steuerberaterin mit eigener großer Steuerkanzlei. Ferdinand Haller hatte sich schon früh von seinen Eltern losgesagt. Der ständige Erfolgsdruck, unter den sie ihn von Kindesbeinen an gesetzt hatten, war ihm irgendwann zu viel geworden. Ihm selbst war es nie auf eine große berufliche Karriere angekommen. »Ich möchte persönlich Karriere machen«, so hatte er sich mir gegenüber mal ausgedrückt. Ferdinand Haller hatte sich deshalb als erklärter Pazifist schon seit der Oberstufe politisch stark engagiert.

Sein besonderes persönliches Anliegen aber war der Tierschutz. Der finde nur statt, so seine Überzeugung, wenn der Mensch die Tiere nicht länger ausbeutete. Er war dagegen, sie für Nahrung, Kleidung oder sonstige Dinge zu nutzen. Er selbst ernährte sich vegan und verzichtete vollständig auf tierische Produkte.

»Dieses ganze Bio, Herr Lucas, suggeriert den Leuten, sie wären jetzt gute und tierliebende Menschen. Aber auch hinter einem Bio-Huhn am Grill steckt ein Mitgeschöpf, das von und für uns getötet wurde. Und glauben Sie bloß nicht, eine Bio-Farm wäre für die Tiere ein Schlaraffenland!«

Was mir an Ferdinand Haller so gut gefiel, war, dass er nicht missionierend durch die Welt lief und auch sich selbst nicht als fehlerfrei begriff. Deshalb konnte er auch akzeptieren, dass ich trotz seiner besseren Argumente meilenweit vom Veganismus entfernt war und mir ein Leben ohne Bratwurst nicht vorstellen konnte. Natürlich war die Demo in Saarbrücken nicht die erste, an der Ferdinand Haller teilgenommen hatte. »Irgendwann habe ich aufgehört zu zählen«, hatte er bei unserem ersten Gespräch gesagt.

Bei der Anti-Kriegs-Demo hatte er sich bereit erklärt, die Rolle des Democlowns zu übernehmen. Was das sein sollte, war mir nicht bekannt. Wie ich aber mittlerweile gelernt habe, ist es die Aufgabe eines Democlowns, deeskalierend einzugreifen, falls das Aufeinandertreffen von Polizei und Demonstranten etwas ungemütlicher zu werden droht. Der Democlown soll im Ernstfall also quasi eine Vermittlerfunktion zwischen Polizei und Demonstranten einnehmen und tanzend und Grimassen schneidend für gute Stimmung sorgen. Dass diese Rechnung aufgeht, wenn es hart auf hart kommt, bezweifelte ich damals schon.

Auch Ferdinand Haller dürfte heute nicht mehr davon überzeugt sein. Er hatte den Job an jenem Tag jedenfalls voller Elan übernommen, sein Gesicht weiß geschminkt, die Lippen mit rotem Lippenstift nachgezogen. Zudem trug er ein buntes Tuch über den Schultern, Handschuhe, auf die lustige Luftschlangenpuschel aufgenäht waren, und um den Hals eine knallgelbe Tröte.

Die Veranstaltung ließ sich völlig friedlich an. Nach gut eineinhalb Stunden jedoch drohte die Stimmung zu kippen, als ein Teil der Demonstranten damit begann, sich untereinander anzuketten. Die Polizei schritt sofort ein, um dies zu unterbinden, woraufhin sie von einem Teil der Demonstranten eingekesselt wurden. Die Beamten konnten sich zeitweise aus dem Inneren der Menschenkette befreien, doch dann gewannen die Demonstranten wieder die Oberhand, und die Polizisten wurden ein zweites Mal eingekesselt.

Unter den Polizisten befand sich auch der 32-jährige Tobias Buettner. Als Ferdinand Haller in dieser brenzligen Situation nun nach allen Regeln der Kunst versuchte, der Rolle des Democlowns gerecht zu werden, schlug Buettner mit seinem Knüppel brutal auf ihn ein – insgesamt drei Mal, mitten ins Gesicht. Ferdinand Haller erlitt höllische Schmerzen und konnte plötzlich auf seinem linken Auge nichts mehr sehen.

Später im Krankenhaus dann die verheerende Diagnose: Ferdinand Haller hatte nicht nur diverse Frakturen im Gesichtsbereich, sondern er würde auf dem linken Auge für immer blind bleiben. Für den Democlown hatte sein Einsatz bitterernste Folgen gehabt.

Natürlich hatte die Polizei Ermittlungen aufgenommen. Allerdings nicht gegen den Kollegen, sondern ausschließlich gegen Ferdinand Haller. Der Vorwurf: versuchte gefährliche Körperverletzung. Nicht nur ich empfand das als Skandal. Wie war das möglich? Die Erklärung war einfach, aber nicht weniger schockierend: Buettner war zu dem Vorfall von Polizeikollegen vernommen worden und hatte in seiner Aussage angegeben, mein Mandant sei zunächst mit einer Fahnenstange auf ihn losgegangen und habe mit voller Wucht versucht, ihn damit zu schlagen. Er selbst habe sich in dieser gefährlichen Situation nicht anders zu wehren gewusst, als seinen Schlagstock einzusetzen, und deshalb in Notwehr gehandelt.

Seine beiden Kollegen Eckhardt Köhl und Klaus Dettinger, die ebenfalls bei der Demonstration im Einsatz gewesen waren, hatten seine Aussage bestätigt. Und weil wohl nach Auffassung des zuständigen Staatsanwalts Polizisten grundsätzlich die Wahrheit sagen und der Sachverhalt somit zweifelsfrei geklärt war, stand Ferdinand Haller als Aggressor und alleiniger Übeltäter fest. Das offenkundig unverhältnismäßige und folgenschwere Vorgehen des Polizeibeamten Buettner näher zu überprüfen und die Notwehrversion zu hinterfragen, schien bei den Ermittlungsbehörden niemand für erforderlich zu halten.

Und das wollte einfach nicht in meinen Kopf hinein. Selbst wenn Ferdinand Haller als Angreifer mit einer Fahnenstange auf Buettner losgegangen wäre – wofür er selbstredend zu bestrafen gewesen wäre –, hätte doch zumindest unabhängig davon auch gegen Tobias Buettner ermittelt werden müssen. Immerhin war Ferdinand Haller seit diesem Vorfall auf einem Auge blind! Der vernehmende Polizeikollege hatte sich mit Fragen an Buettner jedenfalls dezent zurückgehalten.

Dabei drängten sich mir eine Menge unbeantworteter Fragen auf: Wieso hatte sich Tobias Buettner nur durch drei wuchtige Schläge ins Gesicht wehren können? Hätte nicht ein einziger Schlag schon ausgereicht? Und wieso überhaupt mitten ins Gesicht? Hätte dem Beamten kein weniger rabiates Mittel zur Verfügung gestanden, sich des Democlowns zu erwehren?

Aber auf alle diese berechtigten Fragen war bislang wohl niemand gekommen. Oder wollte niemand darauf kommen? Hatte sich bei der polizeilichen Vernehmung wieder einmal bewahrheitet, dass eine Krähe der anderen kein Auge aushackt? Natürlich, die Polizisten mussten zu Beginn ihrer Laufbahn einen Amtseid ablegen, weshalb man davon ausgehen musste, dass sie sich immer korrekt verhielten. Aber bei dieser augenfälligen Ungleichbehandlung konnte ich mich solcher Überlegungen nicht erwehren. Und es wäre ja auch nicht das erste Mal gewesen, dass bei der Justiz mit zweierlei Maß gemessen wurde, sobald sich der Verdacht nicht gegen einen normalen Bürger, sondern gegen einen Beamten der Polizei richtete.

Ich möchte überhaupt nicht infrage stellen, dass ein Großteil unserer Polizisten ihren gewiss nicht immer leichten Beruf vorbildlich und gewissenhaft ausübt. Aber genau hier ist der springende Punkt. Warum tun sich Polizisten, Staatsanwälte und Richter nur so schwer damit, zu akzeptieren, dass es auch unter Polizeibeamten schwarze Schafe gibt? Nicht mehr als in anderen Berufen, aber eben auch nicht weniger. Alleine schon aus Respekt vor all denjenigen Polizisten, die sich weder im Beruf noch privat das Geringste zuschulden kommen lassen, sollte es doch geradezu erstrebenswert sein, beim Verdacht einer Straftat durch einen Polizeibeamten den Sachverhalt genauso schonungslos aufzuklären wie bei jedem normalen Bürger auch. Und wenn ein Polizist sich nachweislich strafbar gemacht hat, dann muss dies auch geahndet werden.

Das Bild der Polizei würde dadurch nicht beschmutzt, zumal diese Überlegung auch keine Rolle spielen darf. Ganz im Gegenteil: Die Bürger hätten mehr als bisher das gute Gefühl, dass auch Polizeibeamte keinen Freischein für strafbare Handlungen haben und keine Sonderbehandlung genießen, was den Glauben in unser Justizsystem nur stärken könnte.

Als mich Ferdinand Haller um Übernahme der Verteidigung in seiner eigenen Strafsache bat, lag er noch im Krankenhaus. Es hatte wirklich etwas von verkehrter Welt: Auf der Täterseite ein junger Mann, der mit schwersten Verletzungen wochenlang im Krankenhaus lag, dort unter ständiger psychologischer Betreuung stand und künftig mit nur noch einem Auge würde leben müssen. Auf der anderen Seite das Opfer, das ohne den kleinsten Kratzer aus dem Aufeinandertreffen hervorgegangen war.

Gleich bei unserem ersten Gespräch drückte mir Haller einen Zettel in die Hand: »Herr Lucas, das ist eine Liste mit Telefonnummern. Die Leute haben bei der Demo immer mal mit ihren Handys gefilmt. Vielleicht haben wir Glück und einer von ihnen hat genau die Szene erwischt, als der Polizist auf mich losging. Außerdem war Mike Schmidt von unserer Gruppe dazu eingeteilt, die Demo filmisch festzuhalten. Auf dieses Video setze ich.«

»Und was genau soll das Video beweisen?«, forderte ich meinen Mandanten heraus.

»Herr Lucas, verstehen Sie denn nicht? Es gab überhaupt keine Fahnenstange. Die Bullen haben das nur erfunden und halten jetzt zusammen. Ich habe außer ein paar Faxen absolut nichts gemacht. Der Typ hat einfach blindwütig mit seinem Schlagstock auf mich eingedroschen. Schauen Sie mich an! Ich bin ein Krüppel. Und jetzt soll ich auch noch bestraft werden, während dieser Typ unbehelligt draußen herumläuft und weiter Dienst schiebt. Das darf doch alles nicht wahr sein!«

Ich rief alle auf der Liste an. Rund drei Dutzend seiner Mitstreiter – und Mike Schmidt. Alleine dessen Videoaufzeichnungen umfassten dreieinhalb Stunden. Hinzu kamen insgesamt 57 mehr oder weniger lange Handyvideos. Die Sichtung des Materials war mühsam. Nicht nur, weil das wirklich viel Stoff war. Ich musste mich vor allem permanent konzentrieren, um nicht womöglich die entscheidende Sequenz, die vermutlich nur wenige Sekunden lang sein würde, zu verpassen.

Das Ergebnis war allerdings ernüchternd: Auf keiner der Aufnahmen war der Vorfall zu sehen. Dass Haller und Buettner aneinandergeraten waren, hatte in dem Moment, als die Situation ohnehin zu eskalieren drohte, wohl keiner mitbekommen. Und Mike Schmidt, der seine Kamera permanent hatte laufen lassen, schwenkte zum fraglichen Zeitpunkt leider in eine andere Richtung.

Immerhin brachte die Einsicht in die Ermittlungsakte, die ich mir inzwischen ebenfalls beschafft hatte, einen kleinen Hoffnungsschimmer. Wie sich daraus ergab, existierte nämlich auch noch ein Polizeivideo, das die Demonstration dokumentierte und wohl zu dem Zweck aufgenommen worden war, im Nachhinein Straftaten aufklären zu können. Die Polizei dachte dabei vermutlich nur an Straftaten von Demonstrationsteilnehmern und nicht etwa an solche aus den eigenen Reihen. Daher erschien es mir eher unwahrscheinlich, dass ausgerechnet auf dem Polizeivideo Material enthalten sein sollte, das meinen Mandanten entlasten und dann aufgrund fehlender Notwehrlage für Buettner schwerwiegende strafrechtliche Konsequenzen haben könnte.

Aber man konnte ja nie wissen. Ich beantragte deshalb bei der Staatsanwaltschaft, mir das Video zur Einsichtnahme zur Verfügung zu stellen, und wenige Tage später lag die DVD mit dem Polizeivideo bei mir im Briefkasten. Sie enthielt zwar nicht das gesamte Video, sondern nur die Sequenz, die die Einkesselung der Polizisten betraf. Aber fürs Erste genügte mir das, denn es war ja genau dieser Ausschnitt, um den es mir ging.

Gespannt schob ich die DVD in meinen Laptop. Jetzt würde sich entscheiden, ob Ferdinand Haller sich in seinem Strafprozess gute Chancen auf einen Freispruch ausrechnen konnte oder nicht. Was ich dann sah, war jedoch eine riesengroße Enttäuschung. Die Szene, in der Haller mit dem Polizisten Buettner aneinandergeraten war, war leider nicht festgehalten worden. Und damit blieb auch weiterhin die Frage offen, ob Ferdinand Haller vor den brutalen Knüppelschlägen mit einer Fahnenstange auf den Ordnungshüter losgegangen war. Überhaupt war in der gesamten Sequenz Ferdinand Haller nicht ein einziges Mal im Bild zu sehen.

»Mein Mandant macht keine Angaben«, erklärte ich gegenüber dem Schöffengericht. Wir saßen im Amtsgericht Saarbrücken, der Staatsanwalt hatte gerade seine Anklage verlesen. Mittlerweile war es November und Ferdinand Haller aus dem Krankenhaus entlassen. Er trug eine Augenklappe, deren Anblick mich traurig machte. So sah es an diesem Tag also aus, das Böse. Der einäugige Ferdinand Haller musste sich gegen den Vorwurf verteidigen, den Polizisten, dem er den Verlust des Augenlichtes verdankte, zum Opfer gemacht zu haben.

»Ist das so richtig«, fragte die Vorsitzende Richterin meinen Mandanten, »Sie wollen nichts sagen?«

Ferdinand Haller nickte. Was hätte er dem Gericht auch sagen sollen? Dass es die Fahnenstange und den Angriff auf Buettner nie gegeben hatte? Dass das Ganze eine Erfindung der Polizei war? Wer würde ihm das glauben? Nein, das einzig Richtige in dieser Situation war, zu schweigen und es der Staatsanwaltschaft aufzubürden, zu beweisen, dass Haller mit einer Fahnenstange nach Tobias Buettner geschlagen habe.

Dabei verkannte ich nicht, dass die Staatsanwaltschaft recht gut aufgestellt war. Sie konnte nicht nur auf die belastende Aussage des »Geschädigten« Buettner setzen, sondern auch auf die Angaben der Kollegen Dettinger und Köhl, die bei ihren polizeilichen Vernehmungen in exakt dasselbe Horn geblasen hatten. Zwar waren auch jede Menge Freunde meines Mandanten als Zeugen geladen. Aus der Akte ging aber hervor, dass sie zu dem eigentlichen Vorfall nichts sagen konnten, weil sie ihn im Eifer des Gefechts nicht mitbekommen hatten und erst aufmerksam geworden waren, als Haller geblutet und vor Schmerzen aufgeschrien hatte.

So wie es aussah, würden diese Zeugen ihre Aussagen wohl darauf beschränken müssen, über die Stimmung vor Ort zu berichten und davon, wie gewissenhaft der Angeklagte seinen auf Deeskalation gerichteten Job als Democlown stets ausgeübt hatte. Und dass sie sich beim besten Willen nicht vorstellen konnten, dass der stets ruhige und friedfertige Student gegenüber dem Polizeibeamten derart aggressiv geworden sein sollte.

Das klang zwar gut, war aber leider nicht entscheidend. Wesentlich war, was Haller getan hatte, unmittelbar bevor ihn der Gummiknüppel im Gesicht traf. Umso selbstbewusster trat Buettner vor Gericht auf: »Meine Kollegen und ich, wir waren an diesem Tag auf dem St. Johanner Markt eingesetzt. Wir hatten den Auftrag, für den friedlichen Ablauf der Demonstration zu sorgen und Störungen zu verhindern. Aber ein Teil der Demonstranten wollte sich nicht an die Auflagen halten. Einige fingen an, uns zu umzingeln. Ich bekam am Rande mit, wie Kollegen von Demonstranten bespuckt, getreten und geschubst wurden. Es war meine Aufgabe, die betroffenen Kollegen nach Kräften zu unterstützen. Der Kessel der Demonstrationsteilnehmer wurde immer enger.

Und dann stand auf einmal der Angeklagte vor mir. Er war ja sehr auffällig mit dem geschminkten Gesicht. Ständig versuchte er, mich und die Kollegen, die sich neben mir befanden, mit seinem Körper wegzudrücken. Dann hob er das Knie. Ein Angriff stand unmittelbar bevor. Ich schlug ihm mit der linken Hand kräftig gegen seine rechte Schulter, sodass er kurz ins Straucheln geriet, und drängte ihn dann nach hinten aus der Reihe der Demonstranten hinaus. Ich rückte nach, damit die

Lücke nicht gleich wieder geschlossen würde. Er schien mir eindeutig gewaltbereit. Im selben Moment drückte ihm einer der umstehenden Demonstrationsteilnehmer eine Fahne in die Hand. Und zwar umgekehrt, also mit der Stange nach oben. Der Angeklagte hielt sie also wie einen Knüppel in der Hand und holte aus. Der Schlag war in meine Richtung gezielt. Mir war klar, dass er mich damit jeden Moment am Kopf treffen würde. Ein Ausweichen war unmöglich. Daher setzte ich sofort mit meinem Schlagstock zum Abwehrschlag an. Weil der Angeklagte die Fahnenstange in dem Augenblick auf Körperhöhe hielt und ich aufgrund des Gedrängels und der Enge weder von unten noch von der Seite zu einem Schlag ausholen konnte, blieb mir nur die Möglichkeit, in sein Gesicht zu zielen.«

»Gleich drei Mal?«, fragte ich den Zeugen, als ich mit Fragen an der Reihe war.

»Exakt. Nach meinem ersten und zweiten Schlag machte der Angeklagte keinerlei Anstalten, von einem weiteren Angriff mit der Fahnenstange Abstand zu nehmen. Wie ich bereits sagte, war er äußerst gewaltbereit. Ich musste mit weiteren massiven Angriffen rechnen. Die Fahnenstange war geeignet, erhebliche Verletzungen insbesondere im Kopfbereich hervorzurufen.«

Während er sprach, würdigte der Zeuge mich keines Blickes, sondern schaute starr geradeaus. Ich musste unwillkürlich an zackige Militärs aus amerikanischen Spielfilmen denken.

»Hätten Sie nicht zurückweichen können, anstatt gleich zuzuschlagen?«, fragte ich weiter.

»Diese Frage habe ich bereits beantwortet«, kam es schneidig zurück. »Aber ich kann es gerne wiederholen, falls Sie nicht zugehört haben. Erstens habe ich nicht gleich zugeschlagen. Ich sagte bereits, dass ich den Angeklagten zunächst gegen die Schulter gestoßen habe. Und zweitens war ein Ausweichen wegen der Einkesselung unmöglich.«

Das war nun schon nicht mehr nur selbstherrlich, sondern fast schon unverschämt. Wollte ich mir das gefallen lassen? Nach kurzem Überlegen ließ ich es gut sein. Es war mir schlicht zu blöd, mich mit ihm anzulegen. Und weitere Fragen würden nichts bringen. An diesem Tag ging es nicht darum, ob die Schläge ins Gesicht meines Mandanten unverhältnismäßig waren und ein milderes Vorgehen in Betracht gekommen wäre, sondern ob Ferdinand Haller wirklich mit einer Fahnenstange zum Schlag ausgeholt hatte.

Wenn das Gericht dem Zeugen am Ende glaubte, würde Haller an sich eine Freiheitsstrafe von mindestens sechs Monaten blühen. Günstiger würde es allenfalls für ihn aussehen, wenn das Gericht wegen des Umstands, dass seine Tat im Versuchsstadium stecken geblieben war, wenigstens eine Strafrahmenverschiebung vornehmen würde, bei welcher die Mindest- und die Höchststrafe deutlich niedriger anzusetzen wären. Sicher, auch das Gericht würde mit einer spürbar geringeren Bestrafung berücksichtigen müssen, dass er selbst schwer verletzt worden war.

Aber andererseits hatte er am Tag der Anti-Kriegs-Demo noch unter offener Bewährung gestanden, nachdem er ein Jahr zuvor wegen Marihuanabesitzes zu zehn Monaten verurteilt worden war. Zusammen mit dem Vorwurf, dass er in unserem Fall nicht irgendeinen Demonstrationsteilnehmer, sondern einen Polizeibeamten attackiert hatte, bestand keine Chance, dass Haller mit einer Geldstrafe davonkam. Und vermutlich auch nicht mit einer Bewährungsstrafe. Schlimmstenfalls musste er also mit Knast rechnen. Außerdem würde die Bewährung in der alten Sache aller Voraussicht nach widerrufen und die alte auf die neue Strafe draufgesattelt werden.

Die anschließend vernommenen Polizeibeamten und Kollegen von Buettner, Köhl und Dettinger, erwiesen sich wie erwartet als zuverlässige Zeugen der Anklage. »Der Angeklagte schien äußerst gewaltbereit.«

Das kam mir bekannt vor.

»Er holte mit der Stange zum Schlag aus und zielte dabei Richtung Kopf des Kollegen Buettner. In dieser Situation setzte der Kollege den Schlagstock ein. Es war für ihn die einzige Möglichkeit, den Angriff abzuwehren. Andernfalls wäre er Gefahr gelaufen, im nächsten Moment erheblich verletzt zu werden.« Der Zeuge Köhl ließ keinen Zweifel daran, dass er das Verhalten des Kollegen für völlig korrekt hielt.

Und der Zeuge Dettinger setzte anschließend noch eins drauf: »Die schwere Verletzung des Angeklagten ist bedauerlich. Aber im Grunde genommen hat er durch sein aggressives und gewaltbereites Auftreten selbst die Ursache dafür geliefert. Er hat ja nicht einmal nach dem ersten Treffer aufgehört!«

Zwischen diese Zeugen, die sich so klar auf der Seite des angeblich Guten positionierten, passte wirklich kein Blatt Papier.

Nach der Mittagspause wurde die den Vorwurf betreffende Sequenz aus dem Polizeivideo in Augenschein genommen. Wir gruppierten uns um den Monitor herum, auf dem die Aufnahme lief. Auch hier gab es erwartungsgemäß keine Überraschungen.

Danach ergriff ich kurz das Wort: »Frau Vorsitzende, ich hatte bereits vor vielen Wochen beantragt, mir Einsicht in das gesamte Polizeivideo und nicht nur in die soeben abgespielte Sequenz zu gewähren. Bis jetzt vergeblich. Ich wiederhole den Antrag daher hiermit ausdrücklich.«

Tatsächlich war auf meinen Antrag nie eine Reaktion gekommen. Vielleicht hatte die Richterin ihn übersehen oder gehofft, ich hätte ihn vergessen. Hatte ich aber nicht. Und ich hielt es nach wie vor für wichtig, das Polizeivideo wenigstens einmal von Anfang bis Ende angeschaut zu haben.

Ich habe es mir zum Prinzip gemacht, in jedem Strafverfahren, in dem ich verteidige, ausnahmslos alles an Material zu sichten, was mit dem konkreten Fall in Zusammenhang steht – mag es zu Beginn auch noch so unwichtig erscheinen. Das gilt für jedes einzelne Blatt der Akten genauso wie für Videoaufnahmen oder sonstige Dokumentationen. Der Teufel steckt bekanntlich im Detail.

Bevor ich eine Verfahrensakte das erste Mal studiere, unterstelle ich daher immer, dass jedes Blatt darin seine Bedeutung haben muss, sonst hätte es wohl kaum Eingang in die Akte gefunden. Und manchmal ist es tatsächlich so, dass sich aus einer handschriftlichen Notiz, einem unscheinbaren Vermerk oder einem Nebensatz, den man leicht überliest, Ansätze für die Verteidigung ergeben.

Oft genug allerdings ist die Realität eine andere. Nämlich die, dass Akten selbst in kleinen Amtsgerichtsverfahren dadurch aufgebläht werden, dass Unterlagen darin doppelt und dreifach enthalten sind. Aber um beurteilen zu können, ob einzelne Aktenteile überflüssig oder wichtig sind, ist es zwingend erforderlich, alles, aber auch wirklich alles gründlich unter die Lupe zu nehmen.

Da das ungekürzte Polizeivideo von der Demonstration auch dem Gericht nicht vorlag, versprach mir die Vorsitzende Richterin, sich darum zu kümmern. Danach unterbrach sie die Sitzung: »Fortsetzung morgen um neun Uhr.«

Den verbleibenden freien Nachmittag nutzte ich, um mir Saarbrücken anzuschauen: St. Johanner Markt, Fröschengasse, Basilika, Ludwigsplatz, Alte Brücke, Kasematten … Alles recht übersichtlich, aber doch netter als erwartet. Das Restaurant, das ich mir abends suchte, übertraf meine Erwartungen ebenfalls. Immer wieder, wenn mich ein Mandat an scheinbar unspektakuläre Orte führt, versuche ich, die Umgebung ein bisschen zu erkunden. Wann hat man sonst schon die Gelegenheit dazu?

Nach dem Abendessen zog ich mich in mein Hotelzimmer zurück und ging noch einmal sämtliche polizeilichen Vernehmungen der Weggefährten meines Mandanten, die am nächsten Tag aussagen sollten, durch. Es war wirklich bedauerlich, dass keiner von ihnen die Szene zwischen Buettner und Haller mitbekommen hatte. Ich versprach mir wenig vom nächsten Verhandlungstag. Sicher erlebt man in Prozessen manchmal überraschende Wendungen. Aber die bloße Hoffnung darauf konnte natürlich nicht Teil meiner Strategie sein.

Aber siehe da: Der Zeuge Jens Poth, der am nächsten Tag als dritter Zeuge vernommen wurde, sorgte tatsächlich für eine Überraschung. Ob das aber wirklich die unverhoffte Wendung im Prozess war? Nachdem die Zeugen Carl Meier und Pascal Hagen erwartungsgemäß einen reinen Stimmungsbericht von der Demo abgegeben hatten, verblüffte die Aussage des Zeugen Poth sicherlich nicht nur mich. Jens Poth war von der Polizei zwar zu einer Vernehmung vorgeladen worden, war aber nicht erschienen. Daraufhin war nichts weiter veranlasst worden – vielleicht hatte man sich von seiner Aussage nichts Erhellendes erwartet.

»Ferdinand hat nichts gemacht«, das war das Erste, was der Zeuge nun vor dem Amtsgericht sagte. »Der ist da wirklich nur wie ein Clown herumgesprungen und hat versucht, für gute Stimmung zu sorgen. Als unser Kessel dann immer enger wurde, konnte ich sehen, wie er seine Hände hochhob und mit diesen komischen Puscheln, die er an den Handschuhen hatte, in der Luft herumwedelte. Ich nehme mal an, er wollte ganz klar signalisieren, dass er absolut friedfertig ist und mit niemandem aneinandergeraten will. So hat es jedenfalls in dem Moment auf mich gewirkt.«

»Hatte er eine Fahne in der Hand?«, hakte die Vorsitzende ein.

»Nichts, gar nichts. Da waren nur die Puschelhände. Und dann war da auf einmal dieser Bulle.«

»Das nehmen wir zu Protokoll«, spielte die Richterin sichtlich verärgert auf den »Bullen« an. »Herr Poth, ich möchte in meinem Gerichtssaal keine Beleidigungen hören. Noch so eine Entgleisung, und ich verhänge gegen Sie ein Ordnungsgeld.« War »Bulle« wirklich eine Beleidigung? Die Richterin war jedenfalls mit martialischem Auftreten sofort zackig dazwischengegangen.

»Na, jedenfalls stand da auf einmal dieser – dieser Polizist«, fuhr der Zeuge Poth fort. »Und dann ging alles ganz schnell. Der hat da aus heiterem Himmel mit seinem Knüppel zugeschlagen. Der Schlag ging mitten ins Gesicht vom Ferdinand. Und wie gesagt: Der Ferdinand hat nichts gemacht. Der hatte seine Hände so« – der Zeuge demonstrierte die Bewegung – »weit von sich gestreckt. Da war kein Angriff. Nichts.«

Mein Blick fiel auf den Staatsanwalt. Mir war aufgefallen, dass er während Jens Poths Aussage auffallend unfreundlich dreingeschaut hatte. Als ihm die Richterin schließlich das Fragerecht erteilte, wollte er vom Zeugen zunächst wissen, wie oft der Polizeibeamte Buettner mit dem Knüppel denn zugeschlagen habe.

Dass es drei Schläge waren, war zwar unbestritten. Ich vermutete jedoch, dass der Staatsanwalt mit seiner Frage dem ungeliebten Zeugen auf den Zahn fühlen und herausfinden wollte, ob er den von ihm geschilderten Vorfall denn auch wirklich mit eigenen Augen beobachtet hatte.

»Ich weiß es nicht mehr genau«, gab Poth zur Antwort. »Einmal hat er sicher zugeschlagen. Vielleicht auch zweimal. Ich weiß es nicht. Und ich will nicht lügen.«

»So, so, Sie wollen nicht lügen«, erwiderte der Staatsanwalt mit einem abfälligen, ironischen Unterton: »Dann tun Sie es auch gefälligst nicht! Vielleicht denken Sie einfach mal darüber nach, ob es an Ihrer Aussage etwas zu korrigieren gibt. Und ich rate Ihnen dringend, darüber schnell nachzudenken!«

Ich ging dazwischen. Das ging ja nun wirklich zu weit. Der Staatsanwalt hatte genau wie ich als Verteidiger das Recht, Fragen an den Zeugen zu stellen – nicht mehr und nicht weniger. Dass er ihn jetzt quasi mit erhobenem Zeigefinger einzuschüchtern versuchte, konnte ich nicht akzeptieren.

»Herr Staatsanwalt, stellen Sie bitte Fragen«, sagte die Richterin auf meine Beanstandung hin beschwichtigend.

Hierauf setzte der Staatsanwalt erneut an und fragte nun eindringlich: »Wollen Sie irgendetwas an Ihrer Aussage korrigieren? Kann es vielleicht sein, dass Sie hier für den Angeklagten aus falsch verstandener Freundschaft lügen?«

Der Zeuge verneinte das und betonte ausdrücklich, die Wahrheit gesagt zu haben.

Ich verstand gar nicht, warum der Staatsanwalt nun derart ungemütlich geworden war. Natürlich war die Aussage des Zeugen Poth ganz im Sinne der Verteidigung gewesen. Aber sie war doch höchstens ein Tropfen auf den heißen Stein, so etwas wie ein erster kleiner Lichtblick für meinen Mandanten. Der Schilderung des Zeugen standen doch weiterhin die Aussagen von drei Polizisten entgegen.

Ich selbst hatte an den Zeugen keine Fragen. Seine Angaben waren klar und unmissverständlich gewesen. Bevor die Vorsitzende jedoch zur Frage der Vereidigung kam, die sich am Ende einer Zeugenvernehmung immer stellt, ergriff der Staatsanwalt noch einmal überraschend das Wort: »Frau Vorsitzende, ich bitte um eine kurze Unterbrechung und außerdem darum, den Zeugen noch nicht zu entlassen.«

Spätestens jetzt ahnte ich Schlimmes, wollte es aber nicht wahrhaben. Die Verhandlung wurde kurz unterbrochen und der Zeuge angewiesen, an seinem Platz zu warten, während der Staatsanwalt aus dem Saal rauschte.

Haller schaute mich etwas irritiert an: »Was ist jetzt?«

Ich sagte nichts und schüttelte nur den Kopf. Als der Staatsanwalt nach nicht einmal fünf Minuten zurückkam, wurde meine Befürchtung traurige Gewissheit. Er hatte Polizeibeamte im Schlepptau und ging schnurstracks auf den Zeugen Jens Poth zu: »Ich erkläre Ihnen die vorläufige Festnahme. Sie sind dringend verdächtig, sich der uneidlichen Falschaussage strafbar gemacht zu haben. Es besteht der Haftgrund der Verdunkelungsgefahr. Es ist zu erwarten, dass Sie im Anschluss an Ihre Vernehmung andere Zeugen beeinflussen könnten.«

Einer der beiden Uniformierten zückte seine mitgeführten Handschellen und legte sie dem entsetzten Zeugen Poth an. Wie empfindet wohl ein Polizeibeamter eine solche Situation? Ist sie ihm unangenehm? Oder eine willkommene Abwechslung im Arbeitsalltag? Oder berührt sie ihn gar nicht, weil er in der Gewissheit handelt, dass das halt sein Job ist? Schließlich leisteten die Polizeibeamten nur den Anweisungen des Staatsanwalts Folge.

Ich fand die Entscheidung des Staatsanwalts, Jens Poth festzunehmen, jedenfalls lächerlich. War er allen Ernstes davon überzeugt, dass bei einem Widerspruch zwischen den Aussagen dreier Polizeibeamter und eines »normalen« Zeugen quasi von Natur aus nur einer als Lügner infrage kommen konnte? Passte es vielleicht einfach nicht in sein Weltbild, dass es auch in den Reihen der Polizei schwarze Schafe geben könnte? Und dann noch die angebliche »Verdunkelungsgefahr«! Er konnte doch wohl nicht ernsthaft annehmen, Jens Poth würde sich im Anschluss an seine eigene Vernehmung andere Zeugen vorknöp-

fen und anfangen, sie zu beeinflussen? Welche Zeugen überhaupt?

Aus den Reihen der Demonstranten gab es nichts mehr zu
beeinflussen. Sie hatten ja allesamt bereits bei der Polizei, zum
Teil sogar schon vor Gericht ausgesagt und hätten schwerlich
erklären können, wieso sie den Vorfall nun doch plötzlich beobachtet haben wollten. Abgesehen davon hätte Poth seit dem vergangenen Juni Monate Zeit gehabt, auf andere Zeugen einzu-
wirken oder Aussagen mit ihnen abzusprechen – warum sollte
er ausgerechnet jetzt damit anfangen, wo praktisch die Messe
gelesen war? Hielt der Staatsanwalt ihn nicht nur für kriminell,
sondern auch noch für einen Idioten?

Egal, wie man es drehte und wendete, die ganze Festnahme-
aktion war einfach nur aberwitzig. Je länger ich darüber nachdachte, desto mehr war ich davon überzeugt, dass hier ein un-
bequemer Zeuge diszipliniert werden sollte und die vorläufige
Festnahme faktisch nichts anderes als eine Erzwingungshaft
war. Diese Macht, die der Staatsanwalt gerade ausspielte, war
beklemmend. Hoffentlich würde sich der Zeuge Poth so schnell
wie möglich von einem kompetenten Verteidiger beraten lassen. Sollte der Staatsanwalt ernst machen und einen Haftbefehl
beantragen, müsste dessen Erlass mit allen Mitteln verhindert
werden.

Wenn der Staatsanwalt den Zeugen mit der Festnahme im
Sitzungssaal nicht nur massiv erschrecken, sondern auch weich-
kochen und zur Änderung seiner Aussage veranlassen wollte,
dann käme er um den Antrag auf Erlass eines Haftbefehls nicht
herum. Denn andernfalls müsste er den Zeugen bald schon
wieder auf freien Fuß setzen. Der Volksmund spricht meist davon, dass eine vorläufige Festnahme nur 24 Stunden dauern
darf. Das ist jedoch etwas ungenau. Eine vorläufige Festnahme
endet genau genommen spätestens am darauffolgenden Tag um

Mitternacht. Bis zu diesem Zeitpunkt müsste der Staatsanwalt also gegen Poth einen Haftbefehl erwirkt haben, falls er ihn tatsächlich länger in Haft behalten wollte.

Nachdem Jens Poth abgeführt worden war, wurde die Sitzung fortgesetzt. Die Stimmung nach dem autoritären Auftritt des Anklägers war gedrückt. Es wurden neun weitere Zeugen aus dem Freundeskreis meines Mandanten vernommen, die allesamt – wie erwartet – nichts zum eigentlichen Vorfall sagen konnten. Da sie nichts aussagten, was dem Staatsanwalt nicht in den Kram passte, durften sie unbehelligt wieder gehen. Hätte sich einer von ihnen angesichts der Gefahr, sofort aus dem Verkehr gezogen zu werden, überhaupt noch getraut, etwas anderes zu sagen?

»An sich wären wir mit der Beweisaufnahme am Ende«, sagte die Richterin, nachdem der letzte Zeuge entlassen worden war. »Wir könnten also heute noch die Plädoyers hören und das Urteil verkünden. Es sei denn, Sie halten Ihren Antrag bezüglich des Polizeivideos aufrecht, Herr Verteidiger?«

Es stellte sich heraus, dass die Richterin bislang noch nicht an das vollständige Videomaterial rangekommen war. Doch auch wenn ich jetzt wie der Spielverderber dastand: Es half nichts. Das Video war die einzige Chance, doch noch Licht ins Dunkel zu bringen. Und schließlich war es auch nicht mein Fehler, dass das Gericht meinen Antrag wochenlang hatte liegen lassen. Ich hielt also an meinem Antrag fest.

Der Vorsitzenden blieb nichts anderes übrig, als die Sitzung zu unterbrechen und einen Fortsetzungstermin für die darauffolgende Woche zu bestimmen. Einige Tage später bekam ich erwartungsgemäß Post aus dem Saarland. Die DVD mit dem vollständigen Polizeivideo umfasste knappe vier Stunden Material. Noch am selben Abend machte ich mich vor dem Computer an die Arbeit. Ich hatte schon spannendere Filme gesehen. Nach genau zwei Stunden und 25 Minuten Laufzeit kam mit der ersten Einkesselung Leben in die Sache. Diese Sequenz aus dem Polizeivideo kannte ich allerdings schon von der DVD der Staatsanwaltschaft und der Vorführung im Gericht.

Aber halt, da stimmte doch etwas nicht! Gerade noch fast am Wegdämmern, saß ich plötzlich sehr wach und aufrecht auf meinem Bürostuhl. Wenn ich diese Sequenz schon gesehen hatte, hieß das ja im Klartext, dass es die erste Einkesselungsaktion war, die wir bei Gericht in Augenschein genommen hatten. Bekanntermaßen hatte es bei der Demo im Juni aber zwei Einkesselungen gegeben. Und erst bei der zweiten war es zu der Auseinandersetzung zwischen Buettner und meinem Mandanten gekommen.

Ich konnte es nicht fassen. Obwohl alle gewusst hatten – mich selbstverständlich mit eingeschlossen –, dass es bei der Demo insgesamt zwei solcher Aktionen gegeben hatte, war niemand auf die Idee gekommen, zu hinterfragen, welche Einkesselung wir in dem von Polizei und Staatsanwaltschaft präsentierten Videoausschnitt eigentlich zu sehen bekommen hatten! Mir fiel ein Stein vom Herzen, denn schließlich hatte auch ich die offenkundige Verwechslung nicht bemerkt.

Aufgeregt suchte ich auf der DVD die Sequenz mit der zweiten Einkesselung. Es dauerte eine ganze Weile, bis ich die richtige Stelle endlich angeklickt hatte. Schon nach wenigen Sekunden war klar, dass diese Aufnahmen tatsächlich neu für mich waren. Ich schickte ein kurzes Stoßgebet zum Himmel, bevor ich wie gebannt auf den Bildschirm starrte.

Wie bei der ersten Einkesselung wurden auch hier wieder Polizeibeamte von einer großen Zahl von Demonstranten bedrängt. Und mittendrin sprang er herum, der Democlown. Die Hände hatte er gen Himmel gestreckt. Seine Luftschlangenpuschel waren unverkennbar. Es war daher leicht zu verfolgen, was er mit seinen Händen anstellte – nämlich nichts. Die Hände waren wirklich permanent in der Luft.

Dann fiel mir genau neben ihm ein junger Mann auf, der eine weiße Fahne in der Hand hielt. Die Fahne hatte es also tatsächlich gegeben. Ob er sie wohl gleich meinem Mandanten in die Hand drückte? Tatsächlich. Er tat es. Ferdinand Haller hielt sie mit seiner rechten Hand fest. Das hatte er mir doch ganz anders erzählt! Und auch der Zeuge Poth hatte doch behauptet, Haller habe mit einer Fahne nichts zu tun gehabt! Für einen kurzen Moment war ich schwer enttäuscht. Damit hatte ich nicht gerechnet.

Aber was war das? Der junge Mann, der sich der Fahne entledigt hatte, hatte offenbar die Hände frei haben wollen, um nach den Polizisten treten und schlagen zu können. Und Ferdinand Haller? Nur wenige Sekunden, nachdem er die Fahne gepackt hatte, drückte er sie wie einen Staffelstab einem neben ihm stehenden Demonstranten in die Hand. Danach streckte er seine beiden Hände wieder in die Luft, hüpfte herum und wirbelte mit den Luftschlangenpuscheln wild umher.

Angesichts der um ihn herum eskalierenden Situation wirkte sein Verhalten irgendwie unpassend. Meine Erleichterung, dass er die Stange aus der Hand gab, währte nur kurz. Denn nur Sekunden später musste ich mitansehen, wie Ferdinand Haller mit voller Wucht einen Schlagstock ins Gesicht bekam – einmal, zweimal, dreimal.

Ich schaute mir die Szene sofort noch einmal an. Der Täter war Tobias Buettner. Kein Zweifel, die Aufnahme war erfreulich scharf. Ich konnte es kaum glauben. Die drei Polizeibeamten hatten die ganze Zeit über dreist gelogen. Buettner hatte sein Opfer ohne den geringsten Anlass angegriffen. Einfach so schlug er Ferdinand Haller ein Auge aus und machte ihn dadurch lebenslang zum Krüppel. Und als wäre es damit nicht schon genug, hatte er Ferdinand Haller ein Strafverfahren eingebrockt, das ihm eine nicht unerhebliche Gefängnisstrafe bescheren konnte. Einem unschuldigen Opfer! Das war ein starkes Stück.

Ausnahmsweise war ich ganz sicher, dass dies eine Aktion war, die sogar für einen Polizisten ein Nachspiel haben würde. Ohne Notwehr hatte sich Buettner zweifelsfrei einer schweren Körperverletzung strafbar gemacht. Das Videomaterial, das die Polizei selbst gedreht hatte, würde ihn eindeutig überführen. Da würde ihm auch sein schneidiges Auftreten vor Gericht nicht mehr helfen.

Aber wie hatte es passieren können, dass wir bei Gericht die falsche Sequenz in Augenschein genommen hatten? Ich wollte lieber niemandem eine böse Absicht unterstellen. Denn bei etwas mehr Konzentration hätten nicht nur Gericht und Staatsanwaltschaft, sondern eben auch ich sofort dahinterkommen müssen, dass wir den falschen Ausschnitt vor uns hatten.

Es brachte jetzt nichts, hier irgendwo böse Machenschaften zu vermuten. Was zu dem fatalen Fehler geführt hatte, würde man ohnehin nicht aufklären können. Was jetzt zählte, war der Freispruch meines Mandanten, der aufgrund des Videos zwingend sein würde. Wie gerne hätte ich die Bombe erst am nächsten Prozesstag platzen lassen! Aber Gericht und Staatsanwalt mussten schnellstens informiert werden, damit der Haftbefehl, der gegen Sven Poth erlassen worden war, umgehend aufgehoben würde. Noch ein Unschuldiger, dem die Lügengeschichten der drei Polizeibeamten ein Verfahren eingebracht hatten. Auf die drei Herren würde einiges zukommen.

Drei Tage später wurde Ferdinand Haller vom Amtsgericht wegen erwiesener Unschuld vom Tatvorwurf der versuchten gefährlichen Körperverletzung freigesprochen. Danach dauerte es keine sechs Wochen, bis er im Strafverfahren gegen Tobias Buettner Zeuge und Nebenkläger war. So schnell kann es manchmal gehen, dass die Seiten getauscht werden. Und so schnell täuscht man sich, wer Opfer und wer Täter ist. Das Böse erkennt man nicht auf den ersten Blick, sondern muss ganz genau hinschauen. Die Welt ist nicht in Schwarz und Weiß geteilt, das hatte sich wieder einmal eindrucksvoll bewiesen.

Zwei Tage vor Weihnachten wurde Tobias Buettner wegen schwerer Körperverletzung, Verfolgung Unschuldiger sowie Falschaussage zu einer Freiheitsstrafe von vier Jahren und sechs Monaten verurteilt. Seine Kollegen waren zuvor wegen Falschaussage und Strafvereitelung jeweils zu einer Bewährungsstrafe von acht Monaten verurteilt worden. Während für Tobias Buettner zudem die Beamtenkarriere beendet war, durften seine Kollegen Köhl und Dettinger dem Staat auch weiterhin als Polizeibeamte dienen, allerdings um einen Dienstgrad ärmer und nur noch im Innendienst.

Wer wollte jetzt noch daran zweifeln, dass es sie gab: die schwarzen Schafe in Polizeiuniform. Und trotzdem würde sicherlich bald schon wieder in einem anderen Strafverfahren der Version eines Polizeibeamten der Vorzug gegeben werden. Aber vielleicht ja auch nicht. Das hoffte ich.

Durch Dick- und Dünndarm

Das Strafverfahren gegen den TV-Producer Armin Bauer berührt mich noch heute. Seine brutale Messerattacke auf den Diplomkaufmann Christoph Hertenstein dauerte nicht einmal drei Sekunden. Doch die hatten ausgereicht, um das Leben gleich zweier Familien zu zerstören: das der Familie Hertenstein, aber auch das von Armin Bauers Familie.

Obwohl der eine Mann Täter und der andere Opfer war, ähnelten sich die Schicksale der beiden Familien plötzlich sehr. In beiden Fällen waren es Ehefrau und Kinder, die unter der Tat am meisten zu leiden hatten. Meine besondere Anteilnahme galt Lisa-Marie, der Tochter des Opfers. Wie sehr sich ihr Leben an jenem Tag ändern sollte, hätte sie sich in ihren schlimmsten Träumen nicht vorstellen können.

Am Morgen jedenfalls wies nichts darauf hin, dass dieser Tag für die beiden Familien zu einem Albtraum werden sollte. Die 14-jährige Lisa-Marie winkte ihrem Vater zu, der gerade mit seinem Wagen rückwärts aus der Einfahrt fuhr. Christoph Hertenstein hielt für einen Moment an, schaute kurz hoch zum ersten Stock des kleinen Einfamilienhauses, lächelte seiner Tochter zu und fuhr dann mit eingeschaltetem Warnblinker die kleine Wohnstraße hinunter. Lisa-Marie winkte noch, bis ihr Vater auf die Hauptstraße abgebogen und aus ihrem Blickfeld verschwunden war. Der Warnblinker war ein Muss und gehörte zum allmorgendlichen Ritual von Vater und Tochter.

Nachdem Lisa-Marie sich versichert hatte, dass ihr Vater wirklich nicht mehr zu sehen war, sprang sie schnell unter die

Dusche, schlüpfte in ihre Klamotten und düste mit dem Fahrrad zur Schule. Während auf sie so kurz vor den Sommerferien ein eher entspannter Schultag wartete, ging der Arbeitstag für den 42-jährigen Diplomkaufmann, der in der Marketingabteilung eines Bremsenherstellers arbeitete, gleich richtig stressig los. Den gesamten Vormittag verbrachte Christoph Hertenstein in einem anstrengenden Meeting, wo er sich unter Aufbietung seiner gesamten Überzeugungskraft für ein Projekt, das ihm sehr am Herzen lag, starkmachte. Die anschließende Mittagspause hatte er sich redlich verdient. Und sie versprach nett zu werden.

Um halb zwei traf er sich nämlich mit seinem alten Schulfreund Patrick Milster beim Italiener. Leider waren bei dem schönen Wetter alle Tische unter den Kastanien im Innenhof schon besetzt, sodass die beiden Freunde sich schweren Herzens für einen Fensterplatz drinnen im Lokal entschieden. Sie bestellten und waren nach kurzer Zeit in eine angeregte Unterhaltung über alte Zeiten vertieft.

Alles hätte so herrlich entspannt bleiben können, wäre da nicht dieser Typ am Nachbartisch gewesen. Seit gut zehn Minuten war der nun schon am Telefonieren und wurde dabei kontinuierlich lauter. Als er das Gespräch endlich beendet hatte, waren das gesamte Lokal und vermutlich der halbe Innenhof über seinen prall vollen Terminkalender und »die schwierigen Verhandlungen mit den Hamburgern« umfassend informiert. Aber die Ruhe währte nur kurz, denn kaum eine Minute später brüllte er erneut in sein Handy, diesmal ganz jovial: »Ja servus, Alex, Oida, wie geht's? Ewig nix mehr g'hört von dir! Da hob i mia gedacht, i meld mi amoi, weils grad so schee passt!«

Christoph Hertenstein riss langsam der Geduldsfaden. Nichts »passte schee«. Merkte dieser Mensch eigentlich nicht, wie sehr er allen mit seiner Telefoniererei auf die Nerven ging?

»Woaßt, wos i moan?«, schallte es gerade vom Nebentisch, gefolgt von einem dröhnenden Lachen.

»Ich gehe da jetzt rüber«, sagte Christoph entschlossen zu seinem Kumpel, worauf der ihn zu beschwichtigen versuchte: »Komm, lass gut sein, der wird schon wieder aufhören.«

Die Frage war nur, wann. Nach Verabschiedung hatte sich das Ganze jedenfalls nicht gerade angehört. Zwei Minuten später reichte es Christoph endgültig. Er würde sich doch seine wohlverdiente Mittagspause und das Treffen mit dem Freund nicht von einem rücksichtslosen Dauertelefonierer verderben lassen! Er wandte sich daher zum Nebentisch und rief dem Herrn, der gerade wieder schallend in sein Handy lachte, laut und vernehmlich zu: »Hätten Sie wohl die Güte, Ihr Telefonat zu beenden oder es wenigstens nach draußen zu verlagern?«

Das Lachen am Nebentisch erstarb auf der Stelle. Nach einem kurzen »Wart moi einen Moment« in sein Handy drehte der Mann sich langsam zu Christoph um: »Haben Sie gerade was gesagt?« Von Jovialität keine Spur mehr, dafür war ein aggressiver Unterton nicht zu überhören.

Christophs Antwort kam prompt und in leicht arrogantem Ton: »Ja, habe ich. Aber es wundert mich nicht, dass Sie das bei Ihrem lauten Gequatsche nicht mitbekommen haben.«

Im selben Moment ärgerte er sich jedoch schon über seinen Spruch. Es brachte in solchen Situationen nichts, ausfallend zu werden, außerdem schien dieser Typ streitlustig zu sein. Dabei hatte er auf ihn zunächst ganz sympathisch gewirkt, wenn man von seiner dreisten Ignoranz einmal absah. Er musste Mitte bis Ende vierzig sein, trug einen stilvollen dunklen Anzug, hatte blondes, mittellanges Haar und machte an und für sich einen gepflegten Eindruck. Vom Erscheinungsbild her konnte er gut in einer Werbeagentur arbeiten. Eher Familienvater als Single. Und während Christoph den Querulanten eingehend musterte, entschied er sich, der Klügere von beiden zu sein und nachzugeben. Sei es drum! Die Mittagspause war kurz und die Zeit mit Patrick zu schade, um sie mit sinnlosen Wortgefechten zu verbringen.

Aber die Rechnung hatte er leider ohne den Typen vom Nachbartisch gemacht. Der hatte sich mittlerweile von seinem Platz erhoben und recht bedrohlich vor Christoph aufgebaut: »Sag, hast du irgendein Problem?«

Die Sache fing an, unangenehm zu werden, und Christoph bereute es bereits, überhaupt etwas gesagt zu haben.

Schnell griff Patrick vermittelnd ein: »Kommt, lasst doch gut sein. Ihr habt euch da irgendwie auf dem falschen Fuß erwischt.«

»Gar nichts lasse ich«, erwiderte der Mann aggressiv. »Vor allem lasse ich mich nicht blöd anreden. Wenn dein Kumpel ein Problem mit mir hat, dann soll er das draußen mit mir klären.«

Christoph wurde das Ganze entschieden zu dumm. Konnte der Kerl nicht einfach Ruhe geben?

Offenbar konnte er es nicht, denn er stänkerte weiter: »Komm her, du Waschlappen, draußen poliere ich dir deine blöde Fresse.«

Seine Ausdrucksweise war eindeutig weniger stilvoll als sein Anzug. Christoph konnte kaum glauben, wie diese idiotische Situation sich gerade entwickelte. »Geh mir doch einfach nicht auf die Nerven!«, murmelte er resigniert und wollte die Diskussion beenden, indem er sich wieder seinem Steak zuwandte.

Damit erreichte er jedoch das genaue Gegenteil. Als habe sein Gegenüber auf eine solche Reaktion geradezu gewartet, packte er Christoph plötzlich am Kragen, versuchte ihn von seinem Platz zu zerren und legte auch verbal noch eins drauf: »Dich feige Pussy mache ich fertig. Hast wohl keine Eier in der Hose, du Arsch!«

Christoph musste handeln, sonst würde der andere ihn womöglich noch auf der Stelle zusammenschlagen. Ohne zu zögern, griff er nach seinem vollen Wasserglas und schüttete es seinem Kontrahenten ins Gesicht.

Dann ging alles ganz schnell. Viel zu schnell. Patrick war aufgesprungen, um die beiden auseinanderzubringen. Doch dafür war es zu spät. Der fremde Mann, dem das Wasser nun über Gesicht und Anzugjacke lief, hielt Christoph noch immer am Kragen fest und wollte partout nicht loslassen. Patrick packte ihn von hinten an beiden Schultern und versuchte, ihn von seinem Freund wegzuzerren. In diesem Moment griff der Mann nach dem Steakmesser, das auf Christophs Teller lag, und rammte es Christoph mit voller Wucht in den Bauch. Der schrie laut auf, sackte zusammen und wälzte sich schmerzerfüllt am Boden, ehe er schließlich das Bewusstsein verlor.

Mittlerweile waren die Gäste an den übrigen Tischen aufgesprungen und herbeigestürzt. Zwei junge Männer packten sich den Angreifer, damit er nicht fliehen konnte. Der wehrte sich nicht einmal, sondern stand wie festgenagelt da und starrte regungslos auf sein am Boden liegendes Opfer. Ein Kellner hatte den Notarzt gerufen und die Polizei alarmiert. Zehn Minuten später wurde Christoph Hertenstein mit Blaulicht in ein nahe gelegenes Krankenhaus gebracht.

»Nein! Nein!« und wieder »Nein!«. Lisa-Marie rannte weinend die Treppe hinauf in ihr Zimmer. Gegen 15 Uhr hatten zwei Polizeibeamte bei den Hertensteins vor der Tür gestanden, um die traurige Nachricht zu überbringen: »Ihr Mann liegt auf der Intensivstation«, hatten sie Claudia Hertenstein im Beisein der Tochter mitgeteilt. »Nein, kein Unfall. Er ist mit einem Messer niedergestochen worden. Sein Zustand ist äußerst kritisch.«

Claudia Hertenstein fuhr sofort in die Klinik, in der Christoph gerade operiert wurde. Auch die Ärzte konnten nicht sagen, ob er seine schweren Verletzungen überleben würde. Laut OP-Bericht hatte er eine lebensgefährliche, elf Zentimeter tiefe Stichwunde in der unteren Bauchdecke erlitten.

Dabei war insbesondere der Dünndarm empfindlich verletzt worden, was zu starken inneren Blutungen geführt hatte. An einer Falte im Bauchfell hatte der behandelnde Arzt zudem eine spritzende Blutung festgestellt, die den Blutverlust noch gravierender machte. Durch die Schnitte war außerdem Darminhalt ausgetreten. Als ein unter den Restaurantgästen anwesender Krankenpfleger in seinen Erste-Hilfe-Bemühungen Christophs Hemd aufgerissen hatte, um die Blutungen zu stillen, war trotz der blutverschmierten Bauchdecke für jeden erkennbar, dass auch Teile des Darms herausgequollen waren. Während einer mehrstündigen Operation mussten zunächst die Blutungen gestillt und anschließend jede einzelne Verletzung des Darms übernäht werden, bevor Christoph Hertenstein auf die Intensivstation gebracht wurde.

An diesem Tag fuhr ich gegen 16 Uhr von einem Prozesstermin in Fürstenfeldbruck nach München zurück, als mich auf der A 8 kurz vor Dachau ein Anruf meiner Sekretärin erreichte. Freisprechanlage und offenes Verdeck vertrugen sich nicht gut. »17 Uhr« und »neuer Mandant« – wenigstens das Wichtigste hatte ich verstanden. Das war zeitlich gut zu schaffen, und ich gab Gas.

Punkt 17 Uhr kam ich in der Kanzlei an, wo eine sichtlich verstörte Frau in unserem Besprechungsraum auf mich wartete. Nachdem ich sie begrüßt hatte, kam sie gleich zur Sache.

»Mein Mann wurde festgenommen.« Katja Bauer hatte Tränen in den Augen, als sie mir das sagte. »Ich weiß nicht mehr, wo oben und unten ist. Armin soll in einem Restaurant einen Gast niedergestochen haben. Das kann aber doch gar nicht sein. Armin, also mein Mann, der hat sich noch nie im Leben etwas zuschulden kommen lassen. Ich verstehe das alles nicht. Aber die Polizei will mir auch nichts sagen.«

Wie sich herausstellte, wurde Armin Bauer des versuchten Totschlags beschuldigt. Zumindest hatte ihr das die Polizei gut zwei Stunden zuvor telefonisch mitgeteilt. Katja Bauer hatte daraufhin sofort ihren Haus- und Hofanwalt angerufen, der sie lieber an einen Fachanwalt für Strafrecht verweisen wollte und ihr deshalb meine Kanzleiadresse gab.

Die 38-jährige Katja Bauer hatte mit ihrem acht Jahre älteren Ehemann Armin drei gemeinsame Kinder, zwei Söhne im Alter von sechs und zehn Jahren und eine 13-jährige Tochter. Sie war Hausfrau, er arbeitete als Producer bei einer Münchner TV-Produktionsfirma. Dass sie völlig verzweifelt und durcheinander war, konnte ich nur allzu gut verstehen. Sie war gerade dabei gewesen, den Salat für den Grillabend im Garten vorzubereiten, als der Anruf der Polizei sie schlagartig aus der Normalität ihres bisherigen Lebens riss. Begriffe wie »Festnahme«, »versuchter Totschlag«, »Ermittlungsrichter«, »Untersuchungshaft«, »Fluchtgefahr« hatte sie bis dahin allenfalls aus Krimis gekannt. Sie hatte keine Ahnung, was ihr Mann genau getan haben sollte; die Polizei gab ihr keine Auskunft, und mit ihm selbst ließ man sie nicht sprechen, weder am Telefon noch persönlich.

Für sie war das alles nur ein Riesenmissverständnis, das so schnell wie möglich geklärt werden musste. Und dann würde ihr Mann doch sofort wieder freigelassen werden, oder nicht? Er musste doch am nächsten Tag in aller Frühe beruflich nach Hamburg fliegen!

Bevor ich mich daranmachen konnte, ihre vielen Fragen zu beantworten, musste ich mir natürlich erst selbst einmal einen Überblick über die Sachlage verschaffen. Ich ging davon aus, dass Armin Bauer nach seiner vorläufigen Festnahme zunächst ins Münchner Polizeipräsidium in der Ettstraße – kurz PP genannt – gebracht worden war. Erkennungsdienstliche Behandlung, Vernehmung als Beschuldigter, Sicherung von Spuren an seiner Person und seiner Kleidung, eventuell eine Untersuchung durch einen Rechtsmediziner, Feststellungen zu einer etwaigen Alkoholisierung – das alles gehörte zu dem Programm, das nach seiner Festnahme auf ihn wartete und vermutlich bereits in vollem Gang war. Umso wichtiger war es, dass ich so bald wie möglich Kontakt zu den ermittelnden Beamten und vor allem zu ihm selbst aufnehmen konnte.

Ein Anruf im Polizeipräsidium bestätigte, dass Armin Bauer sich tatsächlich in der dortigen Haftanstalt befand, wo ich ihn noch am selben Abend würde aufsuchen können. Ein weiteres Telefonat mit der Mordkommission ergab, dass er nicht nur – wie ich bereits von seiner Frau wusste – eines versuchten Tötungsdelikts verdächtigt wurde, sondern die Tat bereits gestanden hatte. Und da die Staatsanwaltschaft bei diesem massiven Vorwurf einen Haftbefehl beantragen würde, war klar, dass er am nächsten Tag dem Ermittlungsrichter vorgeführt und danach voraussichtlich in Untersuchungshaft genommen werden würde.

Katja Bauer war fassungslos. Sie musste nicht nur den Gedanken in ihren Kopf kriegen, dass ihr Mann, den sie durch und durch zu kennen glaubte, beinahe einen anderen Menschen mit einem Messerstich getötet hatte; sie musste außerdem die Tatsache akzeptieren, dass ihr Mann, von dem sie sich am Morgen ganz normal verabschiedet hatte, nicht nach Hause kommen würde: weder an diesem Abend noch am nächsten Tag, noch in den nächsten Wochen, Monaten oder möglicherweise auch Jahren. Sie würden an diesem Abend nicht zusammen grillen, und er würde am nächsten Morgen auch nicht nach Hamburg fahren oder überhaupt zur Arbeit gehen; nicht nur der für August gebuchte Familienurlaub war plötzlich hinfällig, sondern auf unabsehbare Zeit sämtliche Planungen, die sie und ihr Mann getroffen hatten. Mit anderen Worten: Nichts war mehr so, wie es noch wenige Stunden zuvor gewesen war. Plötzlich stand Katja Bauer allein da mit drei Kindern, denen sie zudem eine Situation erklären musste, die sie selbst kaum begreifen konnte.

Selbst die klitzekleine Hoffnung, ihr Mann würde bis zum Prozess vorerst auf freien Fuß gesetzt, musste ich Katja Bauer rauben. Da es um ein Kapitalverbrechen ging, musste nämlich nicht einmal einer der ansonsten erforderlichen Haftgründe vorliegen, also weder Flucht noch Fluchtgefahr, Wiederholungs- oder Verdunkelungsgefahr. Allein der Verdacht des versuchten Totschlags an sich war Haftgrund genug. Und der würde sich wohl kaum von der Hand weisen lassen, nachdem ihr Mann offenbar ein Geständnis abgelegt hatte.

Und nach dem Prozess? Je nach den näheren Umständen des Falles, über die ich zu diesem Zeitpunkt noch nichts Konkretes wusste, konnte auf Armin Bauer im schlimmsten Fall eine mehrjährige Freiheitsstrafe warten. Auf Katja Bauer und ihre Kinder würden harte Zeiten zukommen, auch in finanzieller Hinsicht, denn die Familie hatte bisher allein vom Einkommen des Ehemannes gelebt.

Bevor ich mich an diesem Tag von Katja Bauer verabschiedete, versprach ich ihr, ihren Mann noch am selben Abend im Polizeipräsidium aufzusuchen und außerdem dafür zu sorgen, dass sie und die Kinder ihn so schnell wie möglich besuchen durften. Aber auch was einen solchen »Besuch« anging, musste ich die Erwartungen von Katja Bauer dämpfen. Die Besuchszeiten für Untersuchungshäftlinge in München-Stadelheim, wohin er mit großer Wahrscheinlichkeit verlegt werden würde, beschränkten sich wie in den meisten deutschen Gefängnissen auf gerade mal zwei halbstündige Besuche im Monat; als Ehefrau würde sie allenfalls mit zweimal 60 Minuten rechnen dürfen.

Das Ganze ging üblicherweise in einem großen Raum vonstatten, in dem Besucher und Häftlinge dicht an dicht saßen, der Geräuschpegel beträchtlich war und eine – wenn auch nicht allzu hohe – Trennscheibe für Abstand sorgte. Und weil an sich immer nur drei Besucher pro Häftling erlaubt waren, konnte ich ihr nicht einmal versprechen, dass sie zum Besuch mit allen drei Kindern gleichzeitig aufschlagen dürfte.

Aber telefonieren würden sie doch wenigstens können, oder nicht? Auch diese Illusion musste ich ihr leider nehmen. Für Telefonate war eine richterliche Erlaubnis erforderlich, die nur in Ausnahmefällen erteilt wurde. Katja Bauer das alles begreiflich zu machen war nicht leicht. Schließlich galt für ihren Mann bis zu einer möglichen Verurteilung die Unschuldsvermutung.

Schlimm genug also, dass er überhaupt hinter Gittern saß. Aber dass er für sie praktisch völlig unerreichbar war, das konnte Katja Bauer in dem Moment noch gar nicht richtig verarbeiten. Und wie sollte sie ihren Kindern erklären, dass sie ihren Papa fortan nur noch zu diesen knapp bemessenen Zeiten sehen und ihn womöglich nicht einmal anfassen durften? Wie sollte sie unter diesen Umständen die vielen organisatorischen Fragen klären, die sich nun ohne ihren Mann stellten? Von dem Wunsch, ein paar persönliche Worte auszutauschen, ganz abgesehen. Und die drei Kinder mussten auch zum Zuge kommen. Oder war es vielleicht gar nicht gut, sie überhaupt der Situation im Gefängnis auszusetzen? Wie würden sie es verkraften, den Vater als Häftling zu erleben? Und was sollte sie dem Arbeitgeber ihres Mannes sagen? Würde der ihm kündigen? Wie sollte sie ohne Armins Einkommen die Raten für das Haus bezahlen? Fragen über Fragen, auf die Katja Bauer in der nächsten Zeit Antworten würde finden müssen.

Armin Bauer war erstaunt, aber auch erleichtert, als er mir im PP gegen 19 Uhr vorgeführt wurde. Von meiner Kanzlei in der Fußgängerzone war es nur ein Katzensprung bis zur Ettstraße, und zum Glück gab es in der dortigen Haftanstalt keine Besuchszeitbeschränkungen. Und so stand ich, kaum eine Viertelstunde nachdem Katja Bauer sich auf den Weg nach Hause zu ihren Kindern gemacht hatte, ihrem Mann in einer kargen Arrestzelle mit Waschbecken und Toilette aus Edelstahl gegenüber.

»Herr Lucas, bitte helfen Sie mir. Ich habe heute etwas ganz Schreckliches getan.« Armin Bauer stand noch immer unter dem Eindruck seiner brutalen Tat und war sichtlich erschüttert: »Ich kann mir beim besten Willen nicht erklären, wie das passieren konnte. Ich habe einfach rotgesehen. Der andere Mann hat überhaupt nichts Schlimmes gemacht. Irgendetwas muss da in mir abgegangen sein, was ich einfach nicht unter Kontrolle hatte. Alles war wie ferngesteuert. Ich kriege die Szene auch gar nicht mehr recht zusammen. Es kommt mir vor wie ein böser Traum. Als wäre es nie passiert.«

Ich sah ihm an, dass er um Fassung rang. Aufgrund einer Nichtigkeit hatte er beinahe einen Menschen getötet. Was ihn dazu getrieben hatte, war ihm selbst unbegreiflich, und er empfand echte Reue. Dass nun viele Jahre Haft auf ihn warteten, lag auf der Hand. Aber er sprach gar nicht von sich. Ein ums andere Mal wiederholte er, was er seiner Frau und seinen Kindern damit angetan hatte. Sie konnten doch nichts dafür, sie brauchten ihn doch, und jetzt hatte er sie so im Stich gelassen. Nur weil er im Zorn jedes Maß verloren hatte.

»Aber es ist ja nicht nur das«, brach es aus ihm heraus. »Der Mann liegt auf der Intensivstation. Wie ich von der Polizei weiß, hat auch er Familie. Seine Tochter soll 14 Jahre alt sein, nur ein Jahr älter als meine Große. Der hätte ich beinahe den Papa genommen.« Jetzt weinte er.

Ohne es zu merken, hatte Armin Bauer mit dem, was und vor allem wie er es sagte, für sich bereits die Verteidigungslinie festgelegt: Er übernahm die volle Verantwortung für seine Tat, ohne Wenn und Aber, zeigte tief empfundene Reue und brachte dem Opfer und seiner Familie großes Mitgefühl entgegen. Auch wenn er selbst an diesem Abend mit ganz anderen Gedanken beschäftigt war, dachte ich bereits an das weitere Vorgehen. Ziel der Verteidigung konnte unter diesen Umständen natürlich kein Freispruch sein, aber doch ein möglichst niedriges Strafmaß. Und eine Strafe, die Armin Bauer und seiner Familie noch eine Perspektive lassen würde, schien mir mit einem von Schuldeinsicht geprägten Geständnis und einem zusätzlichen Täter-Opfer-Ausgleich, kurz TOA, durchaus realistisch.

Ziel eines TOA ist die Schadenswiedergutmachung durch den Täter, der dadurch gegenüber dem Opfer zum Ausdruck bringt, dass er die Verantwortung für seine Tat übernimmt und zu seiner Schuld steht. Außerhalb des eigentlichen Strafverfahrens und losgelöst von der noch ausstehenden strafrechtlichen Entscheidung suchen Täter und Opfer in einem Schlichtungsverfahren gemeinsam nach einer Lösung des Konflikts. Eine Option dabei ist eine Wiedergutmachung in Form einer Schmerzensgeldzahlung. Während ein erfolgreicher Täter-Opfer-Ausgleich bei weniger gravierenden Straftaten sogar zu einer Verfahrenseinstellung führen kann, bietet er bei schweren Straftaten bis hin zu Kapitaldelikten immerhin die Chance, dass das Strafmaß spürbar reduziert werden kann.

Das konnte hier ein guter Ansatz sein. Weil Armin Bauer seine schreckliche Tat aufrichtig bereute, war eine Schadenswiedergutmachung hier nicht nur eine taktisch kluge Entscheidung, sondern entsprach auch seinem ehrlichen Bedürfnis. Als ich ihm diese Möglichkeit aufzeigte, war es für ihn gar keine Frage, diesen Weg zu gehen. Voraussetzung war natürlich, dass auch Christoph Hertenstein an einer Schlichtung interessiert war, was es zunächst einmal auszuloten galt – mit aller Vorsicht. Denn auf jeden Fall musste beim Geschädigten der falsche Eindruck vermieden werden, man wolle ihn mit einem solchen Angebot in seiner Zeugenaussage beeinflussen, ihn also gewissermaßen »kaufen«. Und auf die Idee konnte das Opfer einer Straftat leicht kommen, wenn ihm der mutmaßliche Täter plötzlich Geld anbot.

Zum Glück stellte sich jedoch heraus, dass Christoph Hertenstein sich, sobald sein gesundheitlicher Zustand es zuließ, selbst einen Rechtsanwalt genommen hatte. Also würde ich gar nicht an ihn selbst herantreten müssen, sondern mit dem Kollegen verhandeln können. Das machte die Sache einfacher.

20 000 Euro. Das war die Summe, die nach meinem Telefonat mit dem Opferanwalt im Raum stand und die Frau Bauer würde beschaffen müssen. Was leider ein Problem war. Denn nur Armin Bauer konnte über die Konten verfügen, weshalb er seiner Frau erst einmal eine Kontovollmacht erteilen musste. Kein Problem, meinte die Bank auf Nachfrage, zu diesem Zweck sollten beide doch einfach kurz in einer Filiale vorsprechen. Ganz so einfach war es also leider doch nicht. Katja Bauer, mit der ich in regelmäßigem Kontakt stand und die in der schwierigen Situation eine Stärke bewies, die ich ihr beim ersten Gespräch nicht zugetraut hätte, sagte zu, ihre Eltern um Unterstützung zu bitten. »Die wissen ja, dass sie das Geld zurückbekommen, sobald sich alles normalisiert hat.« Hoffte sie trotz allem immer noch darauf, dass ihr Mann bald wieder zu Hause sein würde?

Was ihr wirklich zu schaffen machte, war die Besuchssituation. Mein Antrag auf einen Sonderbesuch war unter Verweisung auf die »personellen Engpässe« in der JVA abgelehnt worden. Ich wollte mich damit nicht zufriedengeben und fragte persönlich beim zuständigen Richter nach.

»Herr Lucas, ich diskutiere da nicht mit Ihnen. Das ist nun mal die Linie. Da kann es für Ihren Mandanten keine Extrawurst geben.«

Normalerweise ist ein »Nein« für mich eine Herausforderung, die ich gerne annehme, und oft genug schaffe ich es, am Ende daraus ein »Ja« zu machen. Aber bei einer so platten Argumentation wollte ich nicht diskutieren.

Also blieb es für Familie Bauer bei den üblichen Besuchszeiten, die mich immer wieder erschüttern. All die Untersuchungshäftlinge sitzen ja nicht etwa im Gefängnis, weil sie durch den Freiheitsentzug bestraft werden sollen. Die sogenannte Strafhaft erwartet sie ja nur für den Fall, dass in der bevorstehenden Hauptverhandlung zur Überzeugung des Gerichts ihre Schuld festgestellt wird und sie zu einer Freiheitsstrafe verurteilt werden. Die Untersuchungshaft hingegen dient einzig und allein der Sicherung des Strafverfahrens. Sie soll die Verdächtigen schlicht und ergreifend daran hindern, unterzutauchen, Zeugen zu beeinflussen oder eine vergleichbare Straftat wiederholen zu können.

Generell sind die Bedingungen der Untersuchungshaft in Deutschland sehr hart, sogar härter als der »normale« Vollzug nach der Verurteilung. Untersuchungshäftlinge bekommen nicht so leicht eine Arbeit und sitzen daher regelmäßig bis zu 23 Stunden allein in ihrer Zelle. Die einzige Abwechslung zum tristen Alltag ist dann der tägliche einstündige Hofgang. Wer nicht arbeitet, bekommt zudem meist keine Gelegenheit zur täglichen Dusche. Das ist ein »Luxus«, der den arbeitenden Häftlingen vorbehalten bleibt. Vermutlich steckt dahinter ganz ernüchternd die Allzweckbegründung fortwährenden Personalmangels. Und auch bei Häufigkeit und Dauer der Besuche von Angehörigen oder Freunden schneiden Untersuchungshäftlinge in der Regel schlechter ab als Strafhäftlinge.

Einziger offensichtlicher Vorteil für U-Häftlinge: Sie dürfen –
sofern sie nicht wegen Drogen sitzen – sich gegen Anstaltskluft
und für Privatkleidung entscheiden, wenn die regelmäßige Ab-
gabe eines vorgeschriebenen Vorrats an frischer Kleidung und
die ebenso regelmäßige Abholung der Schmutzwäsche von
draußen gesichert ist. Ob es das allerdings wirklich rausreißt?

Dabei sollte ein U-Häftling rein theoretisch auf nichts verzichten müssen, mit Ausnahme seiner Freiheit. »Und wenn es
die Pizza ist, die er sich abends kommen lässt«, so hatte unser
Professor im ersten Semester damals die Theorie beispielhaft zu
erklären versucht. Und es spräche eigentlich auch nichts dagegen, das so gezeichnete Bild in die Praxis umzusetzen, gäbe es
da nicht eine massive und nicht zu unterschätzende Hürde,
auch bekannt als Personalapparat. Wie viel von dem zu erwarten war, zeigte mein im Fall Bauer abgelehnter Antrag auf einen
einmaligen Sonderbesuch geradezu beispielhaft.

11 000 Euro Schadenswiedergutmachung – mehr war nach
einem ausführlichen Gespräch von Katja Bauer mit ihren Eltern
erst mal nicht drin. Aber das war besser als nichts. Für die verbleibenden 9000 Euro bot sich eine Ratenzahlung an. Die ließe
sich näher ausgestalten, sobald Katja Bauer einen Job gefunden
hätte, nach dem sie mit Nachdruck suchte. Kein leichtes Unter-
fangen nach vielen Jahren Hausfrauendasein. Und auch ihr
Mann würde spätestens in der Strafhaft arbeiten und Geld ver-
dienen.

Aber natürlich würden auch noch eine Menge Kosten auf ihn
zukommen: nicht nur die für das Strafverfahren, sondern vor
allem auch die Regressforderungen der Krankenkasse für die
Heilbehandlung von Christoph Hertenstein.

Und was bei all den redlichen Bemühungen um »Schadenswiedergutmachung« nicht vergessen werden durfte: Auch bei
den besten Absichten würde für die Familie Hertenstein nichts

mehr so werden wie früher. Die Tat und ihre körperlichen und seelischen Folgen, die Schmerzen, die Christoph Hertenstein erlitten hatte, die Zeit auf der Intensivstation, die Angst von Frau und Tochter um sein Leben – all das ließ sich durch kein Schmerzensgeld der Welt ungeschehen machen. Geldzuwendungen waren allenfalls eine vernünftige Möglichkeit, dem Opfer wenigstens im Nachhinein Respekt zu zollen.

Natürlich hatte ich auch mit Christoph Hertensteins Anwalt gesprochen, ob sich Armin Bauer vorab bei ihm entschuldigen könne. Dabei musste ich mich gedulden, bis der Anwalt Rücksprache mit seinem Mandanten halten konnte, der sich bedauerlicherweise noch immer im Krankenhaus befand. Nicht immer hat ein Opfer Interesse an einer persönlichen oder schriftlichen Entschuldigung des Täters; für viele wäre eine solche Konfrontation mit dem Täter sogar nur eine zusätzliche Belastung.

Im Fall von Christoph Hertenstein stellte sich jedoch schon bald heraus, dass er für die Idee eines Entschuldigungsschreibens offen war. Er hoffte, eine Antwort darauf zu bekommen, warum Armin Bauer an jenem Tag auf ihn eingestochen und damit beinahe sein Leben und das Glück einer ganzen Familie zerstört hatte. Nachdem er mittlerweile wusste, dass auch der Täter Frau und Kinder hatte und bis zum Tag der Tat ein völlig unbescholtener Mensch gewesen war, konnte er das Geschehene umso weniger begreifen.

Armin Bauer nahm sich für den persönlichen Brief viel Zeit. Seine Zeilen sollten weder schmalzig oder theatralisch noch nüchtern oder flach daherkommen. Weil es aber ein sehr schmaler Grat war, auf dem er sich bei der Formulierung seines Schreibens bewegte, hatte ich mich mit ihm darauf verständigt, mir den fertigen Brief noch einmal durchzulesen, bevor er ihn abschicken würde. Am Ende hatte Armin Bauer ganze zwei Wochen an dem Brief gesessen. Er hatte aufgehört zu zählen, wie oft er angesetzt und das Papier am Ende wieder zerknüllt und weggeworfen hatte.

Vordergründig mochte die Erklärung für die Tat zwar einfach sein: Armin Bauer hatte sich damals über Christophs Zurechtweisung aufgeregt, sich im Zuge der Diskussion in eine unangemessene Wut hineingesteigert und wollte diese Wut irgendwie kompensieren. Das erklärte jedoch nur den Auslöser im entscheidenden Moment, nicht hingegen, wie es mit Armin Bauer in dem italienischen Lokal derart weit hatte kommen können. Schließlich hatte er sich davor 46 Jahre lang nichts zuschulden kommen lassen, war nie durch Wutausbrüche oder dergleichen aufgefallen.

Ein Psychologe mochte vielleicht erklären können, wie es bei einem bis dato nach außen völlig unauffälligen Menschen in einem bestimmten Moment und bei Zusammentreffen gewisser Faktoren zu einer derartigen Überreaktion kommen konnte. Nur war Armin Bauer kein Psychologe. Er verstand sein Verhalten selbst nicht – wie sollte er es dann einem anderen, dem er damit viel Leid zugefügt hatte, erklären? Zu guter Letzt entschied er sich daher, genau dies zu schreiben, nämlich dass er sich sein Verhalten beim besten Willen selbst nicht erklären könne, seine Tat, für die er keine Verzeihung erwarten dürfe, zutiefst bereue und dass es keine Worte gab, mit denen er sich bei Hertenstein und seinen Angehörigen in angemessener Form entschuldigen konnte.

Wie sich herausstellte, taten Christoph Hertenstein diese Worte gut. Auch wenn der Mann, der ihn fast umgebracht hätte, ihm die erwartete Erklärung nicht liefern konnte – er spürte wohl, dass die Worte absolut ehrlich gemeint waren und aus tiefstem Herzen kamen. Christoph Hertenstein entschied sich, die Messerattacke als Augenblicksversagen eines dadurch selbst schwer getroffenen Menschen zu akzeptieren. Auch wenn das vielleicht als Verharmlosung einer brutalen Straftat erscheinen mag, lag er im Ansatz sicherlich richtig, wenn er die kriminelle Energie von Bauer als ansonsten gering einstufte. Für Hertenstein hatte sich gezeigt, zu welch irrationalen, brutalen Taten ein jeder Mensch von der einen auf die andere Sekunde grundsätzlich fähig war. Das hielt er Armin Bauer zugute.

Der konnte es kaum fassen und fühlte sich gleichzeitig beschämt, als er von Christoph Hertenstein wenige Tage später einen Brief bekam: »Ich danke Ihnen für die ehrlichen Zeilen und nehme Ihre Entschuldigung an.«

Gut elf Monate hatte die Untersuchungshaft am Ende gedauert, als der Prozess gegen Armin Bauer endlich losging. Elf Monate, in denen er sich nach anfänglich großen Schwierigkeiten mit dem Haftalltag arrangiert hatte. Und in denen Katja Bauer – mal allein, mal mit Kindern – alle zwei Wochen in die JVA gefahren war, um ihrem Mann dort nach stundenlangem Warten im überfüllten Besuchszimmer gegenüberzusitzen. Auch sie war erleichtert, als es endlich losging. Nach Prozessende würden sie und ihr Mann wissen, wie viel Trennung ihre Ehe noch würde aushalten müssen.

Mit Geständnis und erfolgreichem TOA im Gepäck war die Verteidigung gut aufgestellt. Das Gericht war über die Schmerzensgeldvereinbarung ebenso informiert wie über das Entschuldigungsschreiben und die Reaktion von Christoph Hertenstein. Womöglich würde die Schwurgerichtskammer unter diesen Umständen einen minder schweren Fall des versuchten Totschlags annehmen, zumal bei der Würdigung der Tat zu berücksichtigen war, dass es zu der Messerattacke nicht völlig aus heiterem Himmel, sondern im Rahmen eines Streits gekommen war. Sollte das Gericht diesen Überlegungen folgen, konnte ich mir für Armin Bauer bei seinem unbescholtenen Vorleben durchaus eine Freiheitsstrafe von maximal fünf Jahren vorstellen, was deshalb auch unser erklärtes Verteidigungsziel war.

Doch dann kam alles ganz anders. Nachdem das Gericht die Personalien meines Mandanten festgestellt und der Staatsanwalt die Anklage verlesen hatte, unterbrach der Vorsitzende ganz unerwartet die Sitzung und bat Staatsanwaltschaft, Nebenklagevertretung und Verteidigung zu einem Gespräch ins Richterzimmer. Ich konnte mir darauf keinen Reim machen, hatte aber auf einmal ein ungutes Gefühl.

Zu Recht, wie die Erklärung des Vorsitzenden zeigte, die nicht lange auf sich warten ließ: »Der Zeuge Christoph Hertenstein liegt seit vergangenem Freitag wieder im Krankenhaus. Wohl ein Rückfall. Genaueres weiß ich noch nicht. Das Gericht hat hiervon erst heute früh Kenntnis erlangt.«

Betroffenes Schweigen bei allen Anwesenden. Mir tat Christoph Hertenstein, von dessen vollständiger Genesung ich bisher ausgegangen war, leid. Zugleich war diese Entwicklung – nüchtern betrachtet – für Armin Bauer gefährlich, da die nun offenbar eingetretenen Komplikationen die Folgen des Messerstichs gravierender erscheinen lassen würden. Außerdem hatte ich Sorge, dass der Prozess nun eventuell platzen könnte. Wer wusste schon, wie viel Zeit die Genesung von Christoph Hertenstein, der vor Gericht als Zeuge aussagen sollte, in Anspruch nehmen würde – Zeit, die Armin Bauer weiterhin in U-Haft verbringen müsste.

»Wir haben jetzt natürlich ein Problem«, brachte es der Vorsitzende schließlich auf den Punkt: »Ohne den Geschädigten brauchen wir gar nicht weiterzuverhandeln.« Und nach einer kurzen Pause fasste er nach: »Es sei denn, die Beweisaufnahme ließe sich abkürzen …« Worauf der Richter offensichtlich hinauswollte, war die Möglichkeit einer Verständigung unter den Prozessbeteiligten.

Solche »Deals« waren seit Jahren gängige Praxis bei den Strafgerichten und kurz vor diesem Fall gesetzlich geregelt worden. Sie ermöglichen es, dass sich Staatsanwaltschaft, Verteidigung und Gericht bereits im Vorfeld auf eine Unter- und Obergrenze des Strafmaßes einigen können – meist unter der Voraussetzung eines Geständnisses. Und das hätte in unserem Fall zur Folge, dass die Vernehmung des Zeugen Christoph Hertenstein womöglich entbehrlich würde und das Gericht noch am selben Tag sein Urteil sprechen könnte.

Der prozessökonomische Vorteil liegt auf der Hand. Eine umständliche Beweisaufnahme, die sich über Wochen, wenn nicht Monate hinziehen kann, wird größtenteils überflüssig. Gerade für die chronisch überlastete Justiz bedeutet der sprichwörtliche »kurze Prozess« eine immense Zeitersparnis. Der Angeklagte weiß aufgrund der Absprache von vornherein, was ihn erwartet. Statt reihenweise Zeugen anhören zu müssen, vernimmt das Gericht nur noch den Sachbearbeiter der Polizei, um Informationen über Gang und Entwicklung der polizeilichen Ermittlungen zu erhalten. Schließlich muss man einschätzen können, ob das Geständnis stimmig und nachvollziehbar ist und nicht in offenkundigem Widerspruch zu bisherigen Erkenntnissen steht. Denn für einen schnellen und oftmals »günstigen« Deal sind manche Angeklagten bereit, die Wahrheit mit Füßen zu treten und genau das zu sagen, was das Gericht – vermeintlich – von ihnen hören will. Nur weil ein Angeklagter ein Geständnis ablegt, heißt das noch lange nicht, dass das Gericht dem folgen darf – selbstverständlich muss es alles unternehmen, um sich vom Wahrheitsgehalt zu überzeugen.

Wie das Wort »Deal« bereits suggeriert, soll jeder etwas davon haben, und vor allem die Angeklagten versprechen sich bei dieser Vorgehensweise oft ein besonders wohlwollendes Urteil. Ob sie das allerdings kriegen, ist fraglich. Nicht zuletzt deshalb bin ich ein entschiedener Gegner solcher Absprachen, die immer die Gefahr eines faulen Kompromisses bergen. Denn niemand kann im Vorfeld beurteilen, wie die Beweisaufnahme im Einzelnen noch verlaufen würde.

Im Fall Armin Bauer war ursprünglich geplant gewesen, unabhängig von einem Geständnis auf jeden Fall den Geschädigten Hertenstein als Zeugen zu vernehmen. Das Gericht wollte sich ein eigenes Bild davon machen, wie er die Tat körperlich und seelisch verarbeitet hatte. In der unerwarteten Situation, dass der Zeuge nicht im Prozess auftreten konnte, war das für das Gericht aber offenbar kein Muss mehr. Mir sollte es recht sein. Dass Armin Bauer ein Geständnis ablegen würde, hatte bei unserer Prozessvorbereitung ohnehin immer außer Frage gestanden, und die Verteidigung würde auch sicher nicht darauf bestehen, dass Christoph Hertenstein vor Gericht erschien. Gerade angesichts seines instabilen Gesundheitszustands konnte es für Armin Bauer nur gut sein, wenn das Verfahren so bald wie möglich zum Abschluss kam.

»Das Gericht könnte sich bei Geständnis einen minder schweren Fall und damit eine maximale Freiheitsstrafe von sechs Jahren und sechs Monaten vorstellen.«

Schon waren wir mittendrin in den Deal-Verhandlungen. Allerdings fand ich die Strafvorstellung des Gerichts überzogen. Ich schüttelte bedauernd den Kopf: »Mehr als vier Jahre werde ich dem Mandanten nicht verkaufen können. Und offen gestanden sehe ich bei dem Angebot des Gerichts den TOA nicht hinreichend berücksichtigt. 20 000 Euro sind kein Pappenstiel. Ganze 11 000 hat mein Mandant bereits gezahlt, der Rest fließt in Raten. Und die Entschuldigung war offenkundig auch nicht einfach nur Taktik. Bei Herrn Hertenstein ist sie jedenfalls genauso ehrlich angekommen, wie sie gemeint war.«

»Herr Lucas, machen Sie bitte keinen Basar auf«, reagierte

der Vorsitzende leicht gereizt. »Vier Jahre trägt die Kammer auf keinen Fall mit. Dafür sind auch die Verletzungen zu massiv. Ich erinnere Sie an dieser Stelle auch an die jüngsten Entwicklungen. Wenn wir den Rückfall des Opfers näher aufklären müssten, könnte das die Situation für Ihren Mandanten womöglich deutlich verschlechtern.«

Die vom Vorsitzenden schließlich vorgeschlagenen fünfeinhalb Jahre schienen die absolute Schmerzgrenze nach unten zu sein. Und da ich mir ursprünglich mal fünf und nicht – wie eben noch pokernd behauptet – vier Jahre vorgestellt hatte, war das Angebot an sich passabel.

»Könnten Sie sich damit anfreunden?«, fragte der Vorsitzende den Staatsanwalt auffordernd.

Ich hoffte es. Denn es war an sich schon richtig, was der Vorsitzende mit Blick auf den erneuten Krankenhausaufenthalt von Christoph Hertenstein gesagt hatte. Eine nähere Klärung dieses traurigen Zwischenfalls könnte die Tat in ein spürbar schlechteres Licht rücken.

»Ich fürchte, nein«, setzte der Staatsanwalt jedoch an. »Die Staatsanwaltschaft stellt sich eine Strafe nicht unter sieben Jahren vor. Da sind wir ganz einfach zu weit auseinander.« Zudem bestand der Staatsanwalt auf Klärung, was es mit den Komplikationen bei Christoph Hertenstein auf sich hatte. Und auf dessen Vernehmung wollte er ohnehin nicht verzichten. Nicht einmal für den Fall, dass ein Deal zustande käme: »Ich möchte mir einen Eindruck davon verschaffen, wie das Opfer die Tat empfunden und vor allem verkraftet hat. Dafür nutzt mir auch das beste Geständnis nichts.«

Das war's dann wohl mit dem Deal. Ohne eine erfolgreiche Verständigung würden wir den Prozess wohl oder übel mit vollem Programm durchziehen müssen. Und dafür brauchten wir auch den Geschädigten als Zeugen, der jedoch erst einmal genesen musste. Dabei konnte ich dem Staatsanwalt seine Haltung gar nicht mal verübeln; im Grunde genommen teilte ich sie ja. Völlig zu Recht wehrte er sich gegen einen Schnellschuss zulasten einer soliden und gründlichen Aufklärung des Sachverhalts.

Zurück im Sitzungssaal, gab der Vorsitzende der Schwurgerichtskammer das soeben im Kämmerlein Besprochene zu Protokoll und schloss danach die Sitzung mit den Worten: »Neuer Termin wird von Amts wegen bestimmt.«

Bereits nach zehn Tagen rief mich der Vorsitzende Richter an. Als meine Sekretärin ihn zu mir durchstellte, dauerte es einen Moment, ehe er zu sprechen begann. Ich werde diese Unterhaltung wohl nie vergessen: »Herr Lucas, ich habe traurige Nachrichten. Christoph Hertenstein ist verstorben.«

Ich musste schlucken. Diese Nachricht war für mich unfassbar. Mir tat das so unglaublich leid. Der Mann war gerade einmal 42 Jahre alt geworden und hinterließ eine Familie. Ich dachte an die Ehefrau, die ihren Mann verloren hatte. Und vor allem an die Tochter, Lisa-Marie. Von ihr befand sich ein Brief in der Akte, den sie wenige Tage nach dem schrecklichen Vorfall an die Staatsanwaltschaft geschrieben hatte: »*Ich bete jeden Tag, dass mein Papa wieder richtig gesund wird. Seit er auf der Intensivstation liegt, habe ich furchtbare Angst um ihn. Mir meinen Papa zu nehmen wäre das Schlimmste, was passieren könnte.*«

Der Anruf des Richters und meine Gedanken an den Verstorbenen und seine Hinterbliebenen hatten mich sehr mitgenommen. Zwar hatte ich schon oft in nicht minder tragischen Todesfällen die Verteidigung übernommen. Aber meistens war zu Beginn meiner Arbeit schon jemand gestorben – jetzt war ich viel unmittelbarer und emotionaler beteiligt. Bisher war es immer so gewesen, dass die Sachverhalte irgendwo in der Vergangenheit lagen und jetzt nur noch juristisch bewertet werden mussten. Das machte es immer verhältnismäßig leicht, sich mit den Fällen in erster Linie aus strafrechtlicher und nicht aus menschlicher Sicht zu befassen.

Als ich Armin Bauer noch am selben Nachmittag in der JVA aufsuchte, wusste er sofort, dass ich keine guten Nachrichten brachte. Nachdem ich ihm von Christoph Hertensteins plötzlichem Tod berichtet hatte, sagte er zunächst minutenlang nichts, sondern starrte mit leerem Blick vor sich auf den Tisch. Er hatte sich nie etwas vorgemacht: Dass Christoph Hertenstein an der Messerattacke nicht gleich gestorben war, grenzte an ein Wunder. Die Zeilen, mit denen ihm sein Opfer vergeben hatte, hatten ihm sehr viel Kraft gegeben. Jetzt war Christoph tot. Er, Armin Bauer, hatte ihn getötet. Wie sollte er je darüber hinwegkommen, wie überhaupt mit dieser unermesslich großen Schuld künftig leben?

Dass er nun mit einer sehr viel höheren Gefängnisstrafe rechnen musste, spielte in diesem Augenblick für ihn selbst keine Rolle. Ihm lagen vor allem seine Frau und seine drei Kinder am Herzen. Sie hatten sich bereits auf die fünfeinhalb Jahre eingestellt und sich gemeinsam geschworen: Wir schaffen das! Und nun?

Ein knappes Jahr nach der Tragödie ging der Prozess weiter. Die mittlerweile durchgeführte Obduktion hatte ergeben, dass die Perforation des Darms, die der Stich mit dem Steakmesser bei Christoph Hertenstein verursacht hatte, viele Wochen nach der Entlassung aus dem Krankenhaus zu Komplikationen geführt hatte. Wahrscheinlich hatte er schon länger Schmerzen mit sich herumgeschleppt, ehe er wieder ins Krankenhaus gegangen war. Da das rechtsmedizinische Gutachten einen Behandlungsfehler der verantwortlichen Ärzte jedenfalls ausschloss, gab der Vorsitzende Richter gleich im Anschluss an die Vernehmung des

Sachverständigen eine folgenschwere Erklärung zu Protokoll: »Es ergeht folgender rechtlicher Hinweis: Es kommt auch eine Verurteilung wegen vollendeten Totschlags in Betracht.«

Unweigerlich überkam mich nun auch für Armin Bauer, den Täter, ein starkes Mitgefühl. An seiner Tat selbst hatte sich in der Zwischenzeit ja nichts geändert, allerdings an den Tatfolgen. Der Tod von Christoph Hertenstein, den Armin Bauer – wenn auch mit erheblicher zeitlicher Verzögerung – durch den Messerstich verursacht hatte, machte aus dem versuchten nun einen vollendeten Totschlag. Und damit war ein völlig anderes, vermutlich deutlich höheres Strafmaß zu erwarten.

Wie lange würden Frau und Kinder Armin Bauer entbehren müssen? Zehn Jahre? Oder gar länger? Das Schreckliche war, auch die längste Freiheitsstrafe würde nichts sein im Vergleich zu den Perspektiven, die Christophs Ehefrau Beate und der gemeinsamen Tochter Lisa-Marie geblieben waren. Armin Bauer hatte durch seine sinnlose Messerattacke nicht mehr nur einen Menschen schwer verletzt, er hatte ihn getötet.

Dass das gar nicht sein Ziel gewesen sein mochte, war gut vorstellbar, war aber für das Gericht unerheblich. Fest stand, dass Armin Bauer einem anderen Menschen ein Messer in den Bauch gerammt hatte – und damit in Kauf nahm, dass dieser Mensch sterben könnte. Und das reichte aus für die Annahme eines sogenannten Eventualvorsatzes, der schwächsten aller Vorsatzformen. Und deshalb war davon auszugehen, dass die Staatsanwaltschaft mittlerweile das Vorliegen eines vollendeten Totschlags annehmen würde.

Natürlich wusste ich, dass die tatbestandsmäßige Einordnung eines lebensgefährlichen Angriffs immer davon abhing, ob das Opfer diesen überlebt oder nicht. Aber nie zuvor hatte ich das in der Praxis derart anschaulich erlebt. Nach Beendigung des Messerangriffs hatte Armin Bauer das weitere Schicksal seines

Opfers genauso wenig in der Hand gehabt wie das eigene. Christoph Hertenstein hatte letztlich das Leben verloren, Armin Bauer die Chance auf eine Freiheitsstrafe im unteren Bereich.

Meine Gedanken waren beim Opfer, aber auch bei den unschuldigen Ehefrauen und Kindern. Wie würden Frau Hertenstein und Lisa-Marie den Verlust verkraften? Und was würde aus der Familie von Armin Bauer werden? Würde seine Ehe eine Trennung über viele Jahre hinweg überleben? Welche Rolle würde ein Vater, der im Gefängnis saß, im Leben seiner Kinder noch spielen können? Zumindest zwei von ihnen würden bei seiner Entlassung vermutlich erwachsen sein. Wie groß würde die Entfremdung über die Jahre hinweg sein?

Das Urteil lautete schließlich auf zehn Jahre. Es war hart, jedoch der veränderten Situation geschuldet und angemessen. Das Gericht war nur ein Jahr über meinem Antrag geblieben.

Da mein Auto in der Werkstatt war, nahm ich im Anschluss an die Gerichtsverhandlung nach langer Zeit mal wieder die Trambahn, um zurück in die Kanzlei zu gelangen. Während ich aus dem Fenster schaute, musste ich plötzlich an den Brief denken, den Christoph Hertenstein damals an Armin Bauer gerichtet hatte: *»Ich danke Ihnen für die ehrlichen Zeilen und nehme Ihre Entschuldigung an.«* Ob er das wohl auch geschrieben hätte, wenn er von seinem baldigen Tod gewusst hätte?

Eine laute Stimme riss mich aus meinen Gedanken. Der junge Mann neben mir brüllte in sein Handy: »Bist du noch dran? Ich glaube, ich habe keinen Empfang mehr.«

Dann leg halt auf, dachte ich, sagte aber nichts. Das war es mir nicht wert.

Ein Hauch von String

Chips, Cola, Bier und Aperol Spritz: Alles war auf dem Balkon meines Freundes und Kollegen Christian Hoffmann für das geplante »Vorglühen« aufgebaut. Im Kreis lieber Menschen wollten meine Frau und ich einfach mal wieder starten wie damals als Studenten, so hatten wir das für diesen hochsommerlichen Samstagabend geplant. Am Ende waren wir elf Leute. Und weil der Abend auf dem Balkon immer lustiger und gemütlicher wurde, wollte irgendwann keiner mehr weiterziehen.

»Also hoch die Tassen!« Ich konnte mich mit der Mehrheitsentscheidung gut anfreunden, so gerne ich auch nach langer Zeit mal wieder ins P1 gegangen wäre.

»Hättest du denn immer noch Laune?«, fragte mich etwa zwei Stunden später ein mir nicht näher bekannter Balkongast, den einer der Freunde an diesem Abend mitgebracht hatte. Ich hatte den jungen Mann noch nie zuvor gesehen und auch im Lauf des Abends kein Wort mit ihm gewechselt. Eine alte Freundin, so verkündete er, war gerade im »Einser« und hatte ein paar Minuten zuvor per SMS versucht, ihn dorthin zu locken: »Die kenne ich schon seit Jahren. Mit der kann man gut Party machen.«

»Freut mich«, sagte ich augenzwinkernd. »Dann schaffst du das auch locker ohne mich.« Ich fühlte mich gerade sehr wohl und hatte keine Lust, mich vom Balkon wegzubewegen. Allerdings schien er einen Narren an mir gefressen zu haben und drängte mich hartnäckig, mir doch einen Ruck zu geben und mitzukommen. Als Kompromiss gab ich ihm meine Mobilnummer. Er sollte doch schon mal vorgehen, und vielleicht konnte mich ein kurzer Stimmungsbericht später ja noch umstimmen. So sagte ich es jedenfalls und dachte dabei im Stillen, wie schön es doch hier mit meinen Freunden war.

Der Stimmungsbericht kam tatsächlich – und nicht nur einer. Der erste erreichte mich in derselben Nacht per SMS um 4:27 Uhr: »Geile Leute, geile Getränke!« Ich dachte nicht im Traum daran, jetzt noch loszuziehen. Der zweite und weniger geile kam sehr viel später, nämlich um 13:38 Uhr: »Scheiße. Sitze bei der Polizeiinspektion 12 in der Türkenstraße. Du bist doch Verteidiger? Kannst du kommen?« Ich konnte und machte mich – Sonntag hin oder her – zehn Minuten später auf den Weg.

Matthias – so hieß der 32-Jährige – war in deutlich schlechterer Verfassung als am Abend zuvor. Bei einem Gespräch unter vier Augen erzählte er mir, weshalb er vorläufig festgenommen worden war.

Matthias hatte die zweite Hälfte der vergangenen Nacht tatsächlich wie angekündigt im P1 verbracht und dort mit Julia, der Partymaus, für eine erhebliche Umsatzsteigerung an der Bar gesorgt.

»Julia und ich sind seit sieben Jahren befreundet. Nur so halt. Eben richtige Kumpels.« Matthias erzählte mir von gemeinsamen Kino- und Restaurantbesuchen und eben auch von dem einen oder anderen Absturz in den Clubs dieser Stadt.

Und genau so einen Absturz hatten beide wohl auch in der vergangenen Nacht erlebt. Gegen sechs Uhr hatten sie beschlossen, das P1 zu verlassen. »Wir waren hackedicht und mussten irgendwann mal ›Servus‹ sagen.«

So richtig »Servus« hatten sie dann allerdings doch nicht gesagt. Julia traf die weise Entscheidung, ihr Auto stehen zu lassen. Die Vorstellung, sich um diese Zeit mit Bus und Bahn in den am südöstlichen Rand von München gelegenen Stadtteil Trudering durchzuschlagen, gefiel ihr allerdings gar nicht. Matthias hatte es da komfortabler. Er wohnte in der Maxvorstadt in unmittelbarer Nachbarschaft zum P1. Und weil Julia eben wenig Neigung verspürte, jetzt noch raus- und ein paar Stunden später wieder in die Stadt reinzufahren, um das Auto zu holen, bat sie Matthias, ihr in dieser Nacht Asyl zu gewähren. Unter Kumpels kein Problem; also willigte Matthias ein und bewahrte sie vor dem nervigen Hin- und Herfahren.

In seiner Zweizimmerwohnung angekommen, drückte er Julia ein T-Shirt und Boxershorts in die Hand, bevor er anfing, für sie im Wohnzimmer das Sofa herzurichten.

»Du, lass doch – dein Bett ist breit genug!«

Da hatte Julia nicht unrecht. Und so legte Matthias im Schlafzimmer schnell noch ein Kissen und eine Decke bereit, während Julia für kurze Zeit im Bad verschwand. Fünf Minuten später tauchte sie wieder auf und schlüpfte ins Bett – mit nichts an außer einem Hauch von String: »Mir ist so heiß – das stört dich doch nicht, oder?«

Nein, das störte Matthias gar nicht. Auch er ging noch kurz ins Bad, wo Julia die immer noch sorgfältig zusammengelegten Boxershorts nebst T-Shirt zurückgelassen hatte, putzte sich die Zähne und huschte zu Julia ins Bett. Die hatte ihm den Rücken zugewandt und schien bereits zu schlafen. Doch kaum lag er in den Kissen, drehte sie sich um und umarmte ihn völlig unvermittelt. Etwas überrumpelt, aber durchaus positiv überrascht, erwiderte Matthias die Umarmung.

Julia schien nichts dagegen zu haben – auch nicht, als er anfing, ihren Körper mit seinen Händen ein wenig zu erforschen. Aber: Moment mal, schlief Julia auf einmal wieder? Oder hatte sie die ganze Zeit geschlafen? Nun ja, dachte sich Matthias, irgendwie hat sie diese Situation ja provoziert. Warum sonst hätte sie nicht nur auf den Schlafplatz im Wohnzimmer, sondern auch gleich noch auf die von ihm angebotenen Schlafklamotten verzichten sollen? Und dann noch die Umarmung. Bestimmt hätte sie sich weggedreht, wenn sie etwas dagegen gehabt hätte.

Und so tastete sich Matthias immer weiter vor – bis Julia plötzlich laut aufschrie. Sie war völlig entsetzt, einen Finger zwischen ihren Schenkeln zu spüren. In null Komma nichts hüpfte sie aus dem Bett, sammelte ihre Kleider ein und verschwand aus der Wohnung.

Matthias war komplett von der Rolle, er verstand gar nichts mehr. War bis eben nicht alles ganz schön gewesen? Oder hatte Julia etwa doch schon geschlafen und sich nach dem Aufwachen an den etwas einseitig erfolgten Streicheleinheiten gestört? Na ja, vielleicht zickte sie auch nur etwas rum, weil Matthias ihr ein bisschen zu weit gegangen war. Egal auch, er war müde und schlief wenige Sekunden später ein.

Das nächste Lebenszeichen von Julia kam noch am selben Tag, allerdings nicht von ihr persönlich, sondern über die Polizei, die gegen Mittag bei Matthias vor der Haustür stand, um ihn mit zur Wache zu nehmen. Und da saß er nun. Vorwurf: sexueller Missbrauch einer widerstandsunfähigen Person.

Dass Matthias darauf nur mit einem »Bitte, was?« reagierte, war nur allzu verständlich. Er konnte ja bereits die Sache mit dem »sexuellen Missbrauch« nicht nachvollziehen. Dass er Julia in der vergangenen Nacht allerdings nicht nur sexuell missbraucht, sondern hierfür ihre wie auch immer geartete »Widerstandsunfähigkeit« ausgenutzt haben sollte, schlug dem Fass den Boden aus. Jedenfalls auf den ersten Blick. Und für den juristischen Laien.

»Stephan, was ist denn das für ein Schmarrn? Die Julia ist doch nicht geistig behindert und auch keine Komapatientin, auch wenn sie gestern etwas viel gesoffen hat, so wie ich auch, aber sie war doch nicht bewusstlos oder so. Und gelähmt oder gefesselt war sie auch nicht. Was soll denn das mit dem ›widerstandsunfähig‹?«

Ganz falsch lag er damit nicht. Geistig Behinderte oder auch Menschen, die im Koma liegen, gehörten in der Tat zu dem Personenkreis, der durch die bis zum 9. November 2016 bestehende Vorschrift des § 179 Absatz 1 des Strafgesetzbuchs einen besonderen Schutz erfahren sollten. Aber eben nicht nur sie. Geschützt wurden alle Personen, die sich zum Zeitpunkt der sexuellen Handlungen im Zustand einer sogenannten »tiefgreifenden Bewusstseinsstörung« befinden.

»Und was für Leute sind das, bitte schön? Ohnmächtige? Narkotisierte? Hypnotisierte?«

Ich unterbrach Matthias, der als Banker ein bemerkenswerter Transferdenker bei juristischen Fragen zu sein schien und mit seiner Aufzählung erneut ins Schwarze getroffen, jedoch eine wichtige Gruppe außer Acht gelassen hatte: »Du hast den schlafenden Teil der Bevölkerung vergessen.«

»Bitte, wen?«

»Nun, all diejenigen, die gerade am Schlafen sind.«

Dass Julia nämlich eine gesunde Frau von 31 Jahren war, die bayrische Autos verkaufte und im Alltag dementsprechend selbstbewusst auftrat, wäre in der vergangenen Nacht völlig unerheblich gewesen. Entscheidend wäre allein, ob Julia zum Zeitpunkt der »lustvollen« Berührungen tief und fest geschlafen haben und genau deshalb »widerstandsunfähig« gewesen sein könnte. Nach der mittlerweile erfolgten Neufassung des Gesetzes würde es für eine entsprechende Bestrafung heute sogar völlig ausreichen, wäre sie in der Willensbildung einfach nur »erheblich eingeschränkt« gewesen.

Wenn Julia also tatsächlich geschlafen hätte, dann wären die intimen Berührungen von Matthias nach der alten wie der neuen Fassung strafbar. Und genau genommen war das auch der einzige Punkt, bei dem die Darstellung der beiden auseinanderging. Dass Julia nämlich das Angebot des Gentleman auf getrennte Schlafzimmer und angemessene Nachttracht abgelehnt hatte und lieber halb nackt zu Matthias ins Bett gesprungen war, wollte sie gar nicht leugnen. Matthias wiederum gab offen und ehrlich zu, dass er Julias Körper von Kopf bis Fuß ertastet und dabei auch den Schambereich nicht ausgespart hatte.

Doch ausgerechnet der einzig strittige Punkt, nämlich ob Julia noch wach gewesen war oder nicht, konnte für Matthias in seiner Strafsache jetzt alles oder nichts bedeuten. Hätte Julia – wie sie behauptete – bis zu ihrem unsanften Erwachen tief und fest geschlafen und Matthias das mitbekommen, dann hätte er sich mit seinem Verhalten ziemlich sicher strafbar gemacht.

»Das ist ja der reinste Albtraum«, stöhnte Matthias, als er seine Situation begriffen hatte. »Aber die lassen mich doch wohl heute noch gehen, oder etwa nicht?«

Ich konnte Matthias da leider keine Hoffnungen machen. Das Gesetz sah für sein mutmaßlich strafbares Verhalten am frühen Morgen eine Mindestfreiheitsstrafe von immerhin sechs Monaten vor. Vielleicht würde ein wohlwollender Richter in einem solchen Fall auch lediglich einen minder schweren Fall annehmen und unter den sechs Monaten bleiben. Eine Geldstrafe war allerdings eher ausgeschlossen. Von daher war die Sache aus Sicht der Polizei wohl zu gravierend, als dass sie Matthias eigenmächtig wieder auf freien Fuß setzen würde, zumal hier immerhin der Vorwurf eines Sexualdelikts im Raum stand.

Sicher, bei einer Höchststrafe von zehn Jahren war nach oben hin noch viel Luft. Aber Volk und Presse richten auf Sexualdelikte per se immer schon ein ganz besonderes Augenmerk. Da würden die ermittelnden Polizeibeamten vermutlich lieber den Staatsanwalt entscheiden lassen, ob er einen Haftbefehl beantragen wollte oder nicht. Blöderweise war Sonntag. Da würde natürlich niemand etwas entscheiden. Und da die Polizei Matthias auch ohne Haftbefehl bis zum darauffolgenden Montag um 24 Uhr festhalten durfte, war es für den zuständigen Staatsanwalt völlig ausreichend, die Haftfrage erst am nächsten Tag zu entscheiden.

»Du weißt schon, dass ich morgen um neun bei der Arbeit in der Bank sein muss?«

Das war leider für die Polizei kein Argument. Wir mussten aus der Situation also das Beste machen, was mir natürlich leichter fiel als dem völlig konsternierten Matthias. Ich ließ mir von ihm die Nummer eines Freundes geben, den ich über die Situation informieren durfte und der ihn bei seinem Arbeitgeber für den morgigen Tag abmelden würde. Außerdem versprach ich ihm, gleich am Montag in der Frühe den zuständigen Staatsanwalt anzurufen und alles daranzusetzen, ihm einen möglichen Haftbefehlsantrag auszureden.

Auch wenn ich Matthias vorsorglich auf das Schlimmste vorbereitete: Ich rechnete selbst nicht ernsthaft mit einem Haftbefehl. Dazu kam mir die Geschichte zu dünn vor. Wenn wir Glück hatten, würde das Verfahren gegen Zahlung eines Geldbetrags eingestellt. Und selbst für den Fall, dass es zu einem Prozess kommen sollte, würde Matthias wohl kaum mit mehr als einem Jahr rechnen müssen, und die Strafe würde selbstverständlich zur Bewährung ausgesetzt werden. Egal, wie man es drehte und wendete: Ein Haftbefehl erschien mir in diesem Fall schon fast abwegig.

Der zuständige Staatsanwalt sah das leider ganz anders. »Verzeihen Sie bitte, Herr Lucas, aber da muss ich laut lachen.«

Mit dieser Reaktion hatte ich nun wahrlich nicht gerechnet, und ich fragte mich, was der Staatsanwalt an meinen Überlegungen so lustig fand.

»Ich bitte Sie! Ihr Mandant hatte bei der Frau den Finger zwischen den Schenkeln. Die Geschädigte sagt, die Hand sei bereits unter ihrem Slip gewesen. Ich halte es da mit dem BGH.«

Aha. Doch wie hielt es der Bundesgerichtshof seiner Ansicht nach mit männlichen Fingern zwischen weiblichen Schenkeln? Die Frage beantwortete der Staatsanwalt mir nur indirekt: »Ich gehe auf gut Deutsch davon aus, dass Ihr Mandant mit seinem Finger in den Körper der jungen Frau eingedrungen war. Und was das im Ergebnis für ihn bedeutet, brauche ich Ihnen wohl nicht zu sagen.«

Nein, das brauchte er in der Tat nicht. Wenn der Staatsanwalt hier tatsächlich ein »Eindringen in den Körper« annahm, hätte Matthias mit seinen – wie er es nannte – Streicheleinheiten also zusätzlich den Qualifikationstatbestand des § 179 Absatz 5 StGB erfüllt, der eine Mindestfreiheitsstrafe von sage und schreibe zwei Jahren vorsah! Zwar gab es auch hier theoretisch die Möglichkeit eines minder schweren Falles, der die Mindeststrafe dann auf ein Jahr reduzieren würde, aber: »Darüber brauchen wir nicht zu reden, solange Ihr Mandant die Tat nicht gesteht. Und eigentlich sehe ich den minder schweren Fall selbst dann nicht.«

Bis jetzt war es nur um das Thema Haftbefehl gegangen. Die Möglichkeit einer Verfahrenseinstellung brauchte ich nach diesen Worten des Staatsanwalts gar nicht mehr anzusprechen – wie lustig hätte er das erst gefunden! Dass er am selben Tag noch einen Haftbefehl beantragen würde, war nun so sicher wie das Amen in der Kirche. Wie gut, dass ich Matthias vorsorglich auf den »worst case« vorbereitet hatte.

Trotzdem: Aus meiner Sicht hatte sich der Staatsanwalt mit

der Annahme des Qualifikationstatbestands in eine fixe Idee verrannt. Je schneller ich ihn mit rechtlichen Argumenten davon überzeugen konnte, dass er irgendetwas – oder besser gesagt: irgendwen, womöglich den BGH – missverstanden hatte, desto eher würde Matthias wieder auf freiem Fuß sein.

Wie so oft erleichterte auch hier ein Blick ins Gesetz, respektive in den Kommentar zum Strafgesetzbuch, die Rechtsfindung. Zumindest ein wenig. Was der BGH nämlich zum Tatbestand des »Eindringens« zu sagen hatte, war zwar in der Formulierung klar, für die Verwendung in der Praxis jedoch alles andere als erhellend: »Bereits mit Eindringen in den Scheidenvorhof ist der Tatbestand des Eindringens erfüllt.«

Das bedeutete im Klartext: Ein fremder Körperteil im Intimbereich einer Frau konnte in der juristischen Praxis schneller als »Eindringen« bewertet werden, als man gucken konnte. Sollte Matthias in der vorangegangenen Nacht also tatsächlich seine Hand im Höschen seiner Kumpelfreundin gehabt haben, hatte er im Hinblick auf die zu erwartende Strafhöhe und seine Chance auf Haftentlassung denkbar schlechte Karten. Und so erließ der Ermittlungsrichter gegen Mattias noch am selben Tag Haftbefehl.

Am nächsten Morgen rief mich der Staatsanwalt um neun Uhr an. Seine Eingangsworte: »Ich habe mir das Ganze jetzt mal genauer angeschaut«, weckten in mir die leise Hoffnung, dass er inzwischen doch von der harten Linie abgekommen war. Leider erwies sich das als reines Wunschdenken. Alles, was er nämlich zu vermelden hatte, war eine weitere Hiobsbotschaft: »Dem Bundeszentralregister konnte ich zwischenzeitlich entnehmen, dass Ihr Mandant vorbestraft ist. Ich weiß nicht, ob Ihnen das bekannt war.«

Nein, war es nicht.

»Zwar alles halb so schlimm«, fuhr der Staatsanwalt fort.

»Zwei Verurteilungen wegen Leistungserschleichung mit vierzig und siebzig Tagessätzen. Ihr Mandant scheint ganz einfach die U-Bahn zu mögen, weniger jedoch das Lösen eines Fahrscheins. Allerdings hat er jetzt ein weiteres Problem.«

Das hatte er in der Tat. Nicht wegen des Schwarzfahrens; dafür war er ja bereits zu zwei Geldstrafen verdonnert worden. Die Verurteilungen an sich waren das Problem. Denn so geringfügig sie auch sein mochten, sie konnten sich strafverschärfend auswirken.

Falls es noch dicker kam und das Gericht am Ende von einem »Eindringen in den Körper« und somit von einer Mindestfreiheitsstrafe von zwei Jahren ausgehen sollte, würden wir uns sogar von der Aussicht auf eine Bewährungsstrafe verabschieden müssen. So sagt es das Gesetz. Doch wie sollte ich das Matthias verklickern, der sich bei dieser Perspektive innerlich schon mal für lange Zeit von seiner Freiheit und seinem Job in der Bank verabschieden konnte?

Als ich Matthias nach dem Telefonat mit dem Staatsanwalt in der JVA München-Stadelheim besuchte und ihm offen sagte, was Sache war, schaute er mich nur mit leerem Blick an. Vermutlich konnte er nicht fassen, welche Lawine er in der gemeinsamen Nacht mit Julia losgetreten hatte. Ich beschwor ihn, nach vorne zu schauen und dringend zu entscheiden, wie er sich im Hinblick auf den Job weiter verhalten wolle. Dort galt er vorerst als krank.

»Spätestens übermorgen wird deine Bank eine schriftliche Krankmeldung haben wollen. Oder hast du vielleicht noch freie Urlaubstage, die du erst mal noch abfeiern könntest?«

Nein, hatte er nicht. Und selbst wenn, hätte er damit ohnehin nur etwas Zeit schinden können. Kein Resturlaub hätte gereicht, um die Monate bis zum Prozess, die er vermutlich im Gefängnis würde zubringen müssen, zu überbrücken. Und dann drohte für den Fall einer Verurteilung ja noch eine hohe Freiheitsstrafe, die sich direkt an die Untersuchungshaft anschließen würde. So lange ließ sich kein Arbeitgeber hinhalten.

»Warum nicht eine Flucht nach vorn?«, schlug ich Matthias aufmunternd vor. Damit hatte ich in der Vergangenheit schon gute Erfahrungen gemacht. Ein Gespräch mit dem Arbeitgeber im Auftrag des Mandanten. Was hatte man schon zu verlieren? Irgendwann käme die Sache doch ans Licht. Bestenfalls, wenn auch unwahrscheinlich, könnte einen der Arbeitgeber vorübergehend freistellen. Wahrscheinlicher war in Matthias' Fall ein Aufhebungsvertrag. Und der könnte nach einer Haftentlassung Gold wert sein, sobald es um den Wiedereinstieg ins Berufsleben ging.

Doch Matthias war für solche Lösungen nicht empfänglich: »Mach ich nicht. Vergiss es! Ich werde dich kaum zur Bank schicken und dich mit denen über mein Sexualstrafverfahren reden lassen. Das würden die hundertprozentig in den falschen Hals bekommen. Und den Stempel eines Sexverbrechers werde ich mir nicht aufdrücken lassen. Da sollen die mich schon lieber rausschmeißen.«

Das tat die Bank genau eine Woche später. Aufgrund seines unentschuldigten Fernbleibens vom Arbeitsplatz war Matthias erwartungsgemäß die fristlose Kündigung ins Haus geflattert. Das hatte mir sein Freund ausgerichtet, der nun ab und an für ihn den Briefkasten leerte.

Matthias sah äußerst schlecht aus, als ich ihn noch in derselben Woche besuchte. Die ganze Situation war für ihn nach wie vor unfassbar. Da hatte sich eine erwachsene Frau, die er schon ewig kannte, praktisch nackt zu ihm ins Bett gelegt und Körperkontakt gesucht – und jetzt saß er im Knast, hatte seinen Job verloren, keine Ahnung, wie er die Miete für die Wohnung bezahlen sollte, und überhaupt ging seine ganze Zukunft gerade den Bach hinunter. Und das alles wegen einer ausgelassenen Nacht, in der er ein bisschen unbedacht an einer Frau gefummelt hatte.

»Sag mal, sehe ich das eigentlich richtig? Eine Frau muss einfach nur hingehen und behaupten, sie hätte mit einem Typen im Bett gelegen, wäre eingeschlafen und hätte beim Aufwachen plötzlich eine Hand im Schritt gespürt? Und schwupps ist der Mann aus dem Verkehr gezogen und verschwindet für zwei Jahre oder mehr im Knast?«

So bitter es klang, er hatte recht. Ich nickte.

»Also, wenn sich das rumspricht, können sich Frauen, die einen Mann hinter Gitter bringen wollen, künftig die Mühe sparen, eine schlimme Vergewaltigung zu konstruieren, bei der dann Richter, Staatsanwalt und Verteidiger bei ihrer Befragung unangenehm ins Detail gehen könnten? Die Sache mit dem Einschlafen ist doch in ihrer Schlichtheit einfach genial: keine intimen Details, keine peinlichen Fragen.«

Ich zuckte mit den Schultern. »Ja, aber wenn das so einfach ist, wie kann ich mich dann vor so einer falschen Verdächtigung schützen? Zeugen dürfte es ja beim Sex kaum geben.« Matthias schaute mich herausfordernd an.

»Sie können sich gar nicht schützen«, sagte ich. »Vielleicht sich nicht mit jeder x-beliebigen Frau einlassen, aber auch das kann das Risiko allenfalls minimieren. Sexual- und übrigens auch Drogendelikte sind Strafsachen, bei denen es so herrlich einfach ist, über einen Unschuldigen mal eben Lügen zu verbreiten.«

»Aber dann steht doch Aussage gegen Aussage!«

Ich konnte Matthias ja verstehen, aber was sollte ich sagen? »Hm, die Aussage einer zur Wahrheit verpflichteten und entsprechend belehrten Zeugin gegen die Aussage eines Angeklagten, der sich nicht nur nicht selbst belasten muss, sondern sogar lügen darf.«

»Na sauber.« Matthias schüttelte resigniert den Kopf. Dann schaute er mich an: »Damit du es weißt, ich habe bei der Sache mit Julia immer die Wahrheit gesagt. Ich habe wirklich geglaubt, dass sie noch wach war oder zumindest noch nicht richtig geschlafen hatte. Mein Gott, wenn sie doch bloß gleich am Anfang einen Ton gesagt hätte!«

»Wie denn, wenn sie geschlafen haben sollte? Und mal ehrlich: Vermutlich hat sie wirklich geschlafen.«

Auch wenn Matthias das nicht von mir hören wollte: Er sah es mittlerweile genauso. Alles andere war doch unrealistisch. Wenn Julia wach gewesen wäre, hätte sie sein Gefummel wohl kaum erst stillschweigend hingenommen, um dann aus heiterem Himmel so extrem zu reagieren. Sie musste plötzlich wach geworden sein. Das war die einzig stimmige Erklärung für ihre krasse Reaktion.

»Aber warum tickt die dann gleich so aus! Hätte sie mir halt eine geknallt. Oder mich angeschrien. Was weiß denn ich. Ich hätte doch sofort aufgehört. Ich wäre doch nicht im Traum auf die Idee gekommen, sie zu irgendwas zu zwingen. Ganz ehrlich: Bis zu dem Moment, als sie sich umgedreht hatte, hatte ich überhaupt nicht daran gedacht, dass irgendwas laufen könnte.« Matthias war halb verzweifelt, halb aufgebracht.

Ich konnte ihn verstehen. Wenn Julia wirklich geschlafen hatte, dann war sein Verhalten dem ersten Anschein nach natürlich mehr als schäbig gewesen. Aber es war ebenso gut möglich, dass er, besoffen, wie er war, die Situation verkannt hatte. Und da auch Julia ordentlich getankt hatte, war er vielleicht auch gar nicht mal sonderlich verwundert darüber gewesen, dass sie plötzlich eine gewisse Enthemmung gezeigt hatte. Und war es wirklich so unmöglich, mehr zu erwarten, wenn sich eine Frau barbusig zu einem in die Kiste legt und einen spontan umarmt? Die meisten Männer hätten das wohl als Signal in Richtung Sex gedeutet. Schließlich konnte er nicht in sie hineinschauen. Warum nur hatten die beiden sich nach dem Vorfall nicht auf ein offenkundiges Missverständnis einigen können, zu dem jeder seinen Teil beigetragen hatte?

Matthias fing auf einmal an zu weinen und hörte für viele Minuten nicht mehr auf: »Stephan, ich sitze nun seit eineinhalb Wochen in U-Haft. Auf mich wartet eine mehr als zweijährige Haftstrafe. Ohne Bewährung. Und heute hat mir meine Bank fristlos gekündigt. Meine Existenz – einfach weg. Und alles wegen dieser Scheißnacht, in der ich vielleicht ein bisschen zu weit gegangen bin. Aber ich bin doch kein Schwerverbrecher! Ich kann nicht mehr! Ich will nicht mehr!«

Ich fühlte mich ziemlich hilflos, als ich ihn wie ein Häufchen Elend vor mir sitzen sah. Vor allem wurmte mich der Umstand, dass Julia an besagtem Sonntag gleich zur Polizei gegangen war und ihn angezeigt hatte. So wie Matthias mir Julia und die hochentspannte und witzige Freundschaft zwischen ihnen beschrieben hatte, konnte ich bei allem Respekt nicht nachvollziehen, weshalb Julia die ganze Angelegenheit derart hatte eskalieren lassen.

Julia selbst war es, die nur einen Tag später Licht ins Dunkel bringen sollte. Sie hatte zu meiner Überraschung nachmittags bei mir im Büro angerufen und wollte mich laut meiner Sekretärin dringend sprechen. Wir trafen uns noch am selben Tag in der Kanzlei. Vorsichtshalber bat ich meine Kollegin zu dem Gespräch hinzu. So könnte sie jederzeit bestätigen, dass es gegenüber Julia, die in dem Verfahren gegen Matthias Hauptbelastungszeugin und Geschädigte war, zu keinerlei Beeinflussungen gekommen war.

Auch Julia war verständlicherweise durch die ganze Geschichte aufgebracht und verwirrt: »Herr Lucas, ich war wirklich geschockt. Matthias hat mit seiner Aktion mein Vertrauen total missbraucht und mich zutiefst verletzt.«

»Wenn ich da mal ganz bescheiden nachfragen darf: Wenn Sie das alles gar nicht wollten, mussten Sie sich dann wirklich halb nackt in sein Bett legen? Das soll kein Vorwurf sein, aber immerhin hatte er Sie auf der Couch einquartieren wollen.«

Ich hatte bis dahin keine Ahnung, warum Julia mich an diesem Tag überhaupt aufgesucht hatte. Aber nun waren wir schon mal im Gespräch, und diese Frage hatte mich zugegebenermaßen schon die ganze Zeit umgetrieben.

Ihre Antwort zeigte mir wieder einmal, dass Männer und Frauen unterschiedlich ticken: »Verstehen Sie nicht? Matthias war mein bester Kumpel. Wir hatten keine Geheimnisse voreinander. Das klingt jetzt vielleicht ein bisschen böse, aber Matthias war kein Mann für mich, sondern eher so was wie eine beste Freundin. Warum hätten wir also in getrennten Zimmern schlafen sollen? Und warum hätte ich bei der Hitze ganz gegen meine Gewohnheit was anziehen sollen? Ich hatte wirklich gedacht, er wüsste das einzuordnen.«

»Und warum dann gleich die Polizei?« Ich fragte so direkt, weil ich es endlich kapieren wollte. Und das tat ich auch, je länger ich mich mit ihr unterhielt.

Julia war, so erzählte sie, nach dem fluchtartigen Verlassen der Wohnung im ersten Schock mit dem Taxi zu ihrer besten Freundin Marianne gefahren und hatte ihr erzählt, was passiert war. Und die hatte sie dann regelrecht angestachelt: Sie dürfe sich das nicht gefallen lassen, so ein Schwein, wer wüsste schon, wozu der beim nächsten Mal fähig wäre. Vielleicht würde er es irgendwann wiederholen und womöglich noch eins draufsetzen, es wäre ja nicht das erste Mal, dass jemand so anfing. Und so wütend, wie sie – Julia – in dem Moment gewesen sei, habe sie das Gefühl gehabt, dass Marianne mit allem, was sie da sagte, recht hatte. Die Anzeige bei der Polizei sei für sie damals die logische Konsequenz gewesen.

Endlich sollte sich auch klären, warum Julia mich aufgesucht hatte: »Ich war heute bei der Polizei. Ich wollte meine Anzeige zurücknehmen. Denn jetzt, wo ich mehr Abstand zu der Sache habe, denke ich doch, dass ich vielleicht überreagiert habe. Eigentlich möchte ich einfach meine Ruhe haben. Und außerdem tut mir Matthias unglaublich leid. Die Herren von der Polizei sagten mir allerdings nur, sie würden es zu Protokoll nehmen. Mehr könnten sie nicht tun. Sie wollten mir auch nicht sagen, ob Matthias jetzt entlassen wird. Was hat das zu bedeuten?«

Es war immer wieder das Gleiche. Schon mehrfach hatte ich verzweifelte Freundinnen und Ehefrauen von Mandanten am Telefon gehabt, die dringend wissen wollten, ob sie ihre Anzeigen wegen eines Sexualdelikts zurücknehmen konnten. Natürlich konnten sie. Nur vermag das zumindest bei Unverheirateten nichts daran zu ändern, dass das einmal losgetretene Strafverfahren weiter seinen Gang nimmt. Polizei und Staatsanwaltschaft sind in einem solchen Fall von Amts wegen verpflichtet zu ermitteln, sobald sie von einem Sachverhalt, den sie für strafbar halten, erfahren. Und im Fall von Julia und Matthias war es Julias Anzeige, die das Strafverfahren ins Rollen gebracht hatte.

Erst wenn sich im Lauf der Ermittlungen zeigen sollte, dass der Tatnachweis nicht geführt werden kann, könnte das Verfahren eingestellt werden. Andernfalls käme es zur Anklage. Und da Julia – anders als eine Ehefrau oder Verlobte – kein Zeugnisverweigerungsrecht hatte, würde sie, ob sie wollte oder nicht, in einem Gerichtsverfahren gegen Matthias aussagen müssen.

»Soll ich vielleicht sagen, dass ich in Wahrheit doch nicht geschlafen habe?«, fragte mich Julia, nachdem ich ihr die Rechtslage erklärt hatte.

»Ja, ist das denn die Wahrheit?«, fragte ich sie zurück.

»Natürlich nicht.«

»Dann lassen Sie solche Überlegungen gefälligst bleiben. Wenn Sie jetzt auf einmal sagen, dass Sie bei der Anzeigenerstattung gelogen haben, und man glaubt Ihnen das tatsächlich, dann sind Sie wegen falscher Verdächtigung dran. Ansonsten sind Sie spätestens im Prozess dran wegen uneidlicher Falschaussage. Sie hätten sich halt vorher gut überlegen müssen, ob Sie das alles wollen. Es war Ihr gutes Recht, Anzeige zu erstatten. Und es wäre genauso Ihr gutes Recht gewesen, keine Anzeige zu erstatten. Aber jetzt gibt es kein Zurück mehr.«

Julia wirkte sehr bedrückt, als sie die Kanzlei verließ. So gut es Matthias mit Sicherheit tun würde zu erfahren, dass Julia das Strafverfahren nun am liebsten gestoppt hätte, so frustrierend musste es zugleich für ihn sein. Denn Julia hatte mit ihrer überstürzten Strafanzeige Matthias' Leben in einen Albtraum verwandelt. Und es sollte noch schlimmer kommen.

»Stephan, hast du heute schon Zeitung gelesen?«, fragte mich meine Kollegin Barbara Kaniuka, als ich am nächsten Morgen das Büro betrat. »Offenbar hat es wohl mal wieder eine Pressekonferenz gegeben, bei der die Staatsanwaltschaft ihre interessantesten Fälle vorstellte.«

Mir schwante Übles, als mir Barbara die Zeitung unter die Nase hielt: »Julia T. von bestem Freund missbraucht«, lautete die Schlagzeile. Einfach von der Zeitung behauptet. Dabei galt für Matthias bis zu einer rechtskräftigen Verurteilung die Unschuldsvermutung!

Nach dem Motto »schlimmer geht immer« konnte ich jedoch kaum ertragen, was sich am selben Tag eine Boulevardzeitung herausnahm, um den Fall auf einen für den Leser eindeutigen Punkt zu bringen: »Club-Besuch endet mit Vergewaltigung«. So stimmte es nun schon zweimal nicht.

Beide Artikel waren sehr ungenau und dadurch missverständlich geschrieben. Der Leser musste das Gefühl bekommen, Matthias sei wie ein Vergewaltiger bis zur Penetration über die völlig hilflose Julia hergefallen. Kein Wort davon, dass Julia die Situation provoziert hatte; dass sie geschlafen hatte und nur deshalb widerstandsunfähig gewesen sein konnte; dass Matthias diesen Umstand mutmaßlich und eben nicht erwiesenermaßen erkannt und ausgenutzt haben sollte; und dass der Begriff des »Eindringens« sich allenfalls auf einen Finger bezogen hatte und im Artikel durchaus missverständlich sein konnte.

Das verzerrte Bild ärgerte mich vor allem deshalb, weil den Lesern ein völlig falscher Eindruck vermittelt wurde, was ich gefährlich fand. Denn sollte Matthias am Ende doch noch Bewährung bekommen, wäre im Nachgang zu den bisherigen Artikeln die Titulierung in den Zeitungen vermutlich programmiert: »Unfassbar! Vergewaltiger kommt mit blauem Auge davon«.

Den Zeitungslesern wird häufig suggeriert, Vergewaltigung würde hierzulande viel zu milde bestraft. Schon wird nach härteren Gesetzen gerufen, und Politiker, die wiedergewählt werden wollen, werden ihren Einsatz hierfür garantieren und das Chaos bei der praktischen Rechtsanwendung damit perfekt machen. Denn werden bessere und härtere Gesetze versprochen, muss die Bevölkerung ja konsequenterweise von einer bislang bestehenden Schieflage bei unseren Strafgesetzen ausgehen und kann erst nach der nächsten Gesetzesreform zufrieden sein. Dass jedoch selbst die höchste Strafe nichts nutzt, wenn es beispielsweise an Beweisen fehlt, und dass nicht jede sexuelle Belästigung eine Vergewaltigung ist, das wird der Bevölkerung von der Presse und vor allem von unseren Politikern bisweilen leider viel zu selten vor Augen geführt.

Als Matthias mitbekam, was hier ablief, tobte er natürlich vor Wut. »Merkst du das, Stephan?« Matthias wies resigniert auf die beiden Zeitungsartikel, die vor ihm auf dem Tisch lagen. »Ich soll hier systematisch fertiggemacht werden. Und was kommt als Nächstes?«

Das konnte ich ihm erst am darauffolgenden Tag sagen, nachdem Julia nämlich unangemeldet und sichtlich empört in meinem Büro gestanden hatte und mich dringend sprechen wollte.

»Herr Lucas, sehen Sie, was diese Frau verzapft?«

Seit Tagen postete ihre Freundin Marianne auf ihrer Facebook-Seite einen Hetzbeitrag nach dem anderen. Mal eine Zusammenfassung der Geschichte von Julia und Matthias, mal massive Vorwürfe gegen Matthias, den sie als »Sexmonster« titulierte. Und mal auch einfach nur harsche Kritik daran, dass sich Matthias mit ihrer Freundin Julia damals überhaupt so eng hatte anfreunden können.

Konnte es sein, dass das ein wenig nach Eifersucht klang? Neidete sie Matthias die Freundschaft zu Julia oder umgekehrt die enge Bindung ihrer Freundin Julia zu dem von ihr möglicherweise umschwärmten Matthias?

»Irgendwie trifft beides zu«, meinte Julia, als ich sie darauf ansprach. »Aber ehrlich gesagt bin ich mittlerweile davon überzeugt, dass Marianne hoffnungslos in Matthias verliebt ist. Deshalb konnte sie es auch nicht ertragen, dass er mich ihr immer vorgezogen und mir in der besagten Nacht so eindeutig sexuelle Avancen gemacht hat. Und als ich an dem Sonntag dann bei Marianne aufgekreuzt bin und sie im selben Moment erfuhr, dass da was zwischen uns gelaufen war, wenn auch gegen meinen Willen, da war es bei ihr vermutlich endgültig aus. Das hat sie Matthias richtig übel genommen. Im Zweifel hat sie mich genau deshalb zu der Anzeige gedrängt und spätestens ab da ihren Rachefeldzug gegen Matthias begonnen.«

»Was soll dieser Link?«, fragte ich Julia, während ich noch immer auf die Seite von Marianne starrte.

»Moment. Das müssen Sie sich anschauen!« Julia klickte den Link für mich an.

Unter www.finger-drin.de war ein ganzes Sammelsurium an Fakten – wahr oder unwahr – zusammengetragen worden, die ein mehr oder weniger sympathisches Profil von Matthias ergaben. Seinen privaten und beruflichen Werdegang konnte man hier genauso nachlesen wie die Behauptungen, dass er bis zum neunten Lebensjahr Bettnässer gewesen sei und erst mit 23 zum ersten Mal Sex gehabt habe. Eine öffentliche Hinrichtung, an der sich über ein Forum erschreckend viele User beteiligten, anders konnte man das nicht nennen. Die moderne Version des mittelalterlichen Prangers, nur mit viel größerem Publikum.

Ich war schockiert und konnte nur ahnen, wer hinter dieser öffentlichen Demontage in Form einer Website steckte. Ob das dieser Person je nachgewiesen werden konnte, stand auf einem ganz anderen Blatt.

Wieder ein Schlag für Matthias. »Ich pack das nicht mehr. Ich mache Schluss.«

Matthias' Worte machten mir Angst. Er wäre nicht der erste Angeklagte, der dem Druck eines Strafverfahrens mit all seiner schrecklichen Begleitmusik nicht standhielt, sei es durch Presseberichterstattungen, böse Gerüchte oder immer öfter aufgrund um sich greifender Social-Network-Erniedrigungen. Das gegen ihn geführte Strafverfahren lief mittlerweile seit gut fünf Monaten. Mit einer mündlichen Haftprüfung waren wir zwischenzeitlich gescheitert. Nach Überzeugung der Ermittlungsrichterin war es bei dem Haftgrund der Fluchtgefahr verblieben, da die zu erwartende Strafhöhe Matthias einen erhöhten Fluchtanreiz biete. In dieser Sache lief wirklich gar nichts rund.

»Morgen rufe ich noch mal den Staatsanwalt an und mache Druck. Der soll endlich Anklage erheben, damit was vorwärtsgeht.«

»Das ist bestimmt eine super Idee.«

Ich konnte Matthias den blöden Spruch nicht mal übel nehmen, auch wenn er mich natürlich dorthin zog, wo Matthias längst angekommen war, nämlich nach unten. Woran sollte er sich auch groß festhalten? Er war Single, hatte nur oberflächlichen Kontakt zu seinen Eltern, keine Geschwister. Einen richtigen Freund und Vertrauten hatte er nicht. Julia war im Grunde genommen seine beste Freundin gewesen, aber als Geschädigte und Zeugin durfte sie ihn nicht besuchen. Alle seine Kumpels hatten sich zum Teil distanziert oder wollten erst den Ausgang des Verfahrens abwarten, bevor sie entschieden, ob sie zu ihm hielten. Und nach dem Verlust des Jobs hatten ihm die Presseberichterstattung und seine komplette persönliche und soziale Demontage im Internet den Rest gegeben.

Wie sollte ich ihn in dieser Situation aufmuntern, ihm Lebensmut geben? Aufgrund meiner Schweigepflicht durfte ich nicht einmal zum zuständigen Inspektor in der JVA gehen und ihm von meinem düsteren Dialog und den eindeutigen Suizidgedanken von Matthias berichten. Nach meinem Besuch ging ich trotzdem zu ihm, sprach aber bewusst nur allgemein davon, dass ich mich um meinen Mandanten sorgte.

»Herr Lucas, wir passen da schon auf.«

Ob mich das nun wirklich beruhigen konnte? In der darauffolgenden Nacht schlief ich sehr schlecht. Ich wusste genau, wenn Matthias sich tatsächlich etwas antun würde, würde ich mir große Vorwürfe machen. Vielleicht hätte ich ihn mit mehr Nachdruck beruhigen müssen? Mir noch mehr Zeit für ihn nehmen müssen? Vielleicht mich auch mehr engagieren müssen? Wie konnte es beispielsweise sein, dass bei dem eher überschaubaren Sachverhalt noch immer keine Anklage erhoben worden war?

Obwohl ich besten Gewissens sagen konnte, dass ich enorm viel für Matthias getan hatte, die Zwischenbilanz war nun mal verheerend. Ich konnte nur hoffen, dass da noch ein Fünkchen Hoffnung in Matthias schlummerte. Denn abgerechnet wird immer zum Schluss.

Sobald ich am nächsten Morgen im Büro war, rief ich also beim Staatsanwalt an. Das konnte, das musste ich für meinen Mandanten tun. Ich wollte endlich wissen, warum die Anklage immer noch auf sich warten ließ.

»Der Staatsanwalt arbeitet schon seit einiger Zeit nicht mehr in dieser Abteilung. Ich gebe Ihnen seine Nachfolgerin.« Es stellte sich heraus, dass das Referat, in dem Matthias' Verfahren bearbeitet wurde – oder besser: bearbeitet werden sollte –, aufgrund eines internen Wechsels einige Wochen unbesetzt gewesen war.

Die neue Sachbearbeiterin redete gar nicht lange herum: »Ich habe das Referat erst vor vier Tagen übernommen. Die Sache sagt mir gar nichts. Ich schaue sie mir an und könnte Sie heute Nachmittag zurückrufen.«

Ich war einverstanden. Was blieb mir auch anderes übrig? Dass die »Neue« praktisch bei null anfing und überhaupt in der Sache seit Wochen nichts passiert war, frustrierte mich sehr. Wie beschissen konnte ein einzelnes Verfahren eigentlich laufen?

Gegen drei erhielt ich den versprochenen Rückruf. Einen kurzen Moment wähnte ich mich in einem Tagtraum, denn was dann kam, konnte kaum wahr sein: »Herr Lucas, ich werde das Verfahren einstellen. Die Qualifikation sehe ich hier ehrlich gesagt nicht. Die Zeugin spricht davon, dass der Beschuldigte den Finger irgendwie bei ihr im Schritt hatte. Nun gut, er war wohl mit der Hand in der Hose drin. Aber das reicht mir ehrlich gesagt nicht.«

Dass ich erst einmal sprachlos war, fiel nicht auf, denn die Staatsanwältin fuhr gleich fort: »Wissen Sie, es spielt am Ende auch gar keine Rolle, was da mit dem Finger war oder nicht. Und es ist auch egal, ob die junge Frau nun geschlafen hat oder nicht. Nehmen wir doch nur mal an, sie hätte tatsächlich geschlafen. Man wird Ihrem seinerzeit alkoholisierten Mandanten doch wohl kaum nachweisen können, dass ihm das in dem Moment bewusst war. Vor allem nicht bei der Gesamtsituation. Die Frau hatte sich halb nackt zu ihm ins Bett gelegt und ihn umarmt. Was sollte er denn unter den Umständen gedacht haben? Mangels nachweisbaren Vorsatzes gehört die Sache deshalb eingestellt.«

Erst jetzt fiel ihr offenbar auf, dass wegen dieser Sache ein Mann seit rund fünf Monaten in Untersuchungshaft saß. Sie machte eine kurze Pause. Das Problem lag auf der Hand. Wenn sie ein Verfahren nach Monaten einstellte, weil der Tatnachweis nicht erbracht werden konnte, und zwar aus Gründen, die bereits von Anfang an bekannt gewesen waren, warf das kein allzu gutes Licht auf die Staatsanwaltschaft. Auf die Staatskasse käme zudem einiges an Haftentschädigung zu, die Matthias zustehen würde. Wie stünde ihre Behörde da?

Wie so oft in diesen Fällen versprach ich, mit meinem Mandanten einen möglichen Verzicht auf Haftentschädigung zu besprechen.

Mittlerweile war es Viertel nach drei. In einer Stunde lief die Besuchszeit für Anwälte in der JVA ab. Also schnell. Ich wollte Matthias die Neuigkeiten unbedingt heute noch überbringen und schaffte es, um 15:30 Uhr in einem der kleinen Besucherzimmer zu sitzen.

Als es bereits fünf nach vier war, wurde ich nervös. Was war da los? Ich wartete nun schon über eine halbe Stunde. In zehn Minuten war Schluss. Es war Matthias doch wohl hoffentlich nichts passiert? Als um 16:10 Uhr immer noch weit und breit nichts von Matthias zu sehen war, ging ich zu dem für den Besuchsablauf verantwortlichen Beamten, der mir jedoch auch nicht weiterhelfen konnte: »Ich habe den Kollegen durchgegeben, dass Sie noch auf einen Mandanten warten. Fünf Minuten haben Sie noch.«

Ich ging zurück in das Kabuff. Endlich klopfte es an der Tür. Es war Matthias. Er hatte bis vor ein paar Minuten Besuch von Bekannten gehabt – den ersten überhaupt in den fünf Haftmonaten. Ich freute mich sehr für ihn. Offensichtlich hatten ihn doch nicht alle vergessen.

Natürlich verzichtete er im Überschwang seiner Freude und unendlichen Erleichterung auf Haftentschädigung. Das Verfahren wurde gleich am nächsten Tag eingestellt und der Haftbefehl aufgehoben.

Mittlerweile war es Januar. Der sommerlich heiße Abend auf Christians Balkon lag eine gefühlte Ewigkeit zurück. Matthias hatte damals am Tag danach für viele Monate die Freiheit verloren und war nun gerade dabei, die Scherben seiner bürgerlichen Existenz aufzusammeln und so gut, wie es nur irgendwie ging, zu kitten. Dass die Sache, wenn auch viel zu spät, eine gute Wendung genommen hatte, war allein durch den Wechsel bei der Staatsanwaltschaft und aufgrund der veränderten Einschätzung seitens der neuen Staatsanwältin ausnahmsweise möglich geworden. Wäre alles anders gekommen, wenn ich an dem Abend mit ins P1 gegangen wäre? Warum hatte ich damals eigentlich keine Lust gehabt? Das wäre doch mal wieder was.

Alles nach Drehbuch

Eine angeordnete Tatortbesichtigung führte mich nach Frankfurt. Seit einigen Wochen ermittelte die dortige Staatsanwaltschaft gegen meinen inhaftierten Mandanten René Lessinger wegen des Verdachts der mehrfachen Vergewaltigung. Einen Besuch bei ihm in der JVA hatte ich eigentlich nicht vor Anfang Oktober geplant, denn ich hatte nicht damit gerechnet, dass das Landgericht den Tatort persönlich in Augenschein nehmen würde; schließlich begnügen sich Gerichte meistens mit den Fotos in der Akte.

Termin für die Tatortbesichtigung war um neun, Treffpunkt die Wohnung, in der es zu einem wahrlich grausamen Verbrechen gekommen war. Doch auch wenn dieser Termin nicht gerade angenehm werden würde, freute ich mich darüber und ausnahmsweise sogar über die frühe Uhrzeit. Sie bescherte mir einen triftigen Grund, bereits am Vortag anzureisen, sodass ich das Nützliche mit dem Angenehmen verbinden konnte.

Endlich mal wieder daheim, dachte ich, als ich auf der Flößerbrücke fast schon automatisch für einen Moment den Wagen anhielt und von dort den einmalig schönen Blick auf die Frankfurter Skyline genoss. Dass meine Geburtsstadt nicht einmal 800 000 Einwohner hat, können viele oft gar nicht glauben, zählt sie doch als Alpha World City zu den international bedeutendsten Metropolen der Welt.

Nicht zuletzt in diesem scheinbaren Widerspruch liegt Frankfurts ganz besonderer Charme. Bietet die Mainmetropole zwar politisch, wirtschaftlich und kulturell alles, was eine Weltstadt haben muss, ist sie jenseits von Europäischer Zentralbank, Deutscher Bundesbank und Wertpapierbörse doch vor allem eines: frankfurterisch. Ob beim »Schoppe Petze« in einer der wunderschönen Apfelweinkneipen, beim Joggen am Mainufer oder beim Flanieren auf der Schweizer Straße – für jeden ist etwas dabei. Und für mich musste es am Vorabend der Tatortbesichtigung das »Da Angelo« sein, die älteste Pizzeria Frankfurts und zweifellos die beste der Welt. Meine Geschwister Anja und Kristian sowie meine alten Freunde Philipp und Ändi waren schon da. Schön, alle wiederzusehen. Schön, wieder da zu sein!

Am nächsten Morgen würde es weniger schön werden. Zwar versprach die Ortsbegehung spannend zu werden, aber der Vorfall, der dabei rekonstruiert werden sollte, war abscheulich: Mein Mandant René Lessinger soll abwechselnd mit seinem Kumpel Thomas Pastel eine junge Frau mehrere Stunden lang vergewaltigt haben.

Bei ihrem Besuch in einem Club in der Hanauer Landstraße hatte Kerstin Fichtner die beiden Männer des Nachts kennengelernt und sich mit den beiden 34-Jährigen auf Anhieb prima verstanden. Die hübsche Blondine – groß, schlank, langbeinig – war eine durchaus auffallende Erscheinung. Sie hatte den Abend bis dahin in Gesellschaft ihrer Kollegin Katharina Kesic verbracht, mit der sie in einem Reisebüro in der Frankfurter Innenstadt arbeitete. Die hatte sich gegen zwei Uhr morgens schließlich verabschiedet und Kerstin Fichtner mit den jungen Männern allein an der Bar zurückgelassen.

Warum auch nicht? Beide Frauen waren schließlich Singles, und für die Kollegin schien soweit alles rundzulaufen. Kerstin Fichtner hatte sich nämlich ein wenig in René Lessinger verguckt, der ihr vom ersten Moment an besonders gut gefallen hatte. Mit seinen 1,90 Metern war der sportliche junge Mann genau ihr Typ. Zudem sah er nicht nur gut aus, er wirkte auch intelligent und vor allem humorvoll.

Als Kerstin Fichtner nach einem richtig gelungenen Abend gegen vier Uhr schließlich ankündigte, sich auf den Heimweg zu begeben, boten die beiden Männer an, sie mitzunehmen. Schließlich könne man doch einen Schlenker an ihrer Wohnung vorbei machen, sie dort absetzen und dann weiter nach Hause fahren.

Warum nicht?, dachte die 26-Jährige und verließ mit ihren beiden Begleitern den Club. Als sie schließlich vor ihrer Haustür anhielten und René Lessinger scheinbar spontan vorschlug, man könne doch bei ihr noch gemeinsam einen Absacker nehmen, war auch sie bedenkenlos einverstanden. Nur wenige Minuten später saßen alle drei gut gelaunt in der Küche der Dreizimmerwohnung im Frankfurter Ostend und tranken Prosecco auf Eis.

»Bin gleich wieder da«, verkündete René Lessinger, als er nach gut zwanzig Minuten aus der Wohnung ging. Kurz darauf stand er mit einer großen Reisetasche über der Schulter wieder in der Tür.

»Willst du hier einziehen?«, fragte Kerstin Fichtner scherzhaft.

René Lessinger lächelte für einen kurzen Augenblick und verzog dann das Gesicht schlagartig zu einem fiesen Grinsen: »Mal sehen, vielleicht bleibe ich ja länger, als dir lieb ist.«

Noch während er das sagte, ging er auf die Frau zu und schlug ihr völlig unvermittelt mit der flachen Hand so brutal ins Gesicht, dass ihr Kopf zur Seite flog. Die Frau schrie vor Entsetzen und Schmerz laut auf. Rechts über ihrer Lippe klaffte eine Wunde, die sofort heftig zu bluten anfing. René Lessinger zog ein weißes Stofftaschentuch aus seinem Sakko, reichte es ihr wortlos, stellte dann seine Tasche auf den Küchentisch und kramte aus ihr einen Trainingsanzug hervor. Den drückte er der jungen Frau, die starr vor Schreck auf ihrem Stuhl saß, in die Hand: »Anziehen!«

»Wie, etwa hier?«, fragte Kerstin mit zitternder Stimme. Sie warf einen Hilfe suchenden Blick zu Thomas Pastel, doch der saß scheinbar unbeteiligt da.

»Richtig. Genau hier! Komplett ausziehen – und dann rein in den Anzug. Ist alles nur ein Spiel. Und jetzt legst du mal einen Zahn zu!« René Lessingers Ton duldete keinen Widerspruch.

Völlig eingeschüchtert fing Kerstin an, sich vor den Augen der beiden Männer zu entkleiden, erst etwas zögerlich.

»Schneller! Und runter mit der Unterwäsche!« Das klang drohend. Kerstin beeilte sich, in Trainingshose und -jacke zu schlüpfen.

Inzwischen hatte René Lessinger aus dem Seitenfach seiner Tasche Handschellen ausgepackt. Bei deren Anblick fing Kerstin an zu zittern: »Bitte nicht!«, flehte sie.

Ungerührt legte Lessinger sie der jungen Frau am rechten Handgelenk an, führte sie ins Bad und kettete sie an die Heizung. Er verschwand kurz in der Küche. Als er zurückkam, hielt er ein Stück Stoff in der Hand, das er ihr gewaltsam als Knebel in den Mund stopfte und mit Klebeband befestigte. Kerstin hatte das Gefühl zu ersticken.

»Und jetzt hüpfst du auf der Stelle auf und ab, bis dir richtig warm wird und du ordentlich ins Schwitzen kommst! Du bist jetzt nämlich eine liebe und sportliche junge Frau, die sich gerade im Fitnessstudio verausgabt hat und sich nun im eigenen Bad ihrem Wellnessprogramm widmen möchte. Also los! Hüpfen! Mehr musst du gar nicht machen. Den Rest erledige dann schon ich! Und der Lappen bleibt im Mund!«

René Lessinger verließ das Bad, schloss die Tür und wartete

einen Moment. »Hüpfen wir auch schön auf und ab?«, hörte Kerstin ihn durch die geschlossene Tür.

Kurz darauf ging die Tür auf, er trat ins Bad und sagte in gespielter Überraschung: »Du hier? Wenn das mal kein Zufall ist!« Dann packte er die junge Frau, die noch immer mit einer Hand an die Heizung gefesselt war, zwang sie auf den Boden, riss ihr gewaltsam die Trainingshose runter und vollzog gegen ihren Willen den Geschlechtsverkehr mit ihr. Als er nach quälend langen Minuten fertig war, aufstand und sich die Hose hochzog, brüllte er zu Pastel, der die ganze Zeit in der Küche gewartet hatte, hinüber: »Übernimm du mal! Hier kann jemand nicht genug kriegen!«

Thomas Pastel kam ins Bad, wo Kerstin Fichtner hilflos am Boden kauerte, nahm ihr die Handschellen ab und zerrte sie in die Küche. Dort auf dem Tisch lagen ein kurzer dunkler Rock, eine weiße Bluse, ein grauer Blazer und High Heels. »Los, zieh dich um, der Schlabberlook turnt mich ab!«

Die Frau folgte seinem Befehl. Dabei zitterte sie so sehr, dass sie kaum die Knöpfe der Bluse schließen konnte. Kaum war sie damit fertig, kettete Pastel sie an die Heizung in der Küche und drückte ihr ein Glas Prosecco in die Hand. »Ich steh auf geile Businessfrauen. Machen auf cool, haben aber nur Ficken im Kopf.«

Er verließ kurz die Küche, trat dann wieder ein. Er ging auf Kerstin Fichtner zu und schlug ihr das volle Glas aus der Hand. Dann drehte er sie mit dem Rücken zu sich, schob ihren Rock nach oben und verging sich ebenfalls an ihr.

René Lessinger, der die ganze Zeit am Küchentisch gesessen und die Szene stumm beobachtet hatte, schien das Schauspiel sichtlich zu genießen.

Kerstin Fichtner zitterte am ganzen Körper, schreien konnte sie wegen des Knebels, den sie mit der freien Hand nicht anzurühren wagte, nicht. Es war offensichtlich, dass sie gegen die beiden Männer keine Chance hatte. Ihr Instinkt sagte ihr, dass Gegenwehr die beiden nur noch mehr angestachelt hätte und es besser war, alles über sich ergehen zu lassen. Sie konnte nicht mehr klar denken, hatte Schmerzen, Atemnot, Todesangst. Würde es jetzt gleich vorbei sein? Oder würde noch etwas kommen? Würden sie sie am Ende umbringen? Ihre beiden Peiniger wirkten absolut gefühllos.

Endlich war Thomas Pastel fertig: »Lessinger, übernehmen Sie!«, grinste er.

Nein, es war noch nicht vorbei. Kerstin Fichtner wurde in den Flur getrieben, wo sie einen mit Farbe beklecksten weißen Malerkittel überziehen musste; danach in ihr Schlafzimmer, wo ein blaues Negligé für sie bereitlag; im Wohnzimmer kniehohe Stiefel und ein kleines Schwarzes; und wieder im Bad ein Strandbikini.

Jeder Rollenwechsel endete mit einer Vergewaltigung. Zehn Mal insgesamt. Die beiden Männer wechselten sich dabei immer ab. Während der eine sie quälte, schaute der andere zu.

Als sie nach Stunden Kostüme, Handschellen, Knebel und Klebeband wieder in der Tasche verstauten und die Wohnung verließen, blieb Kerstin Fichtner mehr tot als lebendig zurück. Sie konnte nicht einmal mehr weinen. Genau genommen fühlte sie gar nichts mehr. Nicht einmal mehr Erleichterung darüber, dass man sie am Leben gelassen hatte.

René Lessinger wurde bereits am nächsten Tag festgenommen. Man musste sich wirklich fragen, ob er es darauf angelegt hatte. Er hatte sein Portemonnaie in Kerstin Fichtners Wohnung liegen gelassen – mit all seinen Papieren darin. Die Polizei musste ihn nur noch abholen.

Gleich bei seiner Festnahme legte er ein umfassendes Geständnis ab, das sich bis ins Detail mit den Angaben von Kerstin Fichtner deckte. Thomas Pastel hingegen, der vier Tage später ebenfalls festgenommen wurde, schwieg zum Tatvorwurf. Die Sache schien allerdings auch ohne seine Aussage recht eindeutig.

Bei der Ortsbegehung sollten Gericht, Staatsanwaltschaft, der Vertreter der Nebenklägerin Kerstin Fichtner und die Verteidigung einen Eindruck von der Situation am Tatort und vom genauen Verlauf der schrecklichen Odyssee bekommen, die Kerstin Fichtner über mehr als fünf Stunden in ihrer Wohnung durchlitten hatte. Auch Lessinger selbst würde bei der Inaugenscheinnahme des Tatorts dabei sein. Von seinen Erklärungen und Demonstrationen, was sich wann, wie und wo genau abgespielt hatte, versprach sich das Gericht weiteren Aufschluss über das Tatgeschehen.

Ich ließ Lessinger gewähren, denn seine Kooperation bei der Nachstellung der Tat war doch letztlich nur die konsequente Fortsetzung seines bisherigen Aussageverhaltens als Beschuldigter. Bei der offensichtlich eindeutigen Beweislage einschließlich DNA-Spuren konnte es bei der Verteidigung allenfalls um eine möglichst niedrige Strafe gehen. Wenn es in diesem speziellen Fall denn überhaupt eine Verurteilung geben würde. Es schien nämlich nicht ausgeschlossen, dass René Lessinger möglicherweise schuldunfähig und deshalb eher ein Fall für die Psychiatrie denn für das Gefängnis war.

Nur wenige Tage nach seiner Festnahme und noch bevor er mich mit seiner Verteidigung beauftragt hatte, hatte René Lessinger in der JVA Weiterstadt Besuch von einem Psychiater erhalten. Der hatte von der Staatsanwaltschaft den Auftrag erteilt bekommen, zu klären, wie es um die Schuldfähigkeit von René Lessinger stand, und ein entsprechendes Gutachten zu erstellen. Dabei ging es auch um die Frage, ob für diesen nicht möglicherweise anstelle der Untersuchungshaft die vorläufige Unterbringung in einem psychiatrischen Krankenhaus gerichtlich anzuordnen war.

Der Unterbringungsbefehl, der von einem Richter erlassen werden muss, setzt anders als der Untersuchungshaftbefehl keinen Haftgrund voraus. Es kommt also nicht darauf an, ob Flucht, Fluchtgefahr, Verdunkelungs- oder Wiederholungsgefahr vorliegen. Um einen Beschuldigten vorläufig in der Psychiatrie unterzubringen, muss vielmehr geprüft werden, ob dieser bei Begehung der Straftat wahrscheinlich im Zustand der Schuldunfähigkeit oder jedenfalls der verminderten Schuldfähigkeit gehandelt hat. Das allein genügt allerdings noch nicht. Zusätzliche Voraussetzung ist, dass die betreffende Person so gefährlich ist, dass die öffentliche Sicherheit eine Unterbringung erfordert. Vollzogen wird ein Unterbringungsbefehl nicht in einer Haftanstalt, sondern in einem psychiatrischen Krankenhaus mit spezieller forensischer Abteilung.

Die Tatortbesichtigung in der Wohnung des Opfers ging mir näher, als ich erwartet hatte. Mochte eine Videoaufzeichnung, wie ich sie bei dem Übergriff auf Ferdinand Haller, den Democlown, erlebt hatte, in ihrer schockierenden Wirkung sicherlich unübertrefflich sein, so war das Aufwühlende an einer Tatrekonstruktion am Ort des Geschehens, dass sich so viel Raum für das eigene Vorstellungsvermögen bot. Auch wenn der Vergleich unangebracht erscheinen mag: Ich habe schon oft festgestellt, dass bei Thrillern im Fernsehen, die besonders unter die Haut gehen, gerade nicht jedes Detail eines perversen oder brutalen Übergriffs gezeigt wird, sondern nur Andeutungen gemacht werden. So werden die Gedanken und Fantasien des Zuschauers viel mehr angeregt und lassen ihn in seine eigenen Abgründe blicken.

Nun Zimmer für Zimmer die Wohnung von Kerstin Fichtner abzugehen und von Lessinger in chronologischer Reihenfolge geschildert zu bekommen, in welchem Raum und an welcher Stelle er und Thomas Pastel welche Perversion ausgelebt hatten, war deshalb nur sehr schwer auszuhalten. Hier war anders als bei TV-Thrillern von realen Vorgängen die Rede, bei denen es keinen Zweifel daran gab, dass sich alles ganz genau so abgespielt hatte. In just diesen Räumen, die – das spürte man – seit Wochen nicht mehr bewohnt waren, war das Leben einer jungen Frau zerbrochen. Nun drängten sich hier fünf Richter, ein Staatsanwalt, der Nebenklagevertreter, der Täter, fünf Polizisten, ein Verteidigerkollege aus Frankfurt und ich.

Kerstin Fichtner war, nachdem ihre Peiniger sie nach dem stundenlangen Martyrium hier in diesem Schlafzimmer zurückgelassen hatten, gerade noch in der Lage gewesen, Katharina Kesic anzurufen. Die hatte sofort Polizei und Notarzt alarmiert, und die junge Frau wurde abgeholt. Seither hatte sie keinen Fuß mehr in ihre Wohnung gesetzt – und würde es vermutlich auch nie wieder tun. Zu schrecklich waren die damit verbundenen Erinnerungen, und zu groß war die Gefahr einer Retraumatisierung. In diesen Räumen, die einmal ihr Heim und ihr privater Rückzugsort gewesen waren, würde sie sich nie wieder sicher fühlen können.

Ob die Ortsbegehung für die Aufklärung und Wahrheitsfindung wirklich erforderlich war, vermochte ich nicht zu sagen. Vermutlich aber würden für alle, die an diesem Tag dabei waren, die Tatschilderungen der Zeugin und meines Mandanten in der späteren Hauptverhandlung an Wirkung gewinnen, und die Taten würden umso plastischer erscheinen, was sich – bewusst oder unbewusst – im Urteilsspruch strafverschärfend auswirken konnte.

Am Nachmittag desselben Tages besuchte ich René Lessinger in der JVA Weiterstadt. Ich hatte mit ihm – außer bei der Begegnung am Morgen – bislang nur einmal kurz gesprochen, nämlich drei Tage nach seiner Festnahme. Nach einer Totalsperrung auf der A 3 war ich damals erst eine knappe halbe Stunde vor dem Ende der Besuchszeit in der JVA angekommen, sodass kaum Zeit für mehr als die Unterschrift auf der Strafprozessvollmacht geblieben war.

»Herr Lucas, ich hoffe, Sie waren mit meiner Vorstellung heute Morgen zufrieden?«

Eine eigenartige Begrüßung. In der Tat gab es an dem Verhalten von René Lessinger bei dem Termin nichts auszusetzen; er hatte die einzelnen Tatabläufe sachlich und nachvollziehbar geschildert. Den Kurs der Kooperation mit den Ermittlungsbehörden hatte er konsequent eingehalten. Doch war es wirklich das, worauf seine Frage abzielte? Oder wollte er sich vergewissern, ob er einen guten Auftritt oder – neudeutsch – eine gute Performance hingelegt hatte? War es das etwa für ihn gewesen – ein Auftritt?

So abwegig, wie dieser Gedanke mir zunächst vorkam, war er bei näherer Betrachtung gar nicht.

Hatte denn in Wirklichkeit nicht die ganze Tat etwas von einer schrecklichen Performance? Nichts hatte René Lessinger damals dem Zufall überlassen, bis ins kleinste grausame Detail schien alles geplant zu sein. Jede einzelne Vergewaltigung mit ihrer speziellen Kostümierung und ihrem individuellen Tatort mutete wie eine Inszenierung an. War die Vorstellung mit dem Verlassen der Wohnung am Tattag wirklich vorbei gewesen, oder gehörten Geständnis und »Moderation« der Ortsbegehung am Vormittag noch dazu?

Mich schauderte ein wenig bei dem Gedanken. Das psychiatrische Gutachten musste in den kommenden Tagen vorliegen.

Vielleicht würde das Aufschluss darüber geben können, was mit diesem Mann tatsächlich los war.

»Sie haben heute für einen reibungslosen Ablauf und die gewünschten Informationen gesorgt und sich konsequent an Ihre bisherige Linie gehalten. Vor diesem Hintergrund bin ich zufrieden.« Ich war auf keinen Fall bereit, hier irgendwelche Eitelkeiten zu befriedigen.

Dies war im weiteren Verlauf des Gesprächs auch kein Thema mehr. Ich kann nicht leugnen, dass René Lessinger ein durchaus beeindruckendes Erscheinungsbild und ein charismatisches Auftreten hatte. Dass er seine Haare sehr gepflegt auf Minimallänge rasiert hatte – vermutlich hatte er eine Halbglatze –, noch dazu eine Nickelbrille trug und eine äußerst disziplinierte Sprechweise pflegte, ließ ihn gebildet, ja fast intellektuell erscheinen. Die warme, angenehme Stimme und sein freundliches, verbindliches Lächeln waren dazu geeignet, Sympathie zu wecken.

Nach allem, was ich mittlerweile über ihn wusste, konnte mich das aber nicht darüber hinwegtäuschen, dass sich dieser Mann sehr gut unter Kontrolle haben musste. Selbst die Vergewaltigungen schienen nicht Ausdruck eines von ungezügelter Lust geprägten Vorgehens zu sein, sondern eines genau durchdachten und minutiösen Plans, den er penibel und ohne erkennbare Gefühlsregungen umgesetzt hatte und bei dem es ihm offenbar auch um eine ganz bestimmte Darstellung nach außen gegangen war.

Was war dieser René Lessinger für ein Mensch? Ein Psychopath? Die Charakterzüge, die ich an ihm wahrgenommen hatte, schienen dafürzusprechen. Aber er war doch sicherlich kein Hannibal Lecter? Auf jeden Fall jemand, der immer die Fäden in der Hand hielt. Ich war mir sicher, sein frühes Geständnis bei der Polizei war nicht das Verdienst besonders geschulter oder fähiger Beamter gewesen. Nein, ich war überzeugt, dass niemand auch nur ein Sterbenswort aus ihm herausbekommen hätte, wenn er nicht hätte reden wollen. Es war von Anfang an seine Absicht gewesen, dieses Geständnis abzulegen. Weshalb auch immer.

Auch im Gespräch mit mir war es ihm darauf angekommen, seine Tat zu kommentieren. Und zwar, weil er es wollte, und nicht, weil ich ihm hartnäckig oder geschickt seine Antwort entlockt hätte. »Herr Lucas, mein Verhalten in der besagten Nacht ist durch nichts wiedergutzumachen. Mir ist bewusst, dass ich mich schäbig benommen habe und mein Verhalten unverzeihlich ist. Deshalb wollte ich von Anfang an volle Aufklärung.«

Obwohl diese Sätze inhaltlich so ziemlich alles enthielten, was ein von Reue getragenes Geständnis ausmacht, vermisste ich darin etwas Entscheidendes: nämlich Gefühl. Entweder dieser Mann hatte keine Gefühle, was nicht zu vermuten war – oder er wusste sie ebenso gut zu kontrollieren wie alles andere auch. Er schien zu wissen, welche Worte an welcher Stelle angebracht waren oder von ihm erwartet wurden. Und vermutlich wusste er genauso gut, was er besser für sich behalten sollte – gerade im Zusammenhang mit den Vergewaltigungen. In gewisser Weise war mir der Mann fast unheimlich.

Wenige Tage nach meinem Besuch wurde René Lessinger in die Vitos Klinik Haina verlegt. Der psychiatrische Sachverständige, der ihn untersucht hatte, ging mit der erforderlichen Wahrscheinlichkeit davon aus, dass René Lessinger zum Zeitpunkt der Vergewaltigungen schuldunfähig oder jedenfalls in seiner Schuldfähigkeit eingeschränkt gewesen war und dass in seinem Gerichtsverfahren die endgültige Unterbringung in einem psychiatrischen Krankenhaus angeordnet werden würde. Darüber hinaus ließ der Gutachter keinen Zweifel daran, dass

René Lessinger derart gefährlich war, dass er aus Gründen der öffentlichen Sicherheit sofort in der Psychiatrie untergebracht werden musste.

Wie ich dem Gutachten entnehmen konnte, stammte René Lessinger aus einem grundsoliden Elternhaus. Die damals 53-jährige Mutter, Rechtsanwaltsfachangestellte in einer kleinen Zivilrechtskanzlei, und der damals 58-jährige Vater, Versicherungskaufmann in der Marketingabteilung einer großen Versicherung, hatten zu ihrem Sohn bis zu seinem Auszug einen guten Draht gehabt. Der Kontakt bestand zwar nach wie vor. Jedoch hatte René Lessinger spätestens mit Beginn der Oberstufe offenbar jeden Respekt vor seinen Eltern verloren. Ihre geregelte Arbeit, der immer wiederkehrende zweiwöchige Jahresurlaub in Tirol, Fernsehen am Abend, Wandern am Wochenende im Taunus – all das hatte ihn gelangweilt. Die Zufriedenheit seiner Eltern mit ihrem aus seiner Sicht unnützen Leben hatte ihn krank gemacht. Sehr früh hatte er daher schon für sich entschieden, dass diese Eltern ihm nichts mehr beibringen konnten.

Während sein fünf Jahre jüngerer Bruder mit Heirat und zwei Kindern dem Vorbild der Eltern gefolgt war, wollte René Lessinger aus der Tristesse des Elternhauses ausbrechen. Nach außen hin war seine Entwicklung von Kind an unauffällig gewesen. In der Schule war er sehr beliebt und hatte sich jahrelang bei der Schülerzeitung engagiert. Mit einem Notendurchschnitt von 1,8 hatte er ein sehr gutes Abi hingelegt, sich dann jedoch an der Uni für ein nie abgeschlossenes Philosophiestudium eingeschrieben. Während er zu Unizeiten sein Geld überwiegend mit dem Erstellen von Homepages verdient hatte, arbeitete er seit nunmehr vier Jahren für einen Handyprovider.

Im Gutachten war von René Lessinger als einem Probanden die Rede, der in vordergründig geordneten Verhältnissen aufgewachsen war und sich bislang sozialadäquat, also höflich, freundlich und gesellschaftlich angepasst verhalten hatte.

Was Frauen anging, hatte er einige Beziehungen gehabt, die längste im Alter von 17 bis 22 Jahren; die vielen Affären hingegen hatte er – wie er selbst sagte – irgendwann zu zählen aufgehört.

Sein Verhältnis zu Frauen war durchaus gespalten. Einerseits wurden sie von ihm romantisch verklärt; er begehrte, bewunderte und erhöhte sie, erwartete sich alles von ihnen, vergötterte sie. Andererseits verdienten Frauen aus seiner Sicht Strafe, wenn sie sich abweisend oder lieblos verhielten, sodass man ihnen seinen Willen aufzwingen musste. Darüber hinaus waren Frauen für ihn Objekte, an denen er sich sexuell ausagieren durfte und je nach Stimmungslage sogar musste, um sie zu bestrafen. Er sah es so, dass Frauen ab und an die männliche Dominanz spüren mussten, damit unsere Gesellschaft nicht irgendwann aus dem Ruder lief.

Diese Empfindung konnte bei ihm in Alltagssituationen geweckt werden, aber auch durch Filme, Bücher oder die Erzählungen von Freunden, wenn diese sich aus seiner Sicht zu sehr unter den Pantoffel ihrer Frauen stellten. Und wenn sie durchbrach, konnte dies die Lust an der sexuellen Erniedrigung von Frauen zur Folge haben. Die Frauen, die es dann traf, mussten überhaupt keinen entsprechenden Schlüsselreiz gegeben haben. Für Lessinger waren sie dann quasi das Double oder das Ersatzobjekt, das für die – wenn von ihm auch nur passiv erlebte – Schmach und gesellschaftliche Konfusion zwischen Mann und Frau geradezustehen hatte.

So sah es zumindest der psychiatrische Sachverständige in seinem Gutachten über René Lessinger. Eine dissoziale Persönlichkeitsstörung konnte er bei ihm nicht feststellen. Gleichzeitig bemerkte er allerdings, dass Lessinger einen wesentlichen Teil seines Selbstbewusstseins aus sexuellen Aktivitäten bezog.

Diese Einschätzung des Sachverständigen, die nun in Form des schriftlichen Gutachtens vor mir auf dem Tisch lag, war zwar nur eine vorläufige, ließ aber natürlich gewisse Rückschlüsse zu. Und sie konnte ganz entscheidend für Lessingers Zukunft sein. Sollte nämlich das Gericht, das sich im Prozess mit seiner Tat würde befassen müssen, zu der Überzeugung gelangen, dass er bei den Vergewaltigungen nur eingeschränkt schuldfähig oder sogar schuldunfähig war, würde gegen ihn womöglich keine Strafe verhängt werden können; bei festgestellter Schuldunfähigkeit würde man ihn sogar freisprechen müssen. Denn im geltenden deutschen Strafrecht setzt jede Strafe die Schuld des Täters voraus. Keine Schuld jedoch ohne Schuldfähigkeit, die das Gesetz als die Fähigkeit des Täters definiert, das Unrecht seiner Tat einzusehen oder nach dieser Einsicht zu handeln. Und wenn diese Fähigkeit bei René Lessinger fehlte, war er kein Kandidat für das Gefängnis, egal, wie schrecklich seine Taten auch gewesen sein mochten.

Das hieß allerdings nicht, dass die Taten in diesem Fall für ihn keine Konsequenzen haben würden. Vielmehr würde dann anstelle einer Freiheitsstrafe eine sogenannte Maßregel der Besserung und Sicherung auf ihn zukommen, nämlich die Unterbringung in einem psychiatrischen Krankenhaus. Und die würde im Unterschied zu einer Freiheitsstrafe zeitlich unbegrenzt angeordnet werden. Die Voraussetzung der Gefährdung der Allgemeinheit hatte der Gutachter ja bereits festgestellt.

Auf René Lessinger wartete also unter Umständen eine sehr lange Zeit in der Psychiatrie, aus der er erst und nur dann entlassen werden könnte, wenn ein Gericht bei den mindestens einmal jährlich durchzuführenden Prüfungen – natürlich von Ärzten sachverständig beraten – feststellen würde, dass die Voraussetzungen für eine weitere Unterbringung nicht mehr vorlagen. Eine Unterbringung in einem psychiatrischen Krankenhaus ist daher zwar etwas völlig anderes als die Verbüßung einer Haftstrafe in einem Gefängnis, aber eine ebenfalls ganz gravierende Freiheitsentziehung, die zudem möglicherweise länger dauert als jede Haft – sie kann ein echtes »Lebenslänglich« bedeuten.

Keine fünf Tage später musste ich wieder nach Frankfurt. Wie mir per Fax mitgeteilt worden war, hatte die Staatsanwaltschaft beim zuständigen Gericht beantragt, den Unterbringungsbefehl »zu erweitern«. Das verhieß nichts Gutes. Es konnte nur bedeuten, dass die Staatsanwaltschaft inzwischen neue, weitere Tatvorwürfe gegen Lessinger erhob, die weder in dem ursprünglichen Haftbefehl noch in der aktuellen Unterbringungsanordnung Eingang gefunden hatten. Offenbar ging es um etwas Gravierendes, wenn dafür extra der Unterbringungsbefehl geändert werden sollte. Aber um was?

Aus der Verfahrensakte ergaben sich keinerlei weitere Anhaltspunkte oder Verdachtsmomente, außer den Taten, die Lessinger bereits gestanden hatte. Hatte vielleicht Thomas Pastel zwischenzeitlich sein Schweigen gebrochen und seinen alten Kumpel aus Verärgerung darüber, dass der ihn in seinem Geständnis »hingehängt« hatte, mit neuen Vorwürfen belastet? Aber auch da kam die Frage auf, was das sein sollte? Auf das, worum es tatsächlich ging, wäre ich nie gekommen.

Bereits neun Jahre zuvor hatte René Lessinger auf einer Coladose seine Fingerspuren hinterlassen, die die Polizei ihm erst jetzt zuordnen konnte. Nach seiner Festnahme waren ihm im Rahmen der sogenannten erkennungsdienstlichen Maßnahmen Fingerabdrücke abgenommen worden. Mittels neuester Kriminaltechnik führte anschließend ein Abgleich mit ungeklärten Altfällen zu einem Fahndungserfolg.

Die Coladose hatte nicht irgendwo gestanden, sondern in einer kleinen Holzhütte im Frankfurter Stadtwald. In dieser Hütte war damals ein 19-jähriges Mädchen mehrfach vergewaltigt und schließlich durch Enthauptung getötet worden. Der Täter hatte ihr mit einem Fleischermesser den Kopf abgeschnitten. Hämatome und Spermaspuren ließen den Schluss zu, dass sich das Martyrium über drei Tage hingezogen haben musste. Neun Jahre später hatte der mutmaßliche Täter auf einmal einen Namen.

Die Haftbefehlseröffnung in Frankfurt war auf 14 Uhr angesetzt. Ich fuhr so früh in München los, dass genügend Zeit blieb, um vorher noch mit René Lessinger zu sprechen. Wir mussten dringend reden.

»Herr Lucas«, kam er gleich jeder Frage zuvor. »Es ist alles wahr. Da gibt es gar nichts zu leugnen. Das Mädel hieß Nadja. Ich hatte sie im Fitnessstudio kennengelernt. Wir hatten ziemlich bald eine Affäre miteinander, trafen uns aber nie bei einem von uns zu Hause, sondern in verschiedenen Hotels. Ich hatte die Idee mit der Hütte, sie fand sie toll. Aus einer Nacht wurden dann drei. Allerdings mehr oder weniger freiwillig.«

Auf meine Frage, wie das zu verstehen sei, gab er unumwunden zu: »Für mich war es freiwillig, aber für sie ist vom ersten Abend an alles unter Zwang geschehen.«

Dann erzählte René Lessinger, wie er Nadja, kaum dass sie in der Hütte angekommen waren, aufs Bett geworfen und ihren Kopf so lange in die Kissen gedrückt hatte, bis sie das Bewusstsein verlor.

»Danach habe ich sie nackt ausgezogen und an beiden Armen mit Handschellen ans Bett gefesselt. Ich habe sie den ganzen Tag so liegen gelassen und immer wieder mit ihr geschlafen.«

»Immer gegen Nadjas Willen?«, hakte ich nach.

René Lessinger nickte: »Der Witz war, ich habe an den drei Tagen ein ganz normales Leben geführt; ich habe morgens gefrühstückt, mich rasiert, bin spazieren gegangen und so weiter und so fort. Und Nadja lag die ganze Zeit nackt und gefesselt auf dem Bett. Und zwischendurch habe ich dann immer wieder Geschlechtsverkehr mit ihr gehabt.«

Ich war von der Geschichte angewidert. René Lessinger sprach die ganze Zeit in einem ruhigen, freundlichen Ton, als würde er mir gerade erzählen, wie er gestern ein Regal zusammengebaut habe. Das junge Mädchen, Nadja, war für ihn nichts wert gewesen, und sie war ihm auch heute vollkommen gleichgültig. Ein Mensch, eine junge Frau, die leben wollte. Die Eltern hatte, die sie liebten. Und die in den letzten Tagen ihres Lebens schlimmste Demütigungen und Schmerzen hatte erleiden müssen. Einfach nur, weil es René Lessinger gut in den Kram gepasst hatte. Weil er es so gewollt hatte. Aber warum bloß? Das ging einfach über meine Vorstellungskraft.

»Herr Lucas, ich bin da auch nicht stolz drauf. Aber das bin nun mal ich. Das ist meine Art, Lust zu empfinden. Alles andere bringt mir nichts. Ich inszeniere Situationen, die mich anmachen. Und der besondere Kick dabei ist, dass alle anderen, die mitspielen, nichts zu melden haben. Sie sind Teil meiner Inszenierung, Statisten, die nach meiner Pfeife tanzen müssen.«

Ich konnte nicht mehr. Ich hatte in dem Moment genug von René Lessinger und dem, was er mir da anvertraute. Das Bemerkenswerte allerdings war, dass der mit seinen perversen Straftaten nicht etwa prahlte, sich in irgendeiner Weise wichtigmachen oder mich gar schockieren wollte. Nein, er berichtete mir ganz einfach von Dingen, die in der Vergangenheit passiert waren und die aus seiner Sicht unabänderlich, unvermeidlich gewesen waren.

»Ich will das doch auch alles nicht, aber ich kann nicht anders. Deshalb ist es gut, dass ich jetzt hier bin. Verstehen Sie? Ich bin eine tickende Zeitbombe. Ich werde so etwas wieder tun. Das kann ich gar nicht verhindern. Immer wieder träume ich von solchen Szenen. Es hat sich da rein gar nichts bei mir geändert. Szenen umzusetzen, die ich mir vorher ausdenke und von denen außer mir keiner der Beteiligten weiß, wie sie ablaufen werden, das ist für mich Lustgewinn pur.«

Wie der Gutachter richtig erkannt hatte, hatte René Lessinger keineswegs ständig Lust, Macht über Frauen auszuüben und sie zu demütigen.

»Nach Nadja war ich fast zwei Jahre mit einem Mädchen zusammen, mit dem ich ganz normalen Sex hatte. Überhaupt war da alles ganz normal. Wir sind ins Kino gegangen, in die Stadt, haben Fahrradtouren gemacht. Und das war alles soweit schön. Aber irgendwann entsteht dann wieder so ein Druck bei mir, Frauen zu erniedrigen, sie fertigzumachen. Mir ist es dann nicht etwa eilig. Die Vorbereitung kann sich wochenlang hinziehen. Ich plane so einen Akt der Demütigung ganz genau und zehre von der Vorfreude. Dass ich so lange ruhighalten kann, schaffe ich nur deshalb, weil ich mir vertraue und deshalb jederzeit genau weiß, dass der Tag immer kommen wird, an dem ich mir eine Frau untertan mache.«

Nein, er machte mir wirklich nichts vor. Er konnte nicht aus seiner Haut. Die Frage war nun, wie wir uns bei der bevorstehenden Eröffnung des Unterbringungsbefehls verhalten sollten. Nachdem jetzt dieser weitere Tatvorwurf hinzugekommen war, der noch gravierender war als die Vergewaltigung von Kerstin Fichtner, bestand kaum mehr eine Chance, eine endgültige Unterbringung zu vermeiden. Und selbst wenn: Ich wäre als Verteidiger nicht in der Lage gewesen, mich für eine andere Lösung starkzumachen. Es konnte keine Alternative geben.

Doch Lessinger hatte für sich bereits eine Entscheidung getroffen: »Ich werde alles sagen. Ich will mit meiner Vergangenheit aufräumen. Und ich will nie wieder einem Menschen etwas zuleide tun. Warten Sie es ab, Herr Lucas, bis zum Prozess wird es einen großen Knall geben.«

In diesem Moment schien der Ausgang des Verfahrens bereits festzustehen. René Lessinger würde wegen Schuldunfähigkeit von sämtlichen Vergewaltigungsvorwürfen freigesprochen werden, ebenso vom Vorwurf des Mordes. Aber er würde in der Psychiatrie untergebracht werden. Und ob er daraus jemals wieder entlassen würde, schien fraglich. Zumindest würde sich bis dahin eine Menge bei ihm verändern müssen. Wenn er überhaupt therapierbar war.

Viel konnte ich also für ihn nicht tun. Gewissermaßen war ich erleichtert. Denn ich war überzeugt davon, dass er in höchstem Maße gefährlich war. Eine tickende Zeitbombe, wie er selbst es ausgedrückt hatte. Alles, worin ich ihn als Verteidiger unterstützen konnte, war die Erreichung eines fairen Verfahrens, bei dem Gericht und Staatsanwaltschaft sich Zeit genug nehmen würden, seine Persönlichkeit zu begreifen und sich angemessen mit ihr auseinanderzusetzen. Denn René Lessinger war offenkundig krank.

Diesen Umstand und den Zusammenhang mit den begangenen Straftaten galt es klar herauszuarbeiten. Denn natürlich würden das psychiatrische Gutachten und das Urteil mit seiner Begründung bei der anschließend in regelmäßigen Abständen stattfindenden Überprüfung, ob René Lessinger aus der Psychiatrie zu entlassen war, eine wesentliche Rolle spielen. René Lessinger musste erwarten dürfen, dass all diese Punkte in der Hauptverhandlung angemessen berücksichtigt würden. Dafür zu sorgen war meine Aufgabe als sein Verteidiger, und die würde ich aus voller Überzeugung erfüllen – ganz unabhängig davon, als wie unerträglich ich die ihm zur Last gelegten Taten auch empfinden mochte.

Die Hauptverhandlung war zunächst auf acht Verhandlungstage angesetzt, sie würden immer montags bis donnerstags stattfinden. Da es bei Thomas Pastel nicht um ein Unterbringungsverfahren ging, würde gegen ihn in einem getrennten Prozess verhandelt werden. Bereits am Sonntag vor dem Prozessauftakt fuhr ich – wie es so schön heißt – hoch nach Frankfurt. Diesmal war ich mit niemandem verabredet, ich war nicht in der Stimmung dafür.

Kerstin Fichtner war bereits für den ersten Prozesstag als Zeugin geladen. Auch Nadjas Eltern würden voraussichtlich kommen, sie waren als Nebenkläger zugelassen. Die Aussicht, auf diese beiden Menschen zu treffen, die auf so grausame Weise ihr Kind verloren hatten, lag mir im Magen.

Bevor ich ins Bett ging, beschloss ich, einen Spaziergang durch das nächtliche Frankfurt zu machen. Er tat mir gut. Am Ende war ich ganze vier Stunden unterwegs. Frankfurt, so stellte ich wieder einmal fest, war wirklich klein. Bis zu meinem 27. Lebensjahr hatte ich hier gewohnt. Hier waren meine Wurzeln. Wie ferngesteuert ging ich die Stationen aus jener Zeit auf dem Spaziergang ab: Schule, Uni, der erste Club, das Stammlokal aus der Studentenzeit. Auch am Gericht, an dem ich auch schon Referendar gewesen war, kam ich vorbei. Morgen würde ich hier verteidigen. Es war Zeit, noch ein paar Stunden zu schlafen.

Am nächsten Morgen um neun Uhr war ich gerade im Begriff, zum Gericht aufzubrechen, als mich ein Anruf meiner Sekretärin erreichte. Der auf 9:30 Uhr bestimmte Gerichtstermin beim Landgericht Frankfurt war aufgehoben worden. Das Gericht hatte das Verfahren eingestellt. René Lessinger war tot. Er hatte sich in der Nacht von Sonntag auf Montag stranguliert. Mit einem zusammengerollten Bettlaken, das er an beiden Enden zusammengeknotet und dann wie eine Schlinge um seinen Hals und den Heizkörper gelegt hatte.

Auf einmal war mir sein Satz wieder in Erinnerung, dass es vor dem Prozess einen großen Knall geben werde. Das war es wohl, was er damit gemeint hatte. Er hatte seinen Selbstmord also angekündigt.

Ich war irritiert, dass sich in mir kein schlechtes Gewissen regte. Warum fragte ich mich nicht, ob ich den Freitod hätte verhindern können? Und ob ich besser auf die Zeichen hätte achten müssen?

Wohl, weil die Antwort auf der Hand lag. Ich hätte René Lessinger an seinem Selbstmord nicht hindern können. Das war nun mal seine Inszenierung. Auch ich war nur Teil seines Spiels gewesen, ein Statist. Als er den großen Knall ankündigte, hatte nur er genau gewusst, wovon er sprach. Auch in diesem Moment war er der Regisseur seines eigenen Lebens, er hatte alle Fäden in der Hand. Wie auch bei seinen schrecklichen Straftaten. Immer hatte er die Kontrolle. Immer entschied er und nur er über den weiteren Verlauf. Ich war jetzt sicher: Dass sein Portemonnaie in der Wohnung von Kerstin Fichtner liegen geblieben war, war kein Zufall gewesen. Er hatte es so gewollt.

Wie musste sich Kerstin Fichtner nun fühlen? Und wie fühlten sich die Eltern von Nadja? René Lessinger hatte für seine schrecklichen Taten zur Rechenschaft gezogen werden sollen. Vielleicht hätte er nicht bestraft werden können, aber es wäre festgestellt worden, dass er die Taten begangen hatte. Mit seinem Tod endete das Strafverfahren jedoch.

All das, was mit einem Strafprozess erreicht werden soll, greift mit dem Tod des mutmaßlichen Täters nicht mehr. Für Kerstin Fichtner und die Eltern der ermordeten Nadja wäre es vermutlich sehr wichtig gewesen, den Peiniger vor Gericht zu erleben; vielleicht hatten sie sich von dem Verfahren Erklärungen für die schrecklichen Taten erhofft; vielleicht hätte es ihnen bei der Verarbeitung geholfen. Sie waren bereits auf dem Weg zum Gericht gewesen – wie alle Beteiligten. Und dann kam alles ganz anders.

René Lessinger hinterließ einen Brief. Er enthielt keine Worte des Abschieds. Keine Erklärungen, weshalb er freiwillig aus dem Leben geschieden war. Nur einen Satz: »USB-Stick bei der Hütte im Wald!«

Der Stick wurde noch am selben Tag von der Polizei gefunden und sichergestellt. Auf ihm waren Dutzende Drehbücher gespeichert, die er selbst verfasst hatte. Die Rollenspiele in der Wohnung von Kerstin Fichtner, die Tage in der Hütte mit der ans Bett gefesselten Nadja – alles war bis ins Detail aufgeschrieben, versehen mit Regieanweisungen und einer Auflistung sämtlicher Requisiten. Was war mit den vielen anderen Drehbüchern? Hatten sie als Vorlage für weitere Gräueltaten gedient, die auf das Konto von René Lessinger gingen? Es war zu befürchten, und die Polizei würde sich daranmachen müssen, unaufgeklärte Fälle zu überprüfen. Vielleicht war ja auch das der Knall, den René Lessinger damals angekündigt hatte? Was würde als Nächstes kommen? Wie weit würde er über seinen Tod hinaus noch die Fäden ziehen?

Tausendmal berührt

Als Strafverteidiger komme ich viel herum. Die Städte, in die es mich verschlägt, heißen allerdings nicht etwa Paris, London oder Madrid. Es sind auch nur selten die üblichen deutschen Großstädte wie Berlin, Hamburg oder Köln. Die Städte tragen eher Namen wie Sonneberg, Büdingen oder Lübbecke und haben oft nicht einmal 10 000 Einwohner. Das hat durchaus seinen Charme. Oder rede ich es mir womöglich nur schön? Meine Prozesse bringen mich jedenfalls in Städte, die ich anderenfalls bestimmt nie kennengelernt hätte.

Der Anruf von Sven Jörges freute mich da ganz besonders. Dass ich als Verteidiger mal von einem Mandanten nach Oldenburg in Holstein gebeten würde, damit hatte ich im Traum nicht gerechnet. Aus Münchener Sicht liegt dieses Städtchen so ziemlich am Ende der Welt, knapp 50 Kilometer nördlich der Hansestadt Lübeck. Für mich dagegen ist Oldenburg Teil meiner Kindheit, mit dem ich nur die schönsten Erinnerungen verbinde – tatsächlich hatte ich hier in meinen ersten elf Lebensjahren gemeinsam mit meinen Eltern und meinen Geschwistern jeden Sommer die Ferien verbracht. Meine Großeltern wohnten dort in einem Backsteinhaus im Mühlenkamp, der Weissenhäuser Strand lag nur wenige Kilometer entfernt. Für mich steht Oldenburg für tolle und unbeschwerte Wochen bei Oma und Opa, für Strandkörbe, Sandburgen, Möwengeschrei und die raue, graue See. All das liebte ich von ganzem Herzen. Und obwohl es mich seit mittlerweile 25 Jahren jeden Sommer stattdessen für viele Wochen auf die warme und sonnige Baleareninsel Mallorca zieht, vermisse ich Oldenburg und die Ostsee. Da rannte Sven Jörges mit seiner Bitte, ihn dort zu besuchen, offene Türen ein. Mir machte bereits der Klang seiner Stimme große Freude. Ja, so hatten die Menschen da immer gesprochen – wenig »sch«, dafür viel »st«. Schon bei unserem ersten Telefonat wurde allerdings klar, dass wir leider nicht beim Oldenburger Amtsgericht verhandeln würden, weil bereits das Berufungsverfahren anhängig war und der Prozess beim Landgericht Lübeck stattfinden würde. Mir war's recht. Und zur Besprechung sollte ich ja jetzt erst einmal ins kleine Oldenburg kommen.

Das dortige Amtsgericht hatte meinen neuen Mandanten drei Tage zuvor wegen fünffacher Vergewaltigung zu einer Gesamtfreiheitsstrafe von drei Jahren und zehn Monaten verurteilt. Das wollte der 63-Jährige so nicht hinnehmen. Seinem bisherigen Verteidiger hatte er schon gekündigt, und den Auftrag an mich fasste er in wenigen Worten klar und präzise zusammen: »Herr Lucas, ich will nicht in den Knast!«

Schon am Freitag nach unserem Telefonat holte Sven Jörges mich am Oldenburger Bahnhof ab. Von dort fuhren wir erst einmal zu einem Restaurant, das ich noch von früher unter dem Namen »Zur Treppe« kannte. Dieser Mann war mir gleich sympathisch und bestätigte meine Erfahrung, dass das alles Entscheidende am Ende eben doch immer die Chemie zwischen den Menschen ist. Dass meine Auftraggeber bisweilen mit sehr unschönen Geschichten zu mir kommen, bringt der Beruf halt so mit sich. Ob ich am Ende aber mit einem Menschen klarkomme oder nicht, hängt nie von der Schwere seiner Tat ab. Entweder man kann sich leiden oder eben nicht. Sven Jörges hatte etwas Väterliches, zugleich Freches und Verschmitztes. Er war kein schöner Mann – gepflegt durchaus, jedoch über die Jahre ein wenig aus der Form geraten. Und der graue Vollbart und die ebenfalls grauen, etwas längeren Haare waren nicht ganz zeitgemäß. Egal – sie passten zu ihm, und der Mann hatte Charme. Und den versprühte er nicht zuletzt, wenn er einen mit seinen strahlend blauen Augen freundlich anschaute und dabei lächelte.

Im Restaurant blieben wir zunächst beim Small Talk. Ein erstes Anwaltsgespräch beim Essen zu führen ist nicht unbedingt die Regel, und da wollten wir wohl beide nicht gleich mit der Tür ins Haus fallen. Also redeten wir über Oldenburg. Es war offensichtlich, das Sven Jörges seine Stadt liebte, und bis zum Dessert war ich über die Veränderungen und Entwicklungen der letzten Jahrzehnte auf dem Laufenden.

Das eine oder andere war mir schon bekannt gewesen, seit knapp vier Jahren stand ich nämlich mit Tom Behnke in Kontakt. Er war fünf Jahre älter als ich und hatte damals in den Siebzigerjahren im Nachbarhaus meiner Großeltern gewohnt. Über Facebook hatte er mich wiedergefunden, und seither pflegten wir einen zwar sporadischen, aber durchaus herzlichen schriftlichen Kontakt.

»Klar, den kenne ich!«, sagte Sven Jörges, als ich ihn auf meinen Freund aus Kindertagen ansprach. »Der hat damals in der Kindertheatergruppe mitgemacht, die ich 1981 gegründet hatte. Er war richtig mit Begeisterung dabei. War eine schöne Zeit damals. Ich habe noch ein paar alte Fotos, die maile ich Ihnen gerne in den nächsten Tagen.«

Die Welt war eben klein, dachte ich mir. Oder zumindest Oldenburg. Leider war Tom zu der Zeit im Urlaub, sodass ein kurzer Besuch nicht drin war. Aber ich würde ihm von meinem Treffen mit seinem alten Regisseur in der nächsten E-Mail berichten und ihm die Fotos schicken.

Der Themenwechsel kam sehr abrupt. »Ich habe das Mädchen geliebt! Ich liebe Sabrina immer noch.« Als Sven Jörges das sagte, klang seine Stimme sehr sanft. »Wissen Sie, ich hab meine

Kleine über eine Anzeige im Internet kennengelernt«, fuhr er fort. Schon bald war es zu einem ersten Treffen gekommen. »In einer Eisdiele in Eutin.« In Oldenburg, so erklärte er mir, hätte er sich zu sehr auf dem Präsentierteller befunden. »Herr Lucas, ich mag Frauen nun mal. Sie müssen nicht immer blutjung sein. Meine Ehefrau ist zum Beispiel 34. Aber bei Sabrina wollte ich eben mal ein richtiger Sugardaddy sein.« Aha, ein verheirateter Sugardaddy. Ich hatte bis dato nur das »Sugarbaby« vom alten Rock 'n' Roller Peter Kraus gekannt. Hier saß jetzt offenbar das väterliche Pendant vor mir. Sugardaddys, so erfuhr ich später aus dem Internet, werden Männer genannt, die eine meist sexuell geprägte längerfristige Beziehung zu deutlich jüngeren Partnerinnen suchen, die dafür eine materielle Gegenleistung erhalten, wobei diese Gegenleistung nicht zwingend in Form von Geldzahlungen erfolgen muss. Diese Definition passte hier genau. »Ich habe Sabrina oft zum Essen eingeladen«, erzählte Jörges. »Wir waren im Kino, und beim gemeinsamen Shoppen hat sie regelmäßig tütenweise neue Klamotten heimgeschleppt.«

Nun gut, solange es beiden Spaß machte, war dagegen nichts zu sagen. Die nahezu kindliche Begeisterung, mit der Jörges erzählte, ließ ihn unverändert sympathisch rüberkommen. Leben und leben lassen. Und der Gesetzgeber hatte ja ebenfalls nichts einzuwenden. Tatsächlich wird das Thema »Liebe zwischen Alt und Jung« in unseren Gesetzen sehr viel großzügiger gehandhabt als viele annehmen. Die Grenze liegt grundsätzlich bei 14 Jahren. Aber gut, das ist Geschmackssache, und man muss ja nicht immer alle gesetzlichen Möglichkeiten ausschöpfen. Darum war es ganz offenkundig auch Sven Jörges nicht gegangen, der sich auf die Suche nach jungen Mädchen über 18 Jahren gemacht und sich schließlich für die 19-jährige Sabrina entschieden hatte: »Gleich am ersten Tag haben wir uns geküsst. Und von da an haben wir uns bestimmt so zweimal in der Woche getroffen und einfach Spaß miteinander gehabt.« Das klang alles wunderbar unkompliziert.

Das Urteil des Oldenburger Amtsgerichts las sich da allerdings nicht ganz so. Da stand etwas von fünffacher Vergewaltigung, für die das Gericht immerhin drei Jahre und zehn Monate verhängt hatte. Beim Strafmaß hatte nicht zuletzt eine Rolle gespielt, dass Jörges mehrfach einschlägig vorbestraft war und vor längerer Zeit sogar eine mehrjährige Freiheitsstrafe hatte absitzen müssen. »Herr Lucas, wir hatten tatsächlich nur fünfmal Sex miteinander, aber eben freiwillig. Das war alles völlig einvernehmlich. Sabrina wollte es genauso wie ich«, beteuerte Sven Jörges.

Das hatte das junge Mädchen bei der Polizei und später vor Gericht jedoch etwas anders dargestellt. Im Prozess hatte Sabrina Köster von Nacktfotos berichtet, die Sven Jörges bei ihrem ersten Treffen in seiner Wohnung mit ihrem Einverständnis von ihr geschossen habe. Die böse Überraschung habe nicht lange auf sich warten lassen: Er habe ihr nämlich noch am selben Abend frech verkündet, dass er die Fotos ihrer Mutter schicken würde, wenn sie sich ihm sexuell nicht fügen würde. Was sie daraufhin getan habe. Mit diesem Druckmittel habe Jörges sie noch vier weitere Male in seine Wohnung geholt. Was hätte sie in dieser Zwangslage denn tun sollen …

»Alles gelogen.« Jörges schüttelte ein ums andere Mal traurig den Kopf.

Ich ging die Schilderung von Sabrina Köster in Gedanken noch mal durch. Eine gute Lügengeschichte kann durchaus eine intellektuelle Herausforderung sein, zumindest wenn sie eine gewisse Komplexität aufweist, in einem Strafverfahren mehrmals zum Besten gegeben werden und den kritischen Fragen von Ermittlern, Richtern und Anwälten standhalten soll. Im Fall von Sabrina Kösters Geschichte hätte sich die geistige Leistung bei einer Falschaussage allerdings in Grenzen gehalten. Denn das Kennenlernen, die Treffen außerhalb der Wohnung, der erste Kuss, die Fotos, die vielen Berührungen und eben auch der Sex – all das hatte ja tatsächlich stattgefunden; da konnte sie sich strikt an die Wahrheit halten und musste sie gar nicht erfinden. Das Einzige, was sie hätte hinzudichten müssen, wären die Drohung mit der Versendung der Fotos an die Mutter und die dadurch geschaffene psychische Zwangslage gewesen. Und das war schnell erzählt – und nie ernsthaft auf den Prüfstand gestellt worden. Der Akte konnte ich entnehmen, dass weder die Polizei bei der ersten Vernehmung der Zeugin im Ermittlungsverfahren noch das Gericht oder die Staatsanwaltschaft in der Hauptverhandlung großartig nachgefragt hatten. Und selbst vom Verteidiger hatte es dazu keine Fragen an die Zeugin gegeben. Nachträgliche Kollegenschelte liegt mir nicht, und sie wäre zudem auch gar nicht zielführend gewesen. Besser machen musste die Devise lauten.

Die Aussage von Sabrina Köster war im Prozess tatsächlich das einzige Beweismittel gegen Jörges gewesen; die Verurteilung beruhte einzig und allein auf ihren Worten. Mein Mandant hatte zwar abgestritten, Sabrina mit den Fotos unter Druck gesetzt zu haben, doch das hatte ihm nichts genutzt. Es hatte hier Aussage gegen Aussage gestanden, so wie es bei Sexualdelikten naturgemäß meistens der Fall ist. Nun sollte man meinen, dass ein Gericht bei einer solchen Pattsituation ja wohl keine Verurteilung aussprechen kann, sondern das Verfahren zwangsläufig einstellen oder den Angeklagten am besten freisprechen muss. Denn eine einzige Aussage ohne weitere Beweismittel kann ja ganz offensichtlich nicht als Tatnachweis ausreichen. Oder doch? Die gute Nachricht für unschuldig Angeklagte ist: Nein, es reicht nicht immer aus. Die schlechte Nachricht ist: aber ganz oft. Und das ist krass. Fehlurteile sind da programmiert, und zwar mit brutalen Folgen auf beiden Seiten. Entscheidet sich das Gericht nach dem Zweifelssatz »in dubio pro reo« für die Version des – tatsächlich schuldigen – Angeklagten und spricht ihn frei, läuft in der Konsequenz ein Sexualstraftäter weiterhin munter frei herum. Folgt das Gericht hingegen einer erlogenen Zeugenaussage, wird am Ende ein Unschuldiger zu einer in der Regel langjährigen Freiheitsstrafe verurteilt. Nur Opfer und Täter kennen die Wahrheit. Wie muss es sich aber für ein tatsächliches Opfer anfühlen, wenn dem Peiniger eine vermeintliche Unschuld bescheinigt wird? Und wie erlebt ein in Wahrheit Unschuldiger die vielen Jahre hinter Gittern?

In einem solchen Fall, in dem Aussage gegen Aussage steht, als Richter am Ende eine Entscheidung treffen zu müssen, die ja möglichst die »richtige« sein soll, ist eine Aufgabe, um die er wahrlich nicht zu beneiden ist. Wobei er in seiner Entscheidung, welche Aussage er für wahr hält und welche nicht – und aus welchen Gründen er das so sieht –, unabhängig ist; er muss lediglich seine zweifelsfreie Überzeugung auf der Grundlage dessen, was Gegenstand der Verhandlung vor Gericht gewesen ist, einigermaßen plausibel und widerspruchsfrei begründen können. Und dazu kann die belastende Aussage eines einzigen Zeugen ausreichen. Selbst bei mehreren möglichen Schlussfolgerungen muss der Richter sich keineswegs zwangsläufig für die für den Angeklagten günstigere Variante entscheiden.

Dass die Beweissituation »Aussage gegen Aussage« besonders schwierig und die Gefahr von Fehlurteilen hier besonders groß ist, hat natürlich auch die Justiz erkannt. Der Bundesgerichtshof in Karlsruhe hat daher entschieden, dass immer dann, wenn eine Verurteilung ausschließlich auf die Aussage einer einzigen Person gestützt werden soll, die Angaben dieser Person vom Richter besonders gründlich und kritisch geprüft und gewürdigt werden müssen. Steht also dem Richter in einem Sexualstrafverfahren nur die belastende Aussage des vermeintlichen Opfers zur Verfügung, dann muss er die Aussage dieser Zeugin einer intensiven Glaubhaftigkeitsprüfung unterziehen. Er muss ihre Angaben also besonders kritisch beleuchten und dabei auch hinterfragen, ob die Zeugin zu einer zuverlässigen Aussage überhaupt in der Lage ist. Aber auch eine lückenlose Gesamtwürdigung aller Indizien wird das erkennende Gericht vornehmen müssen. Hier spielen auch Umstände eine Rolle, die außerhalb der Zeugenaussage liegen können. Hat die Zeugin zum Beispiel früher schon einmal in einem vergleichbaren Verfahren nachweislich gelogen? Oder hat sie sich im Anschluss an die mutmaßliche Straftat womöglich auffällig verhalten, zum Beispiel ihren Freunden verschiedene Versionen der angeblichen Tat aufgetischt?

Für all das hatte sich im Prozess gegen Jörges in der ersten Instanz offenbar kein Mensch interessiert. Ich fand das erstaunlich, wusste aber auch, dass genau darin unsere Chance für die Berufungsverhandlung lag. Und der erste Schritt musste sein, möglichst viele Informationen zu sammeln.

»Erzählen Sie mir von Sabrina alles, was Sie wissen!« Das konnte dauern, das war mir bewusst. Aber bei einem solchen Brainstorming fiel oft irgendwann das eine oder andere Stichwort, auf dem sich aufbauen ließ. Ich nahm mir also Zeit. Und was machte das schon: Hey, ich war in Oldenburg! Ich wollte ohnehin erst am nächsten Tag wieder abreisen und vorher noch am alten Haus meiner Großeltern vorbeischauen und kurz zum Strand fahren. Ganz ohne Zeitdruck hörte ich meinem Mandanten also einfach nur zu.

Sven Jörges holte weit aus, erzählte mir noch einmal ausführlich vom Kennenlernen, vom ersten Kuss und von den vielen, vielen zärtlichen Berührungen. Gelegentlich hakte ich nach. Welche Rolle spielte eigentlich seine Frau in der ganzen Geschichte? Wusste sie von dem Techtelmechtel? Und wie hatte es Sabrina auf Dauer verarbeitet, dass Jörges ja an sich vergeben war und sie womöglich durch die Blume zur ständigen zweiten Geige erklärt hatte. »Meine Frau wusste rein gar nichts von meiner Affäre. Also zunächst mal jedenfalls. Und das war auch gut so. Petra betreibt zwar so ein Massagestudio, Sie wissen schon …« Nein, wissen tat ich gar nichts, nur ahnen konnte ich es. Wie sich herausstellte, handelte es sich um ein Studio, das auch Sonderdienste wie Intimmassagen anbot, auf Wunsch gerne auch mit Happy End. »Obwohl meine Frau, auf gut Deutsch gesagt, beruflich ständig mit anderen Männern rummacht, ist sie privat rasend eifersüchtig. Bei Fremdgehen brennt die Hütte. Deshalb war ich ja immer so vorsichtig, bin extra nach Eutin gefahren. Bis Sabrina ihr dann eines Tages alles gesteckt hat.«

Alles nicht, wie sich herausstellte. Von Vergewaltigung hatte sie kein Wort gesagt, sondern von einer Freundschaft-plus-Beziehung erzählt, die sich zum damaligen Zeitpunkt schon einige Wochen hingezogen hatte. Bei mir kam Freude auf. Dass Sabrina trotz der angeblichen »Erpressung« mit Nacktfotos gegenüber seiner Frau Petra von einer freiwilligen sexuellen Affäre gesprochen hatte – das war genau so ein Punkt, wie ich ihn brauchte. Aber es kam noch besser.

»Wie hatte Sabrina denn überhaupt Gelegenheit, mit Ihrer Frau zu reden?«, wollte ich wissen.

Jörges guckte mich erstaunt an: »Na, sie hat doch bei ihr im Massagesalon gearbeitet!« Bitte wie? Das ging mir jetzt doch ein bisschen schnell. »Irgendwann hätte meine Frau uns bestimmt irgendwo zusammen gesehen. Also stellte ich die beiden nach einem Weilchen lieber einander vor. Ich sagte Petra, dass ich Sabrina Schauspielunterricht geben würde. Das mache ich ja wirklich noch ab und an. Die beiden verstanden sich auf Anhieb, tauschten Nummern. Und dann konnte ich gar nicht so schnell gucken, wie Sabrina plötzlich für meine Frau arbeitete und sich ihr Taschengeld aufbesserte.«

Das haute mich nun doch ein wenig um. Sabrina, das mutmaßliche Opfer von fünf Vergewaltigungen, war im Massagesalon die rechte Hand seiner Frau gewesen und hatte nicht zuletzt mit ihr die Kunden glücklich gemacht? Okay, ihr berufliches Engagement musste nicht zwangsläufig heißen, dass auch der Sex mit dem Ehemann der Chefin freiwillig war. Aber bei dieser bemerkenswerten Dreierkonstellation konnte die Zeugin sich im Lauf der Zeit womöglich mit der Ehefrau, die Jörges ebenso wenig wie sie exklusiv bekommen hatte, solidarisiert haben. So konnte sich durchaus ein Motiv entwickelt haben, den Ehemann der womöglich mittlerweile lieb gewonnenen Chefin einer Straftat zu bezichtigen. Noch wichtiger erschien mir allerdings die Frage, ob die Zeugin, für deren Erwerbsleben sich bisher offenbar niemand interessiert hatte, vor Gericht überhaupt zugeben würde, dass sie in dem Massagesalon Liebesdienste geleistet hatte. Wenn nicht, wäre das nämlich eine Falschaussage, derer sie durch den einen oder anderen Freier relativ leicht überführt werden könnte. Und eine nachweisliche Lüge vor Gericht wäre etwas, was bei der Frage, ob man ihren Vergewaltigungsvorwürfen glauben konnte, definitiv zu berücksichtigen sein würde. Wenn die Zeugin in dem einen Punkt log, wie könnte das Gericht dann sicher sein, dass sie es nicht auch an anderer Stelle tat?

»Zwei Kunden aus dem Salon kenne ich ziemlich gut. Die werden sicher zu einer Zeugenaussage vor Gericht bereit sein.« Jörges war optimistisch. Und ich war es auch. Für ein Erstgespräch war das eine ordentliche Ausbeute.

Am späten Vormittag des nächsten Tages verließ ich Oldenburg. Schade, dass ich Tom Behnke nicht hatte treffen können. Ansonsten zufrieden saß ich im Zug und bereitete meinen

Schriftsatz an das Lübecker Landgericht vor, beantragte Akteneinsicht und teilte mit, dass wir in der Berufungsinstanz den Fall noch einmal komplett verhandeln wollten – das volle Programm.

Die beiden neuen Zeugen erwähnte ich noch nicht, deren Benennung wollte ich mir für später aufsparen. Das war eine rein taktische Überlegung. Sabrina Köster war in dem Verfahren nämlich nicht nur Zeugin, sondern auch Nebenklägerin, und als solche würden sie und ihr Anwalt vom Gericht erfahren, welche Zeugen zur Berufungsverhandlung geladen wurden. Wenn sie dann die beiden Namen lesen würde, könnte sie den Braten riechen und sich mit ihrem Anwalt auf die neue Situation entsprechend vorbereiten. Mir war es aber wichtig, sie bei ihrer Vernehmung vor Gericht kalt zu erwischen. Erst ein paar harmlose Fragen nach ihrem Verhältnis zur Ehefrau des Angeklagten und danach, ob und gegebenenfalls was sie von deren beruflicher Tätigkeit wusste. Sollte sie dann herumdrucksen oder sogar abstreiten, etwas über den Massagesalon zu wissen und gar dort gearbeitet zu haben, dann würde ich an passender Stelle die beiden Kunden aus dem berühmten Hut zaubern und zum darauffolgenden Termin als Zeugen laden lassen. Bis dahin aber sollte sich Sabrina Köster in Sicherheit wiegen.

Bis zum Berufungstermin vergingen sieben Monate, was eher lang war. Aber auch im hohen Norden sind die Gerichte chronisch überlastet. Und Verfahren, in denen der Angeklagte in Untersuchungshaft sitzt, gehen vor. Da konnte die Akte Jörges schon mal etwas länger liegen bleiben. Das Schwierigste für den Verteidiger ist es, während dieser zähen Wartezeit den Mandanten bei Laune zu halten. Denn natürlich will man als Angeklagter die Sache möglichst schnell hinter sich bringen. Die Ungewissheit über das bevorstehende Urteil kann einen zermürben, vor allem wenn – wie im Fall von Sven Jörges – eine mehrjährige Haftstrafe im Raum steht. Aber da muss man durch. Und wenn eine ganze Weile nichts zu veranlassen ist, dann ist es eben so, und dann verfalle ich auch nicht dem Mandanten zuliebe in bloßen Aktionismus und produziere irgendwelche wohlklingenden, aber sinnlosen Schriftsätze. Auch wenn sich das manchem Mandanten nur schwer vermitteln lässt, vor allem wenn er sich in Untersuchungshaft befindet und die Wartezeit, in der er zur Untätigkeit verdammt ist, als schier unerträglich erlebt.

Aber für Jörges hatte das Warten irgendwann ein Ende, In der Berufungsverhandlung vor dem Landgericht Lübeck machte er keine Angaben. Das war sein gutes Recht als Angeklagter, und wir hatten es so besprochen. Mit seinem Schweigen machte er hinreichend klar, dass er sich gegen die Vorwürfe aus dem erstinstanzlichen Urteil verwahrte, und mehr gab es für ihn nicht zu sagen. Natürlich hätte er die ganze Geschichte aus seiner Sicht erzählen können – aber was hätte es gebracht? Angeklagte können viel erzählen. Solange sie niemanden zu Unrecht belasten, dürfen sie sogar lügen, dass sich die Balken biegen, ohne dass es strafrechtliche Konsequenzen für sie hat. Ein lügender Zeuge hingegen macht sich strafbar und riskiert viele Monate Freiheitsstrafe. Unser Ziel war, das Gericht zu überzeugen, dass die Aussage der Zeugin Köster unglaubhaft war. Und dabei würden wir auf unsere beiden Zeugen Alfred Hermann und Björn Wedeke zurückgreifen können, die schon in den Startlöchern standen.

Sabrina Köster war blass. Ihre langen Haare hatte sie zu einem braven Zopf geflochten. Sie trug einen grauen Rolli, dazu eine einfache blaue Jeans und schwarze Stiefeletten. Ihre ebenfalls schwarze Lederjacke ließ sie an. Auf Make-up hatte sie verzichtet.

»Was für eine Show …«, nuschelte Sven Jörges erbost, »so bieder hätte ich sie damals gleich wieder weggeschickt.«

Ich ermahnte ihn zur Ruhe, auch wenn ich ihn durchaus verstand. Vielleicht wollte die Zeugin mit diesem Look tatsächlich ihre Opferrolle unterstreichen. Auch dass sie die Jacke nicht auszog, sollte sicherlich ein Signal setzen, frei nach dem Motto: »Ich leide und will hier so schnell wie möglich wieder weg.« Klar, man sollte da vielleicht auch nicht zu viel hineininterpretieren. Aber natürlich bereitet ein Anwalt seine Mandanten auch in Fragen der Performance gut vor. Und der Look kann manchmal eine nicht ganz unwesentliche Rolle spielen. Auch Richter sind nur Menschen und nehmen Auftreten und äußeres Erscheinungsbild der Protagonisten in ihrem Sitzungssaal wahr, und sei es auch nur unterbewusst. Sven Jörges war in seiner blauen Stoffhose und dem dunklen Hemd sicher gut beraten. Und Sabrina Köster mochte es in ihrem Outfit samt Jacke für ihren Auftritt als unschuldiges Opfer womöglich ebenfalls sein. Sie hatte ihren Anwalt mit dabei. Kaum anzunehmen, dass der nicht im Vorfeld Typberater gespielt hatte.

»Mir war Sven auf Anhieb sympathisch, aber es ging eben alles so schnell. Ich weiß nicht, was ich am Ende vielleicht noch bereitwillig mitgemacht hätte. Aber nicht gleich bei diesem ersten Treffen.« Sabrinas Auftritt war überzeugend. Durchaus möglich, dass sie auch tatsächlich die Wahrheit sagte. Vorstellen konnte ich mir das allerdings nicht, schon gar nicht nach der Geschichte mit dem Massagesalon. Das Gericht verschonte sie weitgehend mit Nachfragen, auch das Aufklärungsbedürfnis des Staatsanwalts schien befriedigt.

Als ich endlich an der Reihe war, blätterte ich ein bisschen in der Akte und fragte fast beiläufig: »Kennen Sie Alfred Hermann?« Sabrina schüttelte den Kopf. »Björn Wedeke?« Wieder Kopfschütteln. »Wissen Sie, was die Frau von Herrn Jörges beruflich macht?« Ich hatte eigentlich erwartet, die Frage würde beanstandet werden, weil sie auf den ersten Blick nichts mit den Anklagevorwürfen zu tun hatte, aber niemand rührte sich.

Sabrina erzählte, dass sie Petra Jörges kenne, wie sehr sie sie mögen würde und dass sie »Masseurin mit eigenen Räumlichkeiten« sei.

So wie sie es sagte, konnte man den Eindruck bekommen, Petra Jörges betreibe eine physiotherapeutische Praxis. Gute fünf Minuten später hatten wir zumindest schon herausgearbeitet, dass es sich um einen Massagesalon handelte. »Wissen Sie, welche Art von Massage dort angeboten wird?«, fragte ich weiter.

»Ich verstehe nicht, was Sie meinen … welche Art von Massage … normal eben … keine Ahnung.« – »Erotische Massagen?«, versuchte ich ihr auf die Sprünge zu helfen. – »Nee, davon weiß ich nichts.«

Auf meine Frage, ob sie sich unter dem Begriff »Tantra« etwas vorstellen könne: »Keine Ahnung, nie gehört. Was wollen Sie eigentlich von mir?«

»Genau«, mischte sich ihr Anwalt ein, der inzwischen gemerkt zu haben schien, dass es für seine Mandantin gerade nicht so geschmeidig lief wie erwartet. »Das wüsste ich auch gerne mal: Was wollen Sie eigentlich von meiner Mandantin? Sie ist hier schließlich das Opfer …«

Ich ignorierte ihn und wandte mich an die Zeugin: »Ich will zum Beispiel wissen, ob Sie selbst mal in dem Massagesalon waren?« – »Ja, war ich«, bekam ich kurz und knapp zur Antwort. »Dann haben Sie auch die vielen Bilder an der Wand gesehen, nehme ich an, oder?« Hatte sie. »Aber ich weiß nicht mehr, was das für Bilder waren. Darauf habe ich nicht geachtet.« Das war nun ganz offenkundig gelogen. »Haben Sie also nicht die vielen nackten Personen, die darauf abgebildet sind, gesehen? Haben

Sie nicht erkannt, wie sich diese auf einigen Bildern küssen, auf anderen den Beischlaf vollziehen?«

Sabrinas Blick richtete sich an die Richterin: »Muss ich das beantworten?« Die Vorsitzende nickte freundlich. Sabrina wurde sichtlich nervöser: »Ja, meinetwegen, kann sein. Dann habe ich die eben gesehen. Ist das vielleicht verboten?«

Jetzt hatte ich sie am Haken: »Keineswegs. Aber dann noch mal die Frage – haben Sie auch die Herren Alfred Hermann und Björn Wedeke mal in dem Salon gesehen?« Kopfschütteln. »Kenn ich nicht, hab ich doch gesagt.« – »Haben Sie mit einem der beiden mal sexuelle Handlungen ausgetauscht?«

Ehe Sabrina reagieren konnte, ging die Richterin nun doch dazwischen: »Jetzt, Herr Verteidiger, muss ich Sie allerdings mal bremsen.«

Das war für mich nur allzu gut nachvollziehbar – ich wunderte mich nur, dass es erst jetzt passierte und man mich so lange hatte gewähren lassen. Jedem, der die Hintergründe nicht kannte, musste sich die Frage ja förmlich aufdrängen: Was hatten der Massagesalon von Petra Jörges und die beiden Herren mit unserem Fall hier zu tun? Sabrina Köster hätte es uns sagen können. Stattdessen tat ich es und klärte die Richterin, die beiden Schöffen und die übrigen Prozessbeteiligten über meine Erkenntnisse auf, dass die Zeugin in dem Salon gearbeitet hatte. Und ich kündigte an, einen Beweisantrag zu stellen, die Herren Hermann und Wedeke als Zeugen zu laden und nach den Dienstleistungen der Zeugin zu fragen; sie würden bestätigen, gerne gesehene Kunden der Zeugin gewesen zu sein.

Während Staatsanwalt und Nebenklägervertreter den Eindruck machten, als hätte es ihnen die Sprache verschlagen, wandte sich die Vorsitzende an Sabrina Köster: »Stimmt das denn, was der Verteidiger da sagt?« Ihre Stimme klang streng. Sabrina Köster nickte betroffen. »Meine Mama sitzt hinten im

Publikum, die weiß nichts davon, was sollte ich denn sagen? Ich wollte nicht lügen, mir ist das alles so schrecklich unangenehm.«

»Alles?« Ich hatte immerhin noch das Fragerecht und durfte jetzt nicht lockerlassen. »Auch dass Sie Sex mit einem Mann hatten, der beinahe Ihr Großvater sein könnte?«

Aber Sabrina, obwohl sichtlich den Tränen nahe, wich von ihrer Linie nicht ab: »Ich wollte mit Sven nicht schlafen! Er hat mich mit den Fotos erpresst. Und das sage ich jetzt nicht nur wegen meiner Mutter, sondern weil es die Wahrheit ist.« An dieser Stelle beantragte der Nebenklägervertreter eine Pause, damit seine Mandantin sich beruhigen könne. Die bekam er.

Ich nutzte die Pause für eine kurze Zwischenbilanz. Es lief gut, aber ich war mit der Befragung der Zeugin noch längst nicht fertig. Auf ihrer Arbeit im Massagesalon wollte ich noch weiter rumreiten, auch auf dem Verhältnis zur Ehefrau. Und dann musste ich in der Vernehmung natürlich noch das mögliche Motiv für die falschen Bezichtigungen herausarbeiten. Ihr Motiv konnte doch wohl nur ein kindlich-eifersüchtiger Hass auf die Ehefrau sein, die ihr einerseits so sympathisch war, die sie sogar zu bewundern schien, deren Rolle als unangefochten erste Geige sie aber immer mehr gedemütigt hatte, je länger die Affäre mit Jörges ging. Ihr musste klar sein, dass die Ehefrau noch immer da sein würde, wenn sie selbst längst durch ein anderes »Töchterchen« ersetzt sein würde. Aber, das musste ich mir selbst eingestehen, so ganz wurde da noch kein Schuh draus. Warum dann am Ende die Anzeige einer erfundenen Vergewaltigung? Warum den Lover vernichten, wenn das Problem die Ehefrau war? So recht überzeugt war ich selbst nicht.

»Ich habe einen Antrag vorbereitet«, ergriff der Nebenklägervertreter nach der Pause überraschend das Wort, als ich gerade mit der Befragung fortfahren wollte. Der Kollege beantragte die Inaugenscheinnahme eines Videos, das Sabrina beim fünften und letzten Treffen mit dem Angeklagten gedreht haben wollte. Dieses Video sollte beweisen, dass es jedenfalls bei diesem fünften Treffen zum unfreiwilligen Beischlaf gekommen sei; das – so argumentierte der Anwalt – würde aber womöglich Indizwirkung dafür haben, dass die anderen vier Treffen ähnlich verlaufen waren.

Erwartungsgemäß zeigten sich Gericht und Staatsanwaltschaft auch sehr interessiert an der Aufnahme, die sie gerne an Ort und Stelle angeschaut hätten. Allerdings, so musste der Nebenklägervertreter einräumen, war das Video an diesem Tag nicht griffbereit – der Antrag war offenkundig sehr spontan entstanden. Womöglich bekam hier jemand kalte Füße?

Zum Glück hatte das Gericht bereits von vornherein sicherheitshalber einen weiteren Termin für den übernächsten Tag angesetzt, zu dem der Nebenklägervertreter das Video mitbringen würde. Den prozessfreien Tag verbrachte ich am Weissenhäuser Strand; es regnete, und es fegte ein beträchtlicher Wind, aber ich saß geschützt in einem Strandkorb und ging noch einmal die gesamte Akte durch, bevor ich mich abends erneut mit Sven Jörges in der ehemaligen »Treppe« traf.

Schade, dass Tom Behnke sich nach seinem Urlaub bei meinem ersten Aufenthalt nicht bei mir gemeldet hatte. Auch auf die Fotos, die ihn mit Sven Jörges zeigten, hatte er gar nicht reagiert. Ein Treffen wäre schön gewesen, aber alle meine Mails waren bislang unbeantwortet geblieben.

Sven Jörges sah dem Video gelassen entgegen. »Ich hätte nicht gedacht, dass Sabrina sich das trauen würde.« Er konnte sich noch gut an die Situation erinnern, in der sie im Streit ihre Handykamera auf ihn gerichtet hatte. »Keine Ahnung, was da alles drauf ist. So oder so habe ich nichts zu befürchten.« Ich hoffte es sehr für ihn.

Das mit Spannung erwartete Video erwies sich als unspektakulär. Von dem eigentlichen Akt war darauf nichts zu sehen. Es handelte sich um Aufnahmen, die den Angeklagten unmittelbar vor und nach der angeblichen fünften Vergewaltigung zeigten. Sabrina und er hatten offenkundig Streit. Ich musste mir eingestehen, ganz so väterlich, wie ich ihn bislang immer erlebt hatte, kam er hier nicht rüber.

Sabrina warf ihm vor, er würde ein trauriges Doppelspiel spielen. Aus dem Kontext erschloss sich, dass sie kurz zuvor seine Frau über das Verhältnis aufgeklärt hatte. »Was sollte das? Warum machst du das? Was habe ich dir getan? Wer bist du, dass du dich so erheben durftest.« Sven Jörges schrie nicht, sein Ton war ruhig, aber gerade deshalb unangenehm fordernd. Man konnte hören, dass Sabrina hinter der Kamera weinte und ihn mit der immer gleichen Plattitüde zu besänftigen versuchte: »Versteh mich doch! Mann, versteh mich doch.« Das tat Sven Jörges offenkundig nicht, aber statt Vorwürfe zu erheben, zeigte er sich nun vermeintlich großzügig: »Du kriegst eine Chance. Mach's wieder gut! Komm schon! Mach's wieder gut.« Was er wollte, war offensichtlich. Und eine Drucksituation für die junge Frau war nicht von der Hand zu weisen. Allerdings endete das Video, kurz bevor die beiden im Schlafzimmer verschwanden. Wer konnte sagen, ob der verbale Druck nicht kurz darauf aufgehört hatte? Hatten die beiden sich womöglich gleich danach wieder versöhnt? War der Sex dann nicht womöglich doch freiwillig gewesen? Und vor allem sagte die gefilmte Szene nichts darüber aus, was sich bei den anderen vier Gelegenheiten abgespielt hatte. Die Situation hier war eine ganz spezielle und einmalige gewesen: ein Streit, ausgelöst dadurch, dass Sabrina kurz zuvor der Ehefrau ihres Liebhabers die Affäre gebeichtet hatte. Petra Jörges hätte grundsätzlich bestätigen können, dass Sabrina ihr nichts von unfreiwilligem Sex erzählt hatte, stand aber als Zeugin nicht zur Verfügung. Als Ehefrau des Angeklagten musste und wollte sie nicht aussagen. Sie war tief gekränkt, hielt aber weiter zu ihrem Mann. Ihr Schweigen half uns nicht, schadete aber auch nicht.

Das Video bestand aus zwei Sequenzen, zwischen denen 34 Minuten lagen. Zeit genug für eine Versöhnung mit anschließendem freiwilligem Sex. In der zweiten Videosequenz saßen die beiden im Auto und sprachen sehr freundlich miteinander. Man konnte hören, wie Sabrina ihn bat, ihrer Mutter nichts zu verraten. Der Anlass für diese Bitte war unklar. Hatte Jörges sie womöglich zuvor mit der Drohung, ihre Mutter zu informieren, weiter unter Druck gesetzt? Die Videos waren nicht gut für uns. Aber einen echten Beweis vermochten sie nicht zu erbringen. Sie zeigten eben dieses andere Gesicht meines Mandanten. Er konnte auch anders – und möglicherweise würde das Gericht darin einen Umstand sehen, der die Aussage von Sabrina stützen konnte. Aber erst einmal gab es eine Mittagspause. Da es trotz Sonnenschein ohne Strandkorb draußen zu kalt war, verzogen Sven Jörges und ich uns in die Gerichtskantine.

»Also, Herr Lucas, Videomaterial hätte ich auch.« Der Satz fiel überraschend. Ich schaute Sven Jörges irritiert an. Das wollte ich natürlich genauer wissen. Er druckste ein bisschen herum: »Na ja, ich habe bei unseren Treffen immer mal heimlich eine Videokamera mitlaufen lassen. Mal sieht man Sabrina und mich, wie wir gemeinsam mit meiner Frau im Auto unterwegs sind. Und in einem anderen Film haben wir gemeinsam Sex.« Warum hatte Sven Jörges das nicht früher erwähnt? »Das sind heimliche Aufnahmen, Herr Lucas. Das ist doch nicht erlaubt, oder?«

Vergewaltigungen waren auch nicht erlaubt – und wenn diese Videos beweisen konnten, dass Sabrina freiwillig Sex mit ihm hatte, dann war der Umstand, dass er die Aufnahmen heimlich gemacht hatte, wirklich zweitrangig. Da die Filmsequenzen hier als Beweismittel bei der Aufklärung eines schwerwiegenden Verbrechens in Betracht kamen, würde eine Abwägung die Verwertung der Videos im Prozess vermutlich verhältnismäßig erscheinen lassen. Einen Versuch wäre es wert – je nachdem, was die Filmchen nun tatsächlich hergaben.

»Da ist allerdings noch etwas!«, fuhr mein Mandant fort. Wunderte mich das? In diesem Fall war immer »noch irgendetwas«: »Raus damit, Herr Jörges!« Wieder tat er sich ein bisschen schwer: »Ja, also, es ist so … bei dem Video, das uns beim Sex zeigt, könnte man meinen, es handele sich um eine Vergewaltigung. Da ging es ein bisschen härter zur Sache, das hatten wir aber nur gespielt. Auch deshalb habe ich bis jetzt gedacht, dass wir damit nicht viel anfangen können.« Diese Geschichte wurde immer abstruser. Eine fingierte Vergewaltigung als Entlastungsbeweis in einem Vergewaltigungsprozess? Auf jeden Fall musste ich mir das »Material« erst einmal ansehen.

Auf Bitte des Gerichts zückten alle ihre Kalender. Ich hatte das Gericht nach der Mittagspause in groben Zügen vom Inhalt des Videomaterials in Kenntnis gesetzt. Auch unsere Richterin hielt das Material für entscheidungserheblich. Heute konnten wir auf gar keinen Fall mit dem Prozess zu Ende kommen; also mussten wir einen neuen Termin für die Fortsetzung finden, an dem alle Beteiligten Zeit hatten. Und zwar möglichst bald. Würden nämlich zwischen dem aktuellen und dem nächsten Prozesstag mehr als 21 Tage liegen, müsste die Berufungsverhandlung – so sieht es das Gesetz vor – noch einmal komplett von vorne losgehen. Mein Terminkalender war natürlich voll, auch die Richterin hatte kaum mehr Kapazitäten. Am Ende wurden wir dennoch fündig. Es war das alte Lied: Nachdem zunächst erst einmal gar nichts geht, findet sich am Ende immer doch noch ein Plätzchen, auf das der dringend notwendige Fortsetzungstermin gelegt werden kann. In diesem Fall allerdings wirklich nur mit »Ach und Krach«: ein Nachmittagstermin um 14 Uhr.

Jörges hatte mir einen USB-Stick mit den Videos überlassen, und so ausgestattet stand mir nach der Rückkehr nach München ein Videoabend bevor. Die Vergewaltigung war schlecht gespielt – grottenschlecht sogar. An beiden Protagonisten war eindeutig kein Schauspieler verloren gegangen. Wofür ich ausgesprochen dankbar war, denn dieses Filmchen konnten wir ohne Bedenken in den Prozess einführen. Es würde belegen, wie vertraut die beiden miteinander gewesen sein mussten, wenn sie beim gemeinsamen Sex zu solchen »Späßchen« aufgelegt waren. Und auch das zweite, völlig sexfreie Video von der Autofahrt zu dritt konnte uns in dem Prozess weiterbringen. Zeitlich lag dieser Film zwischen der zweiten und dritten angeblichen Vergewaltigung. Aufgrund der Art, wie die drei sich ganz entspannt über Sabrinas Leistungen in der Schule unterhielten und darüber diskutierten, ob Sabrina ihren Klavierunterricht weiterführen solle oder nicht, hätte man sie fast für eine kleine Familie halten können. Die Gesprächsatmosphäre war geradezu herzlich. Hatte dieses Sugardaddy-Ding denn wirklich sein müssen? So wirkte es auf mich richtiger – und irgendwie auch schöner.

Als der Prozess nach knapp drei Wochen weiterging, wurden die beiden Videos im Sitzungssaal abgespielt – oder juristisch korrekt ausgedrückt: »in Augenschein genommen«. Danach bat die Richterin den Staatsanwalt, den Nebenklägervertreter und den Verteidiger, also mich, zusammen mit den beiden Schöffen in ihr Besprechungszimmer. Zu einem Rechtsgespräch unter Ausschluss der Öffentlichkeit.

Die Richterin machte gar nicht lange herum: »Nach dem jetzigen Stand der Beweisaufnahme ist nach vorsichtiger Einschätzung des Gerichts im Zweifel für den Angeklagten der Nachweis für die ersten vier Vergewaltigungen nicht erbracht.« Na, das war doch schon mal was. Doch wie sah es mit dem fünften Fall der Anklage aus? Da schien das Gericht noch sehr zu schwanken. Es bot einen Deal an: »Eine Freiheitsstrafe im Bereich von einem Jahr und sechs Monaten bis maximal einem Jahr und zehn Monaten mit Bewährung, bei vollem Geständnis der fünften und nunmehr einzigen Vergewaltigung.«

Die Richterin erinnerte in diesem Zusammenhang an die vielen einschlägigen Vorstrafen meines Mandanten. Die hatte ich in den letzten Monaten fast ausgeblendet. Ich war in dem jetzigen Fall voll drin und glaubte Sven Jörges. Aber klar, seine kriminelle Vergangenheit ließ sich nicht wegwischen. »Herr Lucas, unser Angebot ist ein Geschenk. Wir gehen hier von einem minder schweren Fall der Vergewaltigung aus. Das Gericht erwartet allerdings on top eine Zahlung von 10 000 Euro an das Opfer.«

Einfach mal angenommen, Sven Jörges hätte Sabrina in diesem einen Fall tatsächlich vergewaltigt, dann wäre das Angebot wirklich gut. Normalerweise sieht das Gesetz für eine einzige Vergewaltigung nämlich schon einen Strafrahmen von zwei bis 15 Jahren vor, Bewährung ausgeschlossen. Nur weil sich das Gericht hier für die Annahme eines sogenannten minder schweren Falls offen zeigte, konnte es ausnahmsweise – trotz der Vorstrafen – die Mindeststrafe bei einem Jahr ansetzen und uns so die relativ niedrige Strafe anbieten. Mit der auch die Staatsanwaltschaft einverstanden wäre – die hatte ja auch noch ein Wörtchen mitzureden. Die 10 000 Euro waren natürlich happig, aber da gelang es mir recht schnell, Richter und Staatsanwaltschaft auf 7000 Euro runterzuhandeln. Das änderte aber nichts an der grundsätzlichen Frage, ob Jörges und ich auf das Angebot eingehen und den berühmten Sack wirklich schon an dieser Stelle zumachen sollten. Denn eigentlich hätte es kaum besser laufen können: Vier Vergewaltigungsvorwürfe, für die das Amtsgericht ihn noch verurteilt hatte, waren ein für alle Mal vom Tisch. Und auch die nun noch verbleibende eine Vergewaltigung war aus meiner Sicht alles andere als eindeutig erwiesen. Die Gretchenfrage war also: Angebot annehmen oder weiterkämpfen und auf einen kompletten Freispruch setzen? Das Problem war: Wenn wir weiterkämpften und das Gericht am Ende unsere Überzeugung, dass Jörges auch im letzten Fall unschuldig war, nicht teilen würde, dann wäre wegen des fehlenden Geständnisses keine Bewährungsstrafe mehr drin. Realistischerweise würde er dann mit einer Freiheitsstrafe irgendwo zwischen zwei Jahren sechs Monaten und drei Jahren rechnen müssen. Und bei Freiheitsstrafen über zwei Jahren sieht das Gesetz leider keine Bewährungsmöglichkeit vor.

Aber erst einmal musste ich Jörges, der die ganze Zeit über im Sitzungssaal gewartet hatte, überhaupt über die neueste Entwicklung informieren. Als ich das Besprechungszimmer verließ, wusste ich, dass das kein einfaches Gespräch werden würde. Die Richterin hatte mir dafür zunächst eine Stunde eingeräumt, die es jetzt zu nutzen galt.

Die erste Reaktion von Jörges war genau so, wie ich es erwartet hatte. »Ein Geständnis? Auf keinen Fall! Ich gebe nicht auf, Herr Lucas! Das Video, das Sabrina vorgelegt hat, beweist doch gar nichts. Und hätte ich ihr sonst erlaubt, die Kamera laufen zu lassen? Ich war damals sauer, schön und gut. Aber wie Sie schon sagten, keiner kann beweisen, was dann im Schlafzimmer wirklich los war. Wir machen weiter.«

Er hatte recht. Und doch auch wieder nicht. Was, wenn das Gericht hier der Aussage von Sabrina glauben und in den beiden Videosequenzen auch noch eine Bestätigung sehen würde? Mochten die ersten vier Vergewaltigungen vom Tisch sein – die Tatsache, dass Sabrina danach die Affäre der Ehefrau gebeichtet hatte, führte zu einer komplett veränderten Sachlage. Und der Ton, den Jörges auf diesem Video angeschlagen hatte, war nun wirklich richtig unangenehm. Dass man ihm in vier Fällen eine Vergewaltigung nicht nachweisen konnte, bedeutete keineswegs, dass man ihn auch im fünften Fall für unschuldig halten musste. Und sollte das Gericht Sabrinas Aussage in diesem letzten Fall für glaubhaft halten, würde Sven Jörges in den Knast wandern. Genau das war es, was ich als sein Verteidiger verhindern sollte.

Natürlich kann und darf ich als Verteidiger einen Mandanten nicht zu einem – womöglich falschen – Zweckgeständnis auffordern, aber ich darf (und muss) ihn eindringlich über die jeweiligen Konsequenzen seines Aussageverhaltens aufklären. Wie er sich dann entscheidet, ob er sich also erst recht auf das versteift, was aus seiner Sicht die Wahrheit ist, oder ob er lieber ein taktisches, eventuell unwahres Geständnis ablegen möchte, das muss dann ganz alleine seine Sache sein.

Im Fall Jörges lag ziemlich klar auf der Hand, dass ein reuiges Geständnis und die Zahlung der 7000 Euro die vernünftigere und sicherere Lösung waren. Ich gebe aber zu, ich hätte diesen Fall gerne ausgefochten. Der Freispruch schien zum Greifen nahe zu sein. Aber sicher war hier nichts. Sven Jörges war hin- und hergerissen – mal kurz davor, sich auf den Deal, der ihm die Freiheit garantierte, einzulassen, dann wieder kämpferisch und außer sich bei der Vorstellung, etwas zugeben zu sollen, was er – wie er sagte – »tausendprozentig nicht gemacht« hatte. Man konnte förmlich sehen, wie er mit sich rang, bis kurz vor Ablauf der Stunde der Wunsch nach Gewissheit und einer sicheren Lösung obsiegte: «Okay, Herr Lucas, eigentlich habe ich doch keine Wahl. Wir machen es. Ich will die ganze Sache endlich hinter mir haben.«

Als wir kurz danach alle wieder im Sitzungssaal saßen, schaute die Vorsitzende mich fragend an. Ich nickte nur knapp. Dann diktierte sie für alle Beteiligten hörbar ins Protokoll, was wir im Hinterzimmer besprochen hatten. Anschließend erklärte ich als Verteidiger für meinen Mandanten in dürren Worten: »Der Angeklagte räumt den Sachverhalt in Fall 5 der Anklage in objektiver und subjektiver Hinsicht ein.« Das war sein Geständnis, das er auf eine Rückfrage der Richterin mit »richtig« bestätigte. Mehr wurde von ihm nicht erwartet. Mit Sabrina Köster vereinbarten wir noch im Gerichtssaal einen sogenannten Täter-Opfer-Ausgleich über die Zahlung von 7000 Euro.

Plötzlich sprang Sven Jörges auf: »Darf ich ein paar Worte an Sabrina richten?« Sabrina bestätigte dies auf Nachfrage des Gerichts mit einem schüchternen Nicken. Sven Jörges blieb daraufhin stehen und schaute das Mädchen ernst an. Er holte tief Luft und sagte in ruhigem Ton: »Sabrina, ich entschuldige mich aufrichtig für das, was ich dir angetan habe.« Das hatte gesessen. Und es wirkte so echt, vielleicht erschreckend echt. Gab es am Ende doch etwas, wofür er sich zu entschuldigen hatte?

Eine Freiheitsstrafe von einem Jahr und acht Monaten, ausgesetzt zur Bewährung – so lautete das Urteil. Eine Woche später wurde es rechtskräftig. Sven Jörges musste mit seinen 63 Jahren nicht ins Gefängnis. Auftrag erfolgreich ausgeführt.

Ein paar Tage später rief mich Sven Jörges an. Glücklich klang er am Telefon nicht: »Wir hätten es durchziehen sollen. Ich habe echt nichts Verbotenes getan. Die 7000 Euro tun schon sehr weh.« Ich beruhigte ihn und versuchte ihm vor Augen zu führen, welchen Wert die nun sicher gewonnene Freiheit für ihn doch hatte. »Sie haben vermutlich recht, Herr Lucas. Und ich bin Ihnen ja auch überaus dankbar …« Das »aber« sprach er nicht aus. Doch ich hörte es förmlich. Es blieb einfach so im Raum stehen.

Wir hatten in dem Prozess viel erreicht. Sven Jörges hatte drei Jahre und zehn Monate als Strafe aus erster Instanz mitgebracht. Jetzt war er gesichert auf freiem Fuß: ein Jahr und acht Monate mit Bewährung – wenn sich das mal nicht hören ließ … Sollte er allerdings wirklich nichts Unrechtes getan haben, dann konnten diese objektiv guten und vernünftigen Argumente nichts an seinem schlechten Gefühl ändern.

Die Frage, ob es richtig war, hier nicht weiterzukämpfen, stellte sich mir unweigerlich jedes Mal, wenn ich an Sven Jörges dachte. Und das tat ich zu dieser Zeit oft. Was hatte die Richterin in ihrer mündlichen Urteilsverkündung gesagt? »Die Aussagen der Zeugin Köster sind zu einem großen Teil widerlegt. Damit wäre eine Verurteilung des Angeklagten ohne dessen Geständnis vor einer weiteren Vernehmung der Zeugin nicht möglich gewesen.«

Hatte das Gericht mit diesen Worten wirklich einfach nur den Wert des Geständnisses unterfüttern und damit die nunmehr ausgesprochene Bewährung rechtfertigen wollen? Oder waren diese Worte nicht vielmehr der klare Wink, dass das Gericht letztlich ohne das erfolgte Geständnis von der Schuld des Mandanten gar nicht überzeugt gewesen wäre und ihn freigesprochen hätte? Ich wusste es nicht. Und ich werde es wohl nie wissen können.

Ich war wieder am Meer, diesmal am warmen Mittelmeer auf meiner Lieblingsinsel Mallorca, als ich von Petra Jörges eine Textnachricht erhielt. Sie hatte sich zuvor noch nie bei mir gemeldet. Sie bat mich um dringenden Rückruf. Mit leiser, zittriger Stimme hauchte sie in den Hörer: »Mein Mann ist tot. Herzinfarkt.«

Diese unerwartete Nachricht tat mir weh. Ich hatte Sven Jörges wirklich gemocht. Und es hatte mich sehr bewegt, dass er die ganze Zeit über immer wieder seine Unschuld beteuert und auch nach dem Prozess noch immer so sehr mit sich und dem abgelegten Geständnis gehadert hatte. Jetzt war er tot. Ich hatte meinen Anteil zu seiner Gemütslage der letzten Monate beigesteuert. Ich hatte mir zwar aus juristischer Sicht nichts vorzuwerfen. Im Gegenteil. Ich hatte ihn auftragsgemäß vor einer Gefängnisstrafe bewahrt. Hätte er den fünften Vergewaltigungsvorwurf allerdings nicht eingeräumt, dann wäre er vielleicht freigesprochen worden. Und selbst wenn nicht, dann hätten wir gegen das Urteil eben Revision einlegen können. Das Revisionsverfahren wäre jetzt immer noch am Laufen. Vielleicht wäre Sven Jörges in den vergangenen sechs Monaten dann glücklicher gewesen? Selbst bei einer Strafe ohne Bewährung hätte er wenigstens erhobenen Hauptes durchs Leben gehen können mit der Gewissheit, nicht vom drohenden Strafmaß verbogen worden zu sein. Ins Gefängnis wäre er bis zu seinem Tod sowieso nicht gekommen. Nur – wer hätte denn ahnen können, dass er nur noch wenige Monate zu leben hatte? Was ich mit meiner Verteidigung für ihn erreicht hatte, fühlte sich auf einmal völlig sinnlos an.

Hier im Nordosten Mallorcas in der Nähe von Arta war ich weit weg vom Gerichtsalltag. An der wunderschönen Cala Guya, abends im Restaurant »el cactus« oder später bei Maria im »Coconaar« überlegte ich mir keine Prozessstrategien. Ich sinnierte auch nicht darüber, ob ich in dem einen oder anderen Prozess etwas hätte besser oder jedenfalls anders machen können.

Ich dachte über das Leben nach. Auch über das Leben der Protagonisten mancher Fälle, die ich in der Vergangenheit übernommen hatte. Ich fragte mich, wer diese Menschen waren, die sich der Beurteilung von Juristen hatten stellen müssen, ganz gleich, ob Opfer oder Täter. Mir wurde unweigerlich die hohe

Verantwortung bewusst, die wir Strafjuristen auf dem Weg zur Urteilsfindung trugen, egal, in welcher Rolle: als Richter, Staatsanwälte oder Verteidiger. Auch wenn es im Strafprozess immer um bereits Geschehenes ging, bestimmten die Urteile doch die Zukunft und das weitere Schicksal der Beteiligten.

Schade, dass ich von Tom Behnke immer noch nichts gehört hatte. Ich hatte ihm von meinem Erfolg im Prozess gegen Sven Jörges geschrieben, und ich hatte ihm die Fotos von damals geschickt, auf denen Tom und die gesamte Theatercrew gemeinsam mit meinem Mandanten abgebildet waren.

Nun wunderte ich mich allmählich doch, dass so gar keine Reaktion mehr von ihm kam. In der Nacht nach dem Anruf von Petra Jörges hatte ich das Bedürfnis, ihm erneut zu schreiben. Ich machte es kurz und bat ihn per Mail, mir doch wenigstens ein kleines Lebenszeichen zu geben. Warum hatte er sich gerade jetzt, da ich so schicksalhaft mit seiner Heimatstadt verbunden war, gar nicht mehr bei mir gemeldet?

Am nächsten Morgen bekam ich tatsächlich Antworten. Endlich! Tom hatte mir eine sehr persönliche Mail geschrieben, deren Inhalt mich bis heute nicht loslässt:

Lieber Stephan,
zunächst: Sorry, dass ich auf Deine letzten Mails so lange nicht geantwortet habe.
Du hast mir voller Freude von Deinem Kontakt mit Sven Jörges erzählt und später mit Stolz geschrieben, dass Du ihn verteidigt und ein »gutes« Urteil erreicht hast.
Ich brauchte einige Zeit, um Deinen Stolz nachzuvollziehen.
Ich verstehe es nach langem Überlegen so: Als Strafverteidiger ist man selbstverständlich stolz, wenn man für seinen Mandanten das Bestmögliche herausholt. Es ist nun mal der Job, für seinen Mandanten alle Möglichkeiten des Rechts auszuschöp-

fen. Ich glaube auch, dass es oft nicht einfach ist, seine persönliche Meinung zu seinem Mandanten zurückzustellen oder gar auszublenden.

Ich war Anfang der Achtzigerjahre bei Sven Jörges in dessen Theatergruppe. Wir hatten eine sehr enge, freundschaftliche Beziehung. Ich war 16 und bekam immer die größten Rollen. Er nahm mich oft zu allen möglichen Veranstaltungen mit. Wir spielten in Altenheimen, Krankenhäusern. Irgendwann kam auch meine drei Jahre ältere Schwester mit dazu.

Es entwickelte sich eine enge Freundschaft. Wir trafen uns oft privat mit seiner damaligen Lebensgefährtin. Dabei sind auch die Fotos entstanden, die Du mir geschickt hast.

Dann verschwand er ziemlich plötzlich aus meinem Leben. Ich konnte mir da damals keinen Reim darauf machen.

Erst neun Jahre später sollte ich erfahren, warum: Nachdem meine Schwester drei Jahre verheiratet war, erzählte sie meinem Schwager und mir, dass sie von Sven vergewaltigt worden war. Sie war zu der Zeit 20 Jahre alt gewesen. Sie hatte die ganzen Jahre nichts gesagt, weder mir noch meinen Eltern. Mein Schwager und ich waren fix und fertig. Wir überzeugten Beate, die Vergewaltigung zur Anzeige zu bringen.

Du kannst Dir wohl vorstellen, was die Polizeibeamten uns nach der langen Zeit zu den Erfolgsaussichten gesagt haben? Wir blieben dran ... aber es passierte rein gar nichts.

Sechs Jahre später, mittlerweile studierte ich selbst mit Kindern Theaterstücke bei der Kirche ein, fragte mich die Mutter eines achtjährigen Mädchens in Oldenburg, das ich unterrichtete, ob ich Sven Jörges kennen würde. Sie erzählte mir, dass er ihrer Tochter, bevor sie zu mir kam, Schauspielunterricht gegeben hatte. Sie hatte großes Vertrauen zu mir und erzählte mir, dass Sven Jörges ihre Tochter sexuell genötigt hatte. Es kam auch hier zur Anzeige ... und auch hier passierte ihm wieder nichts.

Es kam in Oldenburg zu weiteren Vorfällen, und es sprach sich herum, was mit Sven los war. Anonyme Warnungen vor Sven Jörges auf einem Handzettel wurden verteilt ... und schließlich verschwand er aus Oldenburg.

Wieder einige Jahre später erfuhr ich von meiner Freundin Susanne, Du kennst Sie ja auch, dass Sven wegen Vergewaltigung angeklagt worden war. Was daraus wurde, habe ich nicht in Erfahrung bringen können.

Dennoch gab es eine Homepage von Sven. Er unterrichtete weiterhin Kinder und Jugendliche ... Warum wurde das nicht verhindert???

Das, weswegen Du mit Sven Jörges in Verbindung gekommen bist, war nur die Spitze dessen, was er angerichtet hat.

Immer wieder lief mir Sven über den Weg. Das war sehr belastend für mich. Vor drei Jahren übernahm ich einen Schüler. Seine Mutter fragte mich irgendwann, ob ich einen gewissen Sven Jörges kennen würde. Sie wusste von ihrer besten Freundin, dass das Haus, in dem sie wohnte, von Sven Jörges als Bordell und Pornoproduktion benutzt wurde.

Zu »guter« Letzt schreibst Du mir dann, dass Du ihn verteidigt hast ...

Über 30 Jahre hat Sven Jörges endloses Leid über unzählige Mädchen, Frauen und Familien gebracht – nicht zuletzt über meine Schwester und damit über meine ganze Familie.

Eine »gerechte« Strafe hat er von keinem Gericht bekommen. Nur Gott hat ihn mit einem frühen Tod bestraft!

Mein lieber Stephan... Die Sache ist für mich erledigt und begraben. Lass uns bitte nicht weiter darüber reden.

Lass uns die Tage doch gerne telefonieren! Haben viel zu lange nicht miteinander gequatscht.

Dein Tom

Die Zeilen trafen mich tief im Herzen. Ich war es, der die, wie Tom es schrieb, aus seiner Sicht »gerechte« Strafe verhindert hatte. Ich war erschüttert darüber, was mein alter Freund und seine liebe Schwester alles durchgemacht hatten. Dass Sven Jörges hierfür verantwortlich war, wühlte mich wahnsinnig auf. Ja, ich hatte ihn gemocht. Aber genau genommen hatte ich ihn nie richtig kennengelernt. Und das war ja auch richtig so. Zu viel Nähe schadete einer guten Verteidigung.

Es ging in meinem Beruf darum, mich für Menschen mit den mir zur Verfügung stehenden Mitteln einzusetzen, ohne Ansehen der Person. Denn jeder hat das Recht auf eine optimale Verteidigung. Ausnahmslos jeder. Nachdem das Verfahren von Sven Jörges zu Ende war, hatte ich mich allerdings nicht alleine über die gute Verteidigerleistung gefreut, sondern ich hatte mich ertappt, mich auch für Sven Jörges persönlich zu freuen. Diese Freude und mein Mitgefühl für seine späteren Sorgen waren unaufhaltsam immer mehr in den Vordergrund gerückt. Und nun erlebte ich plötzlich aus nächster Nähe mit einem einzigen Schlag die Seite der Opfer und ihrer Angehörigen.

Und wieder war ich persönlich sehr nah dran. Gegenüber Tom hatte ich mit wenig Fingerspitzengefühl nüchtern von meinen Verteidigerleistungen berichtet. Dagegen war es geradezu groß, wie Tom es als Laie in seiner Mail geschafft hatte, zwischen meiner Leistung als Verteidiger, meinem Verhältnis zum Mandanten und dem, was ihn als Mensch so sehr bewegte, zu differenzieren.

Ich war froh, auf Mallorca eine Auszeit nehmen und mir in aller Ruhe Gedanken machen zu können. Ich nahm mir vor, auch künftig mit aller Leidenschaft »auf der Seite des Bösen« für ein faires Verfahren zu kämpfen und hierbei keinesfalls den Respekt vor den Menschen und ihren Schicksalen zu verlieren, ganz gleich auf welcher Seite sie in einem Strafverfahren auch standen. Hierfür half es mir immer schon, in meinem privaten Umfeld Menschen um mich zu haben, die ich von Herzen liebe und von denen ich ebenso herzlich geliebt werde. Der kritische Dialog mit meiner Familie und mit meinen Freunden hilft mir ungemein dabei, gut zu verteidigen und mich in der Funktion des Strafverteidigers als Mensch wohlfühlen zu können. Und so freute ich mich, als das Telefon klingelte und ich auf dem Display las: »Tom aus Oldenburg«.

Nachwort

In meiner alten Studentenkarre düste ich über die Autobahn in Richtung JVA Hohenasperg. Seit zwei Wochen durfte ich mich Rechtsanwalt nennen. Drei Tage war es her, dass ich meine Heimatstadt Frankfurt verlassen und in einer Heidelberger Strafrechtskanzlei meinen ersten Arbeitstag begonnen hatte. Das alte Auto, ein bordeauxroter Kleinwagen mit großem Stoffschiebedach, hatte mir in meiner Studentenzeit viele Jahre treue Dienste geleistet. Ich hatte es immer liebevoll als »Cabrio für Einsteiger« bezeichnet. Und so fühlte ich mich damals auf meiner Fahrt zum Knast eigentlich nicht anders als zu Studentenzeiten. Auch mein Anzug vermochte an diesem Gefühl nichts zu ändern, denn der stammte ebenfalls noch aus meiner Zeit an der Uni. In ihm hatte ich meine mündliche Examensprüfung bestanden.

Und doch war es anders. Studentenauto hin, Examensanzug her, ich war jetzt Anwalt – Strafverteidiger. Und an diesem Tag sollte ich meinen ersten Mörder kennenlernen.

Der damals 16-jährige Kai hatte seine gleichaltrige Klassenkameradin Kathleen zu Tode gewürgt. Die Tat lag mehr als fünf Jahre zurück. Das Landgericht Stuttgart hatte ihn wegen Mordes zu einer neunjährigen Jugendstrafe verurteilt. Der junge Mann wollte allmählich aus der Haft entlassen werden.

»Wenn ich nachher auf Kai treffe«, schoss es mir auf meiner Fahrt plötzlich in den Sinn: »Dann werde ich ihm zur Begrüßung wohl die Hand schütteln müssen. Die Hand, mit der er das junge Mädchen erwürgt hat.« Ich stellte mir abwechselnd vor, wie er mir seine Hand gibt, und dann wieder, wie er mit derselben Hand seiner Klassenkameradin die Kehle zudrückte.

Dass mich beruflich einmal solche Gedanken beschäftigen würden, hatte ich zu Beginn meines Jurastudiums nicht ahnen können. Was ich ursprünglich als Berufsziel im Sinn gehabt hatte, war PR-Arbeit – Public Relations –, am liebsten eine Lobbytätigkeit. Welches Studienfach mich darauf am besten vorbereiten würde, war mir nicht ganz klar. Ich entschied mich für Jura – die Allzweckwaffe!

Wer hätte denn ahnen können, dass ich noch während meiner ersten Strafrechtsvorlesung die PR-Idee ein für alle Mal verwerfen würde? Fortan drehte sich alles nur noch um meine neue Leidenschaft, das Strafrecht. Vorlesungen, freiwillige Seminare, Tutorentätigkeiten an verschiedenen Strafrechtslehrstühlen. Zivilrecht und öffentliches Recht waren lästiges Beiwerk.

Warum straft der Staat? Welchen Zweck verfolgt er mit den Strafen? – Sühne? Abschreckung? Wiedereingliederung? Wieso wird jemand überhaupt zum Straftäter? Und: Todesstrafe, ja oder nein? So viele Fragen beschäftigten mich auf einmal, und sie beschäftigen mich heute noch genauso. Dass das Strafrecht keine eindeutigen und abschließenden Antworten bereithält, musste ich erst lernen. Die kann es auch gar nicht geben, denn immerhin geht es hier um Straftaten, und am besten wäre es wohl, die jeweilige Straftat wäre erst gar nicht begangen worden. Trotzdem: Das Anliegen musste ein rechtstaatlich einwandfreies und deshalb auch faires Verfahren sein, bei dem es nicht zuletzt darauf ankam, dem einer Straftat Beschuldigten zu seinem Recht zu verhelfen.

So verwundert es eigentlich nicht, dass ich weder Richter noch Staatsanwalt geworden bin, sondern Rechtsanwalt – und dass ich in dieser Rolle vom ersten Tag an ausschließlich Strafverteidigungen übernommen habe.

Wie sich die ganze, noch so spannende Theorie allerdings in der Praxis anfühlen würde, galt es erst noch herauszufinden. Wie würde ich mit einem Mörder umgehen, gegen den die Beweislage sehr dünn ist und der deshalb auf einen Freispruch hoffen kann? Was, wenn er einfach nur voller Reue eine Lebensbeichte ablegen will und sich dadurch wenigstens günstige Haftbedingungen erhofft? Was, wenn er mir ins Gesicht sagt, dass er die Bluttat begangen hat, mich aber trotzdem bittet, für ihn um einen Freispruch zu kämpfen? Soll ich in diesen Fällen das Mandat überhaupt annehmen?

Ich würde im Lauf der Zeit Antworten erhalten, und meine Begegnung mit Kai war ein erster Schritt.

In einem kahlen Besucherraum ohne Fenster durfte ich warten, bis Kai aus der Zelle vorgeführt wurde. Und dann stand er vor mir. Er sah sehr freundlich aus, ein sympathischer Typ. Er lächelte mich an, sagte »Guten Tag« und – gab mir seine Hand.

Noch morgens beim Frühstück hatte ich mir nicht vorstellen können, dass mir das Gespräch mit Kai so leichtfallen würde und dass mir auch sein späterer Auftrag so wenig Sorge bereiten sollte. Kai wollte raus, und das so schnell wie möglich.

Dass Kai tatsächlich schon bald aus der Haft entlassen wurde, war nicht das Prägende. Der Fall war juristisch alles andere als schwierig gewesen. Auch von unverhofften Zwischenfällen oder aufsehenerregenden Wendungen konnte keine Rede sein. Und trotzdem ist mir Kais Verfahren heute noch so präsent wie damals. Vermutlich weil es meine erste Konfrontation mit dem »Bösen« war. Die erste Begegnung mit einem Mörder war für mich eine Art Nagelprobe, der ich mit Beklommenheit entgegengesehen hatte. Um dann mit einer gewissen Erleichterung festzustellen, dass im Fall von Kai alles ganz einfach war. Ich nahm mir vor, dies auch als Chance zu betrachten. Denn in Zukunft würde ich immer wieder Mandate haben, die mich zu intensiver Auseinandersetzung mit existenziellen Fragen auffordern würden.

Mittlerweile tue ich mich mit solchen Fragen natürlich sehr viel leichter als am Anfang meines Berufslebens. In den mehr als 20 Jahren, die mein Besuch bei Kai zurückliegt, hat sich viel verändert. Ich habe mich verändert. Die Hand eines Mörders macht mich schon lange nicht mehr nervös.

Dass viele der Menschen, die sich in der Vergangenheit an mich als Anwalt gewandt haben, unbegreifliche, bisweilen absolut verabscheuungswürdige Straftaten begangen haben, hat mich nicht in einem einzigen Fall dazu bewogen, die Verteidigung abzulehnen. Meine Überzeugung, dass jeder, der einem Strafverfahren ausgesetzt wird, ein Recht auf ein faires Verfahren hat und dass es meine Aufgabe als Strafverteidiger ist, ihm dazu zu verhelfen, ist stärker denn je. Das ist gut so, denn es hilft mir, die Begeisterung für meinen Beruf zu bewahren. Und diese tiefe Überzeugung lässt mich nicht zuletzt die unzähligen Schicksale ertragen, die ich ständig so nah und bis ins kleinste Detail erlebe.

Polizei, Staatsanwaltschaft, Nebenklage, Gericht und Verteidigung kämpfen in den Strafverfahren jeder aus einer anderen Richtung. Bei den Prozessbeteiligten entladen sich bisweilen tiefste Emotionen. Habe ich als frischgebackener Anwalt mit gerade einmal 27 Jahren so manche leisen und lauten Machtspiele vor Gericht nahezu genossen, machen sie mich heute manchmal müde. Und Richter oder Staatsanwälte, die den Streit vor Gericht persönlich nehmen, empfinde ich als sehr anstrengend. Deshalb genieße ich es, meinen Beruf in so unglaublich vielen Facetten ausleben zu dürfen. Trete ich als Anwalt zur Abwechslung im Fernsehen auf oder bringe ich Menschen als Kabarettist auf der Bühne oder als Buchautor mit dem Strafrecht zum Lachen oder Nachdenken, dann bereitet mir das unglaublich viel Freude. Und es gleicht mich ungemein aus. Auch dort bin ich Anwalt, allerdings unter durch und durch positiv besetzten Rahmenbedingungen.

Nicht zuletzt deshalb habe ich auch nach dieser langen Zeit als Anwalt immer noch die Kraft, mich bedingungslos für die Rechte meiner Mandanten einzusetzen. Wenn die Schuld eines Mandanten klar ist, aber die Akte aufgrund schlampiger polizeilicher Ermittlungsarbeit zum Himmel schreit und einen Freispruch möglich macht, dann kann ich auch ein solches Mandat gut vertreten. Denn es wäre für mich unerträglich, wenn dieser Mandant – mag er die Tat in Wirklichkeit auch begangen haben – verurteilt würde, obwohl die Beweise gegen ihn nicht ausreichen.

Ohne eindeutige Beweislage muss selbst der schlimmste Mörder freigesprochen werden. Im Zweifel für den Angeklagten – das ist ein wichtiger Grundsatz unserer Strafrechtsordnung, an dem nicht gerüttelt werden darf. Ansonsten müsste im Umkehrschluss jeder Unschuldige in Angst und Schrecken leben. Sonst könnte er der Nächste sein, der aufgrund einer falschen Bezichtigung oder bei unklarer Beweislage verurteilt werden könnte.

Für viele, vielleicht sogar die meisten, die Straftaten und Straftäter nur aus den Medien kennen und den Menschen dahinter nie begegnen, ist das vielleicht schwer nachvollziehbar. Dabei wären sie überrascht, wie anders sie das bei einem persönlichen Kontakt sehen würden. Banal, aber wahr: Niemand ist nur Straftäter, sondern stets auch – und vor allem – Mensch. Der Umgang mit Straftätern ist deshalb einfacher und selbstverständlicher, als der Laie sich das vorstellen mag.

Mag er sich das eigentlich vorstellen? Oder will er lieber gar nichts mit denen, die sich nicht an die Regeln halten, zu tun haben, weil jeder von uns tief in seinem Innern die Ahnung hat, dass die Seite des Bösen ein bisschen in jedem von uns steckt?